W0064546

Kurt Guth   Marcus Mery

Der Einstellungstest / Eignungstest zur Ausbildung zum:

Bankkaufmann und Kaufmann für Versicherungen und Finanzen

Geeignet für alle kaufmännischen Berufe im Finanzdienstleistungssektor

Kurt Guth / Marcus Mery
Der Eignungstest / Einstellungstest zur Ausbildung
zum Bankkaufmann und Kaufmann für
Versicherungen und Finanzen
Geeignet für alle kaufmännischen Berufe im
Finanzdienstleistungssektor

Ausgabe 2018

2. Auflage

Herausgeber: Ausbildungspark Verlag,
Gültekin & Mery GbR, Offenbach, 2018.

Das Autorenteam dankt Andreas Mohr
für die Unterstützung.

Umschlaggestaltung: s.b. design, bitpublishing

Illustrationen: bitpublishing
Grafiken: bitpublishing, s.b. design
Lektorat: Virginia Kretzer

Bildnachweis:
Archiv des Verlages
S. 322 (Ute Ackermann): © Yuri Arcurs – Fotolia.com
S. 322 (Eveline Fritsch): © creative studio – Fotolia.com
S. 322 (Tim Lorenz): © drubig-photo – Fotolia.com
S. 322 (Silke Männing): © fotum – Fotolia.com
S. 322 (Peter Reinken): © FOTO-RAMMINGER – Fotolia.com
S. 323 (Pierre Frey): © iofoto – Fotolia.com
S. 323 (Henrike Otter): © Robert Kneschke – Fotolia.com
S. 323 ff (Raimund Breit): © Stephen Orsillo – Fotolia.com
S. 323 ff (Margot Ebert): © Dron – Fotolia.com
S. 323 ff (Enrico Felici): © Robert Kneschke – Fotolia.com
S. 323 ff (Bella Fontanella): © Jonas Glaubitz – Fotolia.com
S. 323 ff (Ernst Kirsch): © Robert Kneschke – Fotolia.com
S. 323 ff (Helena König): © iofoto – Fotolia.com
S. 323 ff (Martin Ecker): © Andrew Lever – Fotolia.com
S. 323 ff (Olivia Adam): © Manuel Tennert – Fotolia.com

Gedruckt auf chlorfrei gebleichtem Papier

© 2018 Ausbildungspark Verlag
Bettinastraße 69, 63067 Offenbach
Printed in Germany

Satz: bitpublishing, Schwalbach
Druck: Druckerei Sulzmann, Obertshausen

ISBN 978-3-941356-47-4 (PM)
ISBN 978-3-941356-64-1 (CD)

1203 – AP AL 1 – 8c15

Bibliografische Information der Deutschen Nationalbibliothek –
Die Deutsche Nationalbibliothek verzeichnet diese
Publikation in der Deutschen Nationalbibliografie;
detaillierte bibliografische Daten sind im Internet
über http://dnb.dnb.de abrufbar.

Das Werk, einschließlich aller seiner Teile, ist urheberrechtlich geschützt. Jede Verwertung außerhalb der engen Grenzen des Urheberrechtsgesetzes ist ohne Zustimmung des Verlages unzulässig
und strafbar. Das gilt insbesondere für Vervielfältigungen, Übersetzungen, Mikroverfilmungen und
die Einspeicherung und Verarbeitung in elektronischen Systemen.

Inhaltsverzeichnis

Hoch im Kurs:
Ausbildung bei Banken, Sparkassen und Versicherungen

Alles dreht sich ums Geld? Bezogen auf Banken, Sparkassen und Versicherungen dürfte das kaum jemanden wundern. Schließlich ist es ihre ureigenste Aufgabe, sich mit dem geldwerten Hab und Gut ihrer Kunden zu beschäftigen. Zwar mag das Branchenimage in Zeiten anhaltender Wirtschafts- und Finanzkrisen die ein oder andere Schramme abbekommen haben, aber eines ist klar: Ohne die Kredite der Banken, ohne die Risikoabdeckung der Versicherungen geraten Wirtschaftsunternehmen ebenso rasch ins Straucheln wie Privathaushalte. Auch Otto Normalkunde vertraut seine ökonomische Existenz schließlich den geschickten Händen der Finanzfachleute an, vom Girokonto bis zur Lebensversicherung.

Beim Stichwort „Finanzbranche" drängt sich schnell das Bild global agierender Großkonzerne auf, deren Portfolio die komplette Palette an Finanz- und Versicherungsprodukten umfasst. Ein Ausflug in die Welt der gigantischen Zahlen: Der Branchenprimus Deutsche Bank konnte zuletzt mit Jahres-Bilanzsummen von rund zwei Billionen Euro aufwarten! Das Rückgrat der deutschen Mittelstandsfinanzierung bilden allerdings die Genossenschaftsbanken und Sparkassen, die für besondere regionale Verbundenheit stehen. Zusammengenommen beschäftigen die rund 430 deutschen Sparkassen rund 250.000 Mitarbeiter – ein Drittel des Gesamtpersonals im Bankensektor. Das entspricht der Angestelltenzahl der kompletten Versicherungsbranche.

Erfolgreicher erster Karriereschritt

Dass Experten mittelfristig einen leichten Arbeitsplatz-Rückgang im Finanzsektor voraussagen, tut dessen Beliebtheit als Ausbildungsbranche keinen Abbruch. Was auch an den angenehmen „Begleiterscheinungen" liegen dürfte: Mit einem durchschnittlichen Ausbildungsgehalt von über 800 Euro pro Monat landen Finanz-Azubis im Jobvergleich auf den vorderen Plätzen. Und nach wie vor ist die klassische Banklehre das beste Sprungbrett für eine Karriere in der Kreditwirtschaft – drei Viertel der Beschäftigten schafften so den Berufseinstieg.

Finanzen sind Vertrauenssache; ein sicheres, seriöses Auftreten gehört daher zur Grundausstattung jedes Bank- und Versicherungsmitarbeiters. Ebenso wie die Freude am Beraten: Als kompetenter Ansprechpartner weist man Privat- und Firmenkunden den Weg durch den Dschungel der Geld- und Kapitalanlagen, der Baufinanzierungs- und Versicherungstarife. Analytische Fähigkeiten, absolute rechnerische Sicherheit und Kommunikationsstärke sind dabei unverzichtbar. Die vielen kleineren und größeren „Stresstests" während der Ausbildung übersteht man zudem nur mit einem robusten Nervenkostüm.

Gut vorbereitet mit diesem Prüfungspaket

Das Durcharbeiten der Prüfungen der letzten Jahre ist ein absolutes Muss für jeden, der sich auf einen Einstellungstest zur Ausbildung als Bankkaufmann/-frau oder Kaufmann/-frau für Versicherungen und Finanzen vorbereitet. So erkennen Sie, ob Ihr Kenntnisstand den Anforderungen entspricht. Außerdem lassen sich böse Überraschungen vermeiden, da viele aktuellen Prüfungsfragen so oder in ähnlicher Form schon einmal gestellt wurden.

Das vorliegende Prüfungspaket bietet Ihnen nicht nur zahlreiche originale Testfragen aus den Auswahlverfahren namhafter Banken und Versicherungen – es liefert auch kommentierte Lösungen und ausführliche Bearbeitungshinweise. Nehmen Sie sich ausreichend Zeit, das Buch und die Musterprüfungen konzentriert durchzuarbeiten. Beschränken Sie sich dabei nicht nur auf die speziell für Ihren Beruf konzipierten Prüfungen, sondern verbreitern Sie Ihr Wissen, indem Sie möglichst alle Einzeltests in die Vorbereitung einbeziehen. Damit haben Sie alles zur Hand, was Sie brauchen, um Ihren Einstellungstest souverän zu meistern.

Dieses Prüfungspaket ...

¬ bereitet Sie zielgerichtet auf Ihren Eignungstest vor: zur Ausbildung als Bankkaufmann/-frau, Kaufmann/-frau für Versicherungen und Finanzen und in anderen kaufmännischen Finanzberufen.

¬ enthält fünf Musterprüfungen zur optimalen Testsimulation.

¬ bekämpft die Prüfungsangst – denn das beste Mittel gegen Prüfungsstress und Unsicherheit ist eine gezielte Vorbereitung.

¬ vermittelt das notwendige Wissen.

¬ bringt Ihre Allgemeinbildung auf den neuesten Stand und frischt Ihr prüfungsrelevantes Schulwissen auf.

¬ steht für eine Prüfung ohne böse Überraschungen!

Viele zusätzliche Prüfungsfragen und Informationen finden Sie auf unserer Homepage www.ausbildungspark.com. Im Büchershop stehen außerdem weitere Publikationen zu Bewerbungs- und Auswahlverfahren in verschiedensten Branchen bereit.

Eine gute Vorbereitung und viel Erfolg in der Prüfung wünscht

Ihr Ausbildungspark-Team

Kontakt

Ausbildungspark Verlag
Kundenbetreuung
Bettinastraße 69
63067 Offenbach

Telefon (069) 40 56 49 73
Telefax (069) 43 05 86 02
E-Mail: kontakt@ausbildungspark.com
Internet: www.ausbildungspark.com

Einführung

Der Einstellungstest: Aufbau und Inhalte

In Großkonzernen sind Einstellungstests seit langem gang und gäbe. Mittlerweile setzen aber zunehmend auch kleine und mittelständische Betriebe auf Einstellungstests, um die Qualifikationen ihrer Bewerber einheitlich, fair und vergleichbar zu überprüfen. Die gängigen Verfahren schöpfen aus einem großen Reservoir an Aufgaben verschiedenster Kategorien: Wissen, Sprache, Mathematik, Logik, visuelles Denkvermögen und Konzentration. Je nach Stellenzuschnitt werden aus diesem Fundus unterschiedliche Aufgaben ausgesucht. Viele Fragen sind nach dem Multiple-Choice-Prinzip durch Ankreuzen der richtigen Lösung zu beantworten, bei anderen – vor allem im sprachlichen Bereich – müssen Sie mehr oder weniger umfangreiche Antworten selbst formulieren.

Die Aufgabentypen im Überblick

Der Themenbereich „Wissen"

Hinter der Bezeichnung „Allgemeinwissen" verbirgt sich ein kaum überschaubares Themenfeld. „Ernste" Gebiete wie Politik und Geschichte fallen ebenso darunter wie Kunst, Literatur, Geografie, Sport und Naturwissenschaften. Dieses Buch liefert viele gängige Fragen aus den verschiedensten Themengebieten. Studieren Sie die Lösungskommentare, um sich in einen Bereich intensiver einzuarbeiten. Ihr Gegenwartswissen halten Sie durch Zeitungslektüre, Nachrichtensendungen, Internetquellen auf dem Laufenden – bleiben Sie am Ball.

> **Der Wissensteil testet …**
> ¬ Allgemeinwissen: Politik und Gesellschaft, EDV, Kultur und Geschichte, Naturwissenschaften …
> ¬ Fachbezogenes Wissen: Wirtschaft und Finanzen, Kenntnis von Branche und Berufsprofil

Was Sie an fachbezogenen Inhalten erwartet, ist im Finanzbereich nicht schwer zu erraten: Der Schwerpunkt liegt natürlich auf dem Komplex Wirtschaft und Finanzen. Das ABC der Börsenwelt, volkswirtschaftliche Zusammenhänge und einschlägige Finanzbegriffe sollten daher zumindest in Ansätzen präsent sein. Machen Sie sich außerdem schlau über das Unternehmensprofil und Ihre künftigen Zuständigkeiten: Was zeichnet den einstellenden Betrieb aus, wie ist er organisiert, wo werden Sie eingesetzt?

Die „Sprachbeherrschung"

Kaufleute im Finanzbereich sind Experten in Sachen sprachlicher Interaktion: Kunden ansprechen und Notizen verfassen, Angebote schreiben und Mails beantworten – das setzt Kommunikationsvermögen voraus. Sprachlich sollten Sie daher sattelfest sein, in der Regel auch in einer Fremdsprache (vorrangig Englisch). Häufig werden die nötigen Grundlagenkenntnisse im Eignungstest durch Auswahl- oder Einsetzübungen geprüft, bei denen die richtigen Satzzeichen oder Schreibweisen zu bestimmen sind.

> **Der Sprachteil prüft …**
> ¬ Rechtschreibung (mit Zeichensetzung)
> ¬ Grammatik
> ¬ Sprachverständnis, Wortschatz
> ¬ Evtl. Fremdsprachenkenntnisse

Abgesehen von der einwandfreien Beherrschung von Rechtschreibung, Satzbau und Grammatik ist oft noch ein hohes Maß an inhaltlichem Sprachverständnis erwünscht. Im entsprechenden Prüfungsteil kann es unter anderem darum gehen, Sprichwörter zu vervollständigen bzw. ihren Sinn zu entschlüsseln, Wortbedeutungen korrekt zu identifizieren oder Fremdwörter richtig zu übersetzen.

Die „Mathematik"

Wer tagtäglich mit dem Geld fremder Leute hantiert, muss mehr als das kleine Einmaleins beherrschen. Die im Finanzbereich nötige rechnerische Virtuosität ist im Einstellungstest häufig dadurch zu belegen, dass man auch ohne Hilfsmittel zum richtigen Ergebnis findet. Konkret kann es etwa darum gehen, Zahlenwerte umzurechnen, kleinere Rechnungen im Kopf durchzuführen oder das Resultat größerer Operationen per Überschlag zu schätzen. Natürlich ist bei komplizierteren Zins- und Prozentaufgaben in der Regel ein Taschenrechner erlaubt.

Der mathematische Teil beinhaltet ...

¬ Grundrechenarten

¬ Textaufgaben (mit Dreisatz)

¬ Prozent- und Zinsrechnung

¬ Tabellen- und Diagrammanalyse

Über die bloßen Rechenkünste hinaus haben es Diagrammanalysen und Textaufgaben besonders auf ihr Verständnis von Zahlenverhältnissen abgesehen: zum Beispiel, wenn unbekannte Werte mithilfe des Dreisatz-Verfahrens zu ermitteln sind. Bringen Sie zur Vorbereitung Ihr Schulwissen noch einmal gründlich auf Vordermann. Doch auch wer sich mit Mathe etwas schwerer tut, muss die Flinte nicht gleich ins Korn werfen. Die Testaufgaben sind im Allgemeinen ziemlich ähnlich, sodass sich die typischen Vorgehensweisen und Lösungswege sehr gut trainieren lassen.

Das „logische Denkvermögen"

Logik ist die Lehre des vernünftigen Folgerns. So bündig diese Definition ist, so vielschichtig ist das logische Denkvermögen in der Praxis – und so unverzichtbar ist es, logisch denken und urteilen zu können. Die Fähigkeit, komplexe Sachlagen zu überblicken und verschiedene Handlungsalternativen systematisch zu durchdenken, wird nahezu überall gebraucht. Um diese Kompetenz zu testen, gibt es unterschiedliche Aufgabentypen, in denen Buchstaben, Wörter, Sätze, Zahlen oder grafische Muster vorkommen.

Der Logikteil besteht aus ...

¬ Sprachlogik: Wortanalogien, Oberbegriffe

¬ Ergänzungsaufgaben: Buchstaben- und Zahlenreihen fortsetzen

¬ Interpretationsaufgaben: Texte und Schaubilder verstehen

Häufig gilt es, zwischen den verschiedenen Elementen abstrakte Zusammenhänge und Strukturen zu erkennen. Sprachlogische Fragen fordern etwa dazu auf, bestimmte Analogien herzustellen: Ast verhält sich zu Baum wie Rad zu was? Eine mögliche Antwort wäre hier Auto, da das Rad ebenso ein Teil des Autos ist, wie der Ast zum Baum gehört. Bei anderen Aufgaben finden Sie zu vorgegebenen Wörtern den jeweils passenden Oberbegriff, setzen Buchstaben- oder Zahlenreihen richtig fort oder ziehen aus vorhandenen Informationen plausible Schlussfolgerungen.

Das „visuelle Denkvermögen"

Aufgaben zum visuellen Denkvermögen überprüfen neben Ihrer räumlichen Vorstellungskraft ein Stück weit auch die praktische Intelligenz: etwa, wenn Sie herausfinden sollen, welcher dreidimensionale Körper sich aus einer abgebildeten Faltvorlage zusammenbasteln lässt. Im zweidimensionalen Bereich spielt unter anderem die Wahrnehmung von Flächenformen eine Rolle, die miteinander zu vergleichen sind.

Das visuelle Denkvermögen umfasst ...

¬ Räumliches Vorstellungsvermögen: Flächen und Körper

¬ Abstraktionsfähigkeit: Muster und Figuren

Im Grenzbereich zum logischen Denkvermögen finden sich Aufgaben zu grafischen Reihen und Matrizen. Nutzen Sie Ihr Abstraktionsvermögen, um herauszufinden, nach welchen „Bauanleitungen" abstrakte Formen und Muster konstruiert sind – im Notfall helfen Ihnen die Lösungskommentare dieses Buchs. Wer einmal einen Blick für Körper und Flächen entwickelt hat, profitiert noch lange im Nachhinein davon: Der Trainingseffekt im Bereich der räumlichen Vorstellungskraft setzt schnell ein und ist sehr nachhaltig.

Das „Konzentrationsvermögen"

Mit Konzentrationsvermögen ist die Fähigkeit gemeint, ein gewisses Arbeitspensum auch unter Zeitdruck bewältigen zu können, ohne dabei den Kopf zu verlieren. Getestet werden sowohl Leistungsfähigkeit als auch Arbeitseffizienz, d. h. Bearbeitungsgeschwindigkeit und Gründlichkeit zugleich.

Das Konzentrationsvermögen schließt ein ...

¬ Kombinationsaufgaben: z. B. Zahlenkarten sortieren, Codierte Wörter

¬ Such- und Zählaufgaben: z. B. p/q-Test

Besonders anspruchsvoll sind die Aufgaben an sich bisweilen nicht. Der p/q-Test beispielsweise – auch in seinen Variationen als O/Q-Test oder b/d-Test bekannt – besteht aus nichts anderem als ziemlich eintönigen Buchstabenfolgen, in denen Sie die Anzahl aller „p"s bestimmen sollen. Andere Konzentrationsaufgaben bestehen darin, Zahlenkarten nach einem bestimmten System zu sortieren oder codierte Begriffe zu verknüpfen.

Unterschätzen Sie diese Aufgabenstellungen nicht: das Zeitlimit sorgt für Stress. Halten Sie die Bearbeitungszeiten ein, die in den Musterprüfungen vorgegeben sind, um Ihre Arbeitsgeschwindigkeit realistisch einschätzen zu lernen.

Das „Erinnerungsvermögen"

Inhalte speichern und sie bei Bedarf abrufen – daraus lässt sich Kapital schlagen, nicht nur bei Banken und Versicherungen. Wenn man wichtige Informationen nicht schon im nächsten Augenblick wieder vergessen hat, freuen sich Kunden und Mitarbeiter gleichermaßen. Zur Überprüfung der Merkfähigkeit werden Ihnen verschiedene Informationen in Text- und/oder Bildform vorgelegt, an die Sie sich in den darauffolgenden Abfragerunden erinnern müssen.

Das Erinnerungsvermögen besteht aus ...

¬ Einprägen und Wiedergeben von Text- und Bildinformationen

¬ Wiedererkennen von Figuren, Zahlen und Wörtern, ggf. in Kombination

Bei anderen Aufgabentypen prägen Sie sich Figuren, Zahlen oder Wörter – einzeln oder in Form kombinierter Paare – ein. Diese Elemente müssen Sie anschließend in einer üblicherweise recht umfangreichen Liste wiedererkennen, wobei Ihnen eventuell enge Zeitgrenzen das Leben zusätzlich schwer machen können. Ein regelmäßiges Training des Erinnerungsvermögens erhöht die Treffsicherheit bei derartigen Auswahlaufgaben und verbessert die allgemeine Merkfähigkeit.

Der Testablauf

Mit der Einladung zum Einstellungstest sind Sie Ihrem Wunschberuf einen großen Schritt näher gekommen. Nun beginnt die Vorbereitungsphase. Inzwischen wissen Sie natürlich schon ein wenig darüber, was Sie im Auswahltest erwartet: die Kontrolle der vorausgesetzten Kenntnisse und Kompetenzen ebenso wie die Überprüfung berufsrelevanter persönlicher Fähigkeiten. Wie aber läuft das Procedere konkret ab?

Die Prüfungssituation

Der Tag der Wahrheit ist endlich gekommen; Sie und Ihre Mitbewerber sammeln sich vor dem Prüfungsraum. Aufgeregt wird der eine oder andere von fiesen Trickfragen und unlösbaren Kniffeleien berichten – das meiste davon sind Gerüchte, die auf nichts als Hörensagen beruhen. Zwar werden Sie mit Sicherheit auf unbekannte Fragen stoßen und wahrscheinlich in der vorgegebenen Zeit nicht alle korrekten Lösungen finden: Das müssen Sie aber auch nicht, da nur ein bestimmter Prozentsatz der Maximalpunktzahl nötig ist, um den Test zu bestehen. Außerdem sind auch die unbekannten Aufgaben nach bestimmten Schemas aufgebaut, die Ihnen dank der Bearbeitung des vorliegenden Prüfungspakets nicht unbekannt vorkommen dürften.

Nachdem alle Bewerber zum Test erschienen sind, wird Sie der Prüfer begrüßen, sich kurz vorstellen und dann die Einzelheiten des Testablaufs klären: welche Hilfsmittel zugelassen sind – z. B. Taschenrechner und Lineal–, welche Zeitvorgaben es gibt usw. Fragen Sie schon vorher nach, welche Hilfsmittel Sie von zu Hause mitbringen dürfen oder sollen; Stift und Papier werden meist gestellt.

Bei der Zeiteinteilung gibt es unterschiedliche Vorgehensweisen: Wenn der Prüfer Ihnen nur eine feste Bearbeitungsdauer für den gesamten Test nennt, dürfen Sie normalerweise hin- und herspringen, besonders unangenehmen Aufgaben ausweichen und zum nächsten Teil übergehen, wenn Sie wollen. Es kommt aber auch vor, dass der Prüfer Sie Schritt für Schritt durch den Test begleitet und Ihnen genau sagt, wann und wie lange Sie einen bestimmten Aufgabenteil bearbeiten sollen. Blättern Sie in diesem Fall nicht einfach zu anderen Abschnitten um – im Extremfall könnte das zu Ihrer Disqualifikation führen.

Ihr Fahrplan für die schriftliche Prüfung

▶ Fragen Sie frühzeitig nach: Welche Hilfsmittel (z. B. Taschenrechner) dürfen Sie benutzen? Welche Materialien (Stift, Papier, Lineal …) müssen Sie mitbringen, welche werden Ihnen gestellt?

▶ Verschieben Sie Ihren Prüfungstermin bei schwereren Erkrankungen.

▶ Erscheinen Sie ausgeschlafen und pünktlich, planen Sie genügend Zeitreserve für Verzögerungen ein. Aber vergessen Sie das Frühstück nicht: Wer mit nüchternem Magen in die Prüfung geht, baut schneller ab und ist weniger leistungsfähig.

▶ Folgen Sie den Erklärungen der Prüfungsleiter aufmerksam. Nur so erfahren Sie, wie der Test abläuft und wie Sie dabei vorgehen müssen.

▶ Studieren Sie die allgemeinen Bearbeitungshinweise sorgfältig, klären Sie eventuelle Verständnisfragen nach Möglichkeit vor Testbeginn.

▶ Behalten Sie die Uhr im Auge und teilen Sie sich Ihre Zeit gut ein.

▶ Achten Sie jederzeit auf Hinweise Ihrer Prüfungsleiter.

▶ Wenn ein „Blackout" droht: durchatmen, einen Schluck Wasser trinken und erst einmal leichtere Aufgaben in Angriff nehmen.

▶ Lesen Sie jede Aufgabenstellung gründlich durch und halten Sie sich an vorgegebene Bearbeitungswege.

▶ In Multiple-Choice-Tests werden falsche Antworten in der Regel nicht bestraft. Setzen Sie auch dann ein Kreuz, wenn Sie nicht ganz sicher sind – einen Versuch ist es wert. (Achtung: Wenn mehrere richtige Lösungen anzugeben sind, gibt es für falsche Kreuze Abzüge!)

▶ Lassen Sie sich nicht aus der Ruhe bringen. Die Tests sind so konzipiert, dass kaum jemand im vorgegebenen Zeitrahmen alle Aufgaben korrekt lösen kann.

▶ Anstatt an einer Aufgabe zu verzweifeln, gehen Sie lieber zur nächsten über. Mit den übersprungenen Fragen können Sie sich – begonnen mit der leichtesten – noch zum Schluss beschäftigen.

▶ Planen Sie etwas Zeit ein, um Ihre Lösungen auf Flüchtigkeitsfehler und andere kleine Patzer zu kontrollieren.

▶ Korrigieren Sie falsche Antworten stets eindeutig und nachvollziehbar.

Richtig lernen

Welche Fragen in Ihrem Auswahltest konkret gestellt werden, das könnten Ihnen nur die Prüfer selbst beantworten – und die werden es nicht tun. Trotzdem können Sie sich auf alle Prüfungsinhalte gut vorbereiten: zum einen, indem Sie Ihre Wissensbasis erweitern, verschiedene Aufgabentypen und Lösungswege kennen lernen; zum anderen, indem Sie sich an die Prüfungssituation und den Testablauf gewöhnen. Aber auch das Lernen selbst will gelernt sein. Mit den richtigen Methoden fällt die Vorbereitung leichter.

Informationen sammeln: Bringen Sie mehr über Ihren künftigen Arbeitgeber und den angestrebten Beruf in Erfahrung: Studieren Sie Prospekte und Broschüren, nutzen Sie Tage der offenen Tür, recherchieren Sie im Internet, kontaktieren Sie Ihren Ansprechpartner im Unternehmen. Eventuell erfahren Sie so auch noch einige zusätzliche Details über den Testablauf und die Prüfungsinhalte. Fragen kostet nichts!

Bildung verbreitern: Eine gute Allgemeinbildung bringt in jedem Einstellungstest Vorteile. Informieren Sie sich daher über das aktuelle Zeitgeschehen. Möglichkeiten dafür gibt es viele, ob via Internet, Radio, Fernsehen oder Zeitung. Wer sich kein Zeitungsabonnement leisten will, findet in öffentlichen Bibliotheken Exemplare aller großen Tageszeitungen zur Gratis-Lektüre.

Pausen einplanen: In der Vorbereitungsphase von früh bis spät zu büffeln und dann noch die Nacht zum Tag zu machen, ist nicht besonders effektiv. Gönnen Sie sich ausreichend Schlaf und regelmäßige Verschnaufpausen. Bewährt hat sich die Einteilung in Lernblöcke: nach 30 Arbeitsminuten 5 Minuten abschalten, alle 90 Minuten für eine Viertelstunde pausieren, nach jeweils vier Stunden 1–2 Stunden unterbrechen.

Die Testsimulation

Das vorliegende Prüfungspaket ist so konzipiert, dass Sie den schriftlichen / computergestützten Einstellungstest möglichst realistisch simulieren und seinen Ablauf wirklichkeitsnah nachvollziehen können. Wir empfehlen Ihnen folgende Vorgehensweise zur effektiven Vorbereitung:

¬ Bearbeiten Sie den ersten Test, bevor Sie die Lösungshinweise und Antworten in diesem Buch lesen.
¬ Legen Sie sich einen Taschenrechner, einen Bleistift und Notizpapier bereit.
¬ Folgen Sie den Bearbeitungshinweisen.
¬ Überspringen Sie keine Kapitel.
¬ Halten Sie sich an die angegebenen Zeitvorgaben.
¬ Bearbeiten Sie immer erst eine vollständige Prüfung, bevor Sie die dazugehörigen Antworten im Lösungsbuch nachschlagen.
¬ Vergleichen Sie Ihre Testergebnisse in den verschiedenen Prüfungen. Machen Sie sich Ihre Fortschritte bewusst, aber finden Sie auch heraus, in welchem Bereich noch Schwachstellen liegen.
¬ Nutzen Sie das Lösungsbuch, um Ihr Verständnis der Testaufgaben zu vertiefen und einzelne Themen intensiver aufzuarbeiten.

Dieses Lösungsbuch liefert Ihnen zu jeder Frage sowohl die korrekte Antwort als auch umfangreiche Bearbeitungshinweise und einen ausführlich kommentierten Lösungsweg. Nehmen Sie sich die Zeit, das Prinzip der Aufgaben vollständig zu verstehen, bevor Sie weiterarbeiten. So gehen Sie gut gerüstet in Ihre Einstellungsprüfung!

Wir wünschen Ihnen viel Erfolg!

Prüfung

Bankkaufmann/-frau

Allgemeinwissen

Verschiedene Themen   *Bearbeitungszeit 10 Minuten*

Die folgenden Aufgaben prüfen Ihr Allgemeinwissen.

Zu jeder Aufgabe werden verschiedene Lösungsmöglichkeiten angegeben.

Beantworten Sie bitte die folgenden Aufgaben, indem Sie jeweils den richtigen Buchstaben markieren.

1. **Wer hat im Verteidigungsfall die Befehls- und Kommandogewalt über die Streitkräfte?**
    A. Innenminister
    B. Bundestagspräsident
    C. Bundeskanzler
    D. Bundespräsident
    E. Keine Antwort ist richtig.

2. **Wobei handelt es sich nicht um eine nichtstaatliche Organisation (*non-governmental organisation*/NGO)?**
    A. Greenpeace
    B. Attac
    C. Amnesty International
    D. Internationaler Währungsfonds
    E. Keine Antwort ist richtig.

3. **Wie ist die Bundesversammlung zusammengesetzt?**
    A. Ausschließlich aus Mitgliedern des Bundestages
    B. Ausschließlich aus Vertretern der Länder
    C. Aus Mitgliedern des Bundestages und Vertretern der Länder
    D. Ausschließlich aus Politikern
    E. Keine Antwort ist richtig.

4. **Wo hat der Internationale Strafgerichtshof seinen Sitz?**
    A. Karlsruhe
    B. Straßburg
    C. Brüssel
    D. Den Haag
    E. Keine Antwort ist richtig.

5. **Aus welcher Strophe des „Deutschlandliedes" von Hoffmann von Fallersleben (1798–1874) besteht die deutsche Nationalhymne?**

   A. Aus der ersten Strophe

   B. Aus der zweiten Strophe

   C. Aus der dritten Strophe

   D. Aus der vierten Strophe

   E. Keine Antwort ist richtig.

6. **Der deutsche Aufklärungsphilosoph Immanuel Kant lebte und starb in …?**

   A. Berlin.

   B. Wien.

   C. Moskau.

   D. Königsberg.

   E. Keine Antwort ist richtig.

7. **In welcher Klimazone liegt Deutschland?**

   A. Subtropen

   B. Kalte Zone

   C. Subpolare Zone

   D. Gemäßigte Breiten

   E. Keine Antwort ist richtig.

8. **Durch welches Bundesland fließt die Oder?**

   A. Bayern

   B. Hamburg

   C. Nordrhein-Westfalen

   D. Brandenburg

   E. Keine Antwort ist richtig.

9. **Was wird in der IT unter „Partition" verstanden?**

   A. Die Vorabversion eines Computerprogramms

   B. Die einzelnen Musiktracks auf einer CD

   C. Die vollständige Löschung der Festplatte

   D. Die Aufteilung eines Speichermediums in mehrere Bereiche

   E. Keine Antwort ist richtig.

10. **Was wird unter dem Begriff „TCP/IP" verstanden?**

A. Das TCP/IP ist eine Benutzerkennung im Internet.

B. Das TCP/IP ist ein Netzwerkprotokoll, das ausschließlich für das Internet eingesetzt werden kann.

C. Das TCP/IP ist eine neue Computer-Generation.

D. Das TCP/IP ist ein Netzwerkprotokoll, das beispielsweise für den Austausch von Daten im Internet benötigt wird.

E. Keine Antwort ist richtig.

Lösungen

Zu 1.

C. Bundeskanzler

Das Grundgesetz sieht vor, dass während eines Verteidigungsfalls die Befehls- und Kommandogewalt über die Streitkräfte vom Bundesminister der Verteidigung an den Bundeskanzler übergeht. So soll das Grundgesetz dafür sorgen, dass in Zeiten außerordentlicher Krisen der Bundeskanzler als „starker Mann" alle Fäden in der Hand hält.

Zu 2.

D. Internationaler Währungsfonds

Eine nichtstaatliche Organisation hat weder Gewinnziele, noch ist sie von staatlichen Stellen organisiert oder abhängig. In Deutschland fallen unter diesen Begriff im weitesten Sinne auch Arbeitgeberverbände, Gewerkschaften oder Sportvereine. Im engeren Sinne sind damit aber meist demokratisch strukturierte, gemeinwohlorientierte und oft transnational agierende Organisationen wie zum Beispiel Greenpeace, Attac oder Amnesty International gemeint. Der Internationale Währungsfonds dagegen ist eine Sonderorganisation der Vereinten Nationen auf Staatenebene.

Zu 3.

C. Aus Mitgliedern des Bundestages und Vertretern der Länder

Die Bundesversammlung besteht aus den Mitgliedern des Bundestages und den Abgesandten der Landesparlamente. Sie wird vom Bundestagspräsidenten einberufen und ihre einzige Aufgabe besteht in der Wahl des Bundespräsidenten.

Zu 4.

D. Den Haag

Der Internationale Strafgerichtshof (IStGH), 1998 durch einen internationalen Vertrag ins Leben gerufen, sitzt in Den Haag. Er ist ein ständiges Strafgericht mit Zuständigkeit für Völkermord, Verbrechen gegen die Menschlichkeit und Kriegsverbrechen. Die ersten Richter des IStGH wurden 2003 vereidigt.

Zu 5.

C. Aus der dritten Strophe

Das Deutschlandlied wurde 1922 zur Nationalhymne des Deutschen Reiches erwählt. Zur Zeit des Nationalsozialismus wurde nur noch die erste Strophe gesungen, die durch diesen Missbrauch diskreditiert wurde. 1952 wurde entschieden, dass das Deutschlandlied Nationalhymne bleibt, aber zu offiziellen Anlässen nur die dritte Strophe gesungen werden soll. Nach der Wiedervereinigung wurde im Jahr 1991 die dritte Strophe zur Nationalhymne bestimmt.

Zu 6.

D. Königsberg.

Immanuel Kant wurde 1724 im preußischen Königsberg geboren und starb dort 1804. Er zählt zu den einflussreichsten Denkern der Aufklärung. Bekannt sind untere anderem seine Definition der Aufklärung als „Ausgang des Menschen aus seiner selbst verschuldeten Unmündigkeit" oder die Formulierung des kategorischen Imperativs: „Handle nur nach derjenigen Maxime, durch die du zugleich wollen kannst, dass sie ein allgemeines Gesetz werde."

Zu 7.

D. Gemäßigte Breiten

Deutschland liegt in den gemäßigten Breiten. Diese Klimazone befindet sich zwischen der kalten Zone und den Subtropen und hat nach den Tropen die höchste Niederschlagsmenge. Charakteristisch sind außerdem die deutlichen Temperaturunterschiede zwischen den Jahreszeiten und die unterschiedlich langen Tage.

Zu 8.

D. Brandenburg

Die Oder ist ein 866 km langer europäischer Fluss, der durch Tschechien, Polen und Deutschland fließt und in Polen in die Ostsee mündet. In Deutschland fließt sie nur durch das Bundesland Brandenburg als Grenzfluss zu Polen.

Zu 9.

D. Die Aufteilung eines Speichermediums in mehrere Bereiche

Im IT-Bereich steht der Begriff „Partition" für eine logische Unterteilung von Systemressourcen, z. B. der Festplatte. Dabei sind die einzelnen Partitionen voneinander unabhängig und können vom Betriebssystem wie verschiedene physikalische Laufwerke behandelt werden. Für die Verwendung von Partitionen gibt es verschiedene Gründe: Die Datensicherheit steigt, da von Fehlern des Dateisystems einer Partition die anderen nicht betroffen sind. Partitionen erleichtern zudem die Datenorganisation, da sich Inhalte je nach Betreff in verschiedenen Partitionen speichern lassen. Darüber hinaus wird es möglich, mehrere Betriebssysteme auf einer Festplatte zu installieren und nutzen.

Zu 10.

D. Das TCP/IP ist ein Netzwerkprotokoll, das beispielsweise für den Austausch von Daten im Internet benötigt wird.

„TCP/IP" ist die Abkürzung für das „Transmission Control Protocol/Internet Protocol", wegen seiner Bedeutung für das Internet auch als „Internetprotokoll" bezeichnet. Lange Zeit stand TCP/IP in Konkurrenz zu anderen Protokollen wie NetBEUI von Microsoft Windows, IPX/SPX von Novell und Apple Talk. TCP/IP ist aber das einzig erfolgreiche Netzwerkprotokoll, das universell, in nahezu jeder Vernetzung und unabhängig vom Betriebssystem funktioniert. Die Identifizierung der am TCP/IP-Netzwerk teilnehmenden Rechner geschieht über IP-Adressen.

Fachbezogenes Wissen

Branche und Beruf   *Bearbeitungszeit 10 Minuten*

Mit den folgenden Aufgaben wird Ihr fachbezogenes Wissen geprüft.

Beantworten Sie bitte die folgenden Aufgaben, indem Sie jeweils den richtigen Buchstaben markieren.

11. **Wer bestimmt den Leitzinssatz im Euro-Währungsgebiet?**
    A. Deutsche Bundesbank
    B. Deutsche Zentralbank
    C. Landesbanken
    D. Europäische Zentralbank
    E. Keine Antwort ist richtig.

12. **Wie nennt man den Gewinnanteil, der an die Aktionäre ausgeschüttet wird?**
    A. Prämie
    B. Zinsen
    C. Bonus
    D. Dividende
    E. Keine Antwort ist richtig.

13. **Was versteht man unter dem Begriff „Baisse"?**
    A. Steigende Kurse an der Börse
    B. Leicht fallende Kurse an der Börse
    C. Stark fallende Kurse an der Börse
    D. Konjunkturabschwung
    E. Keine Antwort ist richtig.

14. **Welche Aussage zur Aktie ist richtig?**
    A. Alle Aktien werden an der Börse gehandelt.
    B. Nur die Belegschaft darf Aktien erwerben.
    C. Die Aktien werden vom Staat ausgegeben.
    D. Es gibt Namensaktien und Inhaberaktien.
    E. Keine Antwort ist richtig.

15. Wie lautet die Grundformel zur Berechnung der Rendite?

A. $\text{Rendite} = \dfrac{\text{Gewinn}}{\text{Eingesetztes Kapital}}$

B. $\text{Rendite} = \dfrac{\text{Tageskurs}}{\text{Eingesetztes Kapital}}$

C. $\text{Rendite} = \dfrac{\text{Fremdkapitalzinsen}}{\text{Fremdkapital}}$

D. $\text{Rendite} = \dfrac{\text{Tageskurs} \times 100}{\text{Erwerbspreis}}$

E. Keine Antwort ist richtig.

16. Was sind Derivate?

A. Finanzinstrumente

B. Festverzinsliche Wertpapiere

C. Anleiheformen

D. Wertpapiere mit Zahlungsanweisung

E. Keine Antwort ist richtig.

17. Was versteht man im unternehmerischen Sinne unter „Liquidität"?

A. Die ständige Lieferbereitschaft eines Unternehmens

B. Das Auftragsvolumen eines Unternehmens

C. Die Liquidität eines Unternehmens lässt sich berechnen, indem man den Gewinn ins Verhältnis zum Kapital setzt.

D. Die Fähigkeit eines Unternehmens, seinen Zahlungsverpflichtungen termingerecht nachzukommen

E. Keine Antwort ist richtig.

18. Was bedeutet der Begriff „Tarifautonomie"?

A. Freie Vereinbarung der Tarifvertragsparteien über Löhne und Gehälter

B. Freie Vereinbarung der Belegschaft über Löhne und Gehälter

C. Freie Entscheidung der Arbeitgeberverbände über Löhne und Gehälter

D. Freie Entscheidung der Gewerkschaften über Löhne und Gehälter

E. Keine Antwort ist richtig.

19. **Durch welche der folgenden Steuern erzielt der Staat die größten Einnahmen?**

    A. Gewerbesteuer
    B. Umsatzsteuer
    C. Tabaksteuer
    D. Energiesteuer
    E. Keine Antwort ist richtig.

20. **Was bedeutet der Begriff „Factoring" im wirtschaftlichen Sinne?**

    A. Fabrikverkauf
    B. Lagerverkauf
    C. Massenverkauf
    D. Abtretung einer Forderung
    E. Keine Antwort ist richtig.

Lösungen

Zu 11.

D. Europäische Zentralbank

Der Leitzins im Währungsraum des Euro wird seit dessen Einführung von der Europäischen Zentralbank festgelegt. Man bezeichnet damit den Zinssatz, zu dem sich Geschäftsbanken von der Zentralbank Geld beschaffen können. Die Bestimmung des Leitzinses ist ein wichtiges geldpolitisches Instrument, weil er einen bedeutenden Einfluss auf den gesamten Refinanzierungsmarkt und damit auf die Liquidität des Währungsraums hat.

Weitere wichtige Leitzinssätze sind die „Repo Rate" der Bank of England und die nominale „Federal Funds Rate" der Federal Bank of Amerika.

Zu 12.

D. Dividende

Dividenden sind Gewinnbeteiligungen, die eine Aktiengesellschaft an ihre Aktionäre ausschüttet. Die Verwendung des Bilanzgewinns einer AG – und damit die Dividendenhöhe – wird vom Vorstand vorgeschlagen, vom Aufsichtsrat geprüft und von der Hauptversammlung beschlossen. Die Dividende ist von der allgemeinen Geschäftslage abhängig und kann daher von Jahr zu Jahr schwanken oder sogar ganz ausfallen.

Zu 13.

C. Stark fallende Kurse an der Börse

Der Begriff „Baisse" oder auch „Bärenmarkt" (engl. „Bear-Market") steht an der Börse für sinkende Kurse. Der Begriff „Bullenmarkt" oder „Hausse" steht dagegen für steigende Kurse. Sowohl die Hausse als auch die Baisse können durch fundamentale ökonomische Umwälzungen, insbesondere die Konjunkturzyklen, aber

auch durch Spekulation bedingt sein. Ein übermäßiger Bullenmarkt kann durch übertriebene Ertragserwartungen zu einer Spekulationsblase führen. Auf der anderen Seite führt eine übertriebene Baisse mit fallenden Erwartungen der Anleger zu einem Börsencrash.

Zu 14.

D. Es gibt Namensaktien und Inhaberaktien.

Die Aktie ist ein Wertpapier, das den Anteil an einer Gesellschaft verbrieft. In Deutschland werden solche Unternehmen als Aktiengesellschaft bezeichnet, die ihr Grundkapital in Aktien zerlegen und diesen Anteil verbriefen. Aktien können sowohl an einer Wertpapierbörse als auch außerbörslich gehandelt werden.

Der Inhaber von Namensaktien (engl. „registered share") muss sich namentlich, mit Angabe seiner Adresse, seines Geburtsdatums sowie der genauen Stückzahl der Aktien im Aktienregister eintragen lassen. Davon unterscheidet sich die Inhaberaktie, die nicht auf den Namen einer bestimmten Person lautet und eine Eigentumsübertragung ohne besondere Formalitäten ermöglicht. Aus diesem Grund ist sie für den Börsenhandel gut geeignet und die weiter verbreitete Form der Aktie.

Zu 15.

A. $\text{Rendite} = \dfrac{\text{Gewinn}}{\text{Eingesetztes Kapital}}$

Für die Berechnung der Rendite gibt es verschiedene Formeln. Eine Möglichkeit besteht darin, wie in Lösung A den Gewinn ins Verhältnis zum eingesetzten Kapital zu setzen. Um den Gesamterfolg einer Kapitalanlage als tatsächliche Verzinsung des eingesetzten Kapitals zu messen, multipliziert man den Wert aus der Rendite-Formel mit 100. Eine andere Möglichkeit der Renditeberechnung ist, die Einzahlungen zu den Auszahlungen ins Verhältnis zu setzen.

Zu 16.

A. Finanzinstrumente

Derivate sind gegenseitige Verträge, deren Preis auf einen marktabhängigen Basiswert bezogen wird. Als Basiswert können Wertpapiere wie Aktien oder Anleihen, marktbezogene Referenzgrößen wie Indizes oder Zinssätze sowie andere Handelsgegenstände wie Rohstoffe oder Devisen zugrunde liegen. Derivate werden in Erwartung auf eine bestimmte zukünftige Entwicklung – z. B. steigende oder fallende Aktienkurse – abgeschlossen. Sie sind so konstruiert, dass sie die Schwankungen des Basiswertes überproportional nachvollziehen. So lassen sie sich sowohl zur Spekulation als auch zur Absicherung gegen Wertverluste einsetzen. Die wichtigsten Derivate sind Optionen, Zertifikate, Futures und Swaps.

Zu 17.

D. Die Fähigkeit eines Unternehmens, seinen Zahlungsverpflichtungen termingerecht nachzukommen

Verfügt ein Unternehmen über ausreichende Zahlungsmittel, um seine Verbindlichkeiten zu begleichen, bezeichnet man es als „liquide". Unterschieden wird zwischen der Barliquidität (Vermögen, das unmittelbar zur Zahlung eingesetzt werden kann), der einzugsbedingten Liquidität (Vermögen, das nicht unmittelbar zur Zahlung eingesetzt werden kann, aber eine kurzfristige Umwandlung ermöglicht wie diskontierbare Wechsel) sowie der umsatzbedingten Liquidität (Vermögen, das erst in Barmittel

umgesetzt werden muss, z. B. Produkte und Wirtschaftsgüter).

Zu 18.

A. Freie Vereinbarung der Tarifvertragsparteien über Löhne und Gehälter

Die Tarifautonomie garantiert, dass ein Tarifvertrag unabhängig von staatlichen Eingriffen durch die Tarifvertragsparteien – die Gewerkschaften und Arbeitgeberverbände – vereinbart wird. Durch die Gesetzgebung sind den Tarifparteien allerdings gewisse Rahmenbedingungen vorgegeben, innerhalb derer die Tarifverträge ausgehandelt werden können.

Zu 19.

B. Umsatzsteuer

Die amtlichen Zahlen für das Jahr 2011: Der deutsche Staat konnte Steuereinnahmen in Höhe von rund 570 Milliarden Euro erzielen. Die größten Posten waren die Lohnsteuer mit 140 Milliarden Euro vor der Umsatzsteuer mit 139 Milliarden Euro und der Einfuhrumsatzsteuer mit 51 Milliarden Euro.

Zu 20.

D. Abtretung einer Forderung

Factoring ist eine Finanzdienstleistung, bei der offene Forderungen an einen *Factor* verkauft werden. Als Gegenleistung für die Abtretung der Forderungen zahlt der *Factor* umgehend den Forderungskaufpreis, der dem Betrag der tatsächlich bestehenden Forderung abzüglich eines Abschlags für die Leistungen des *Factors* entspricht. So sorgt *Factoring* für Liquidität und schützt vor Forderungsausfällen.

Sprachbeherrschung

Fremdwörter   *Bearbeitungszeit 5 Minuten*

Ordnen Sie den Fremdwörtern die richtige Bedeutung zu, indem Sie den entsprechenden Lösungsbuchstaben markieren.

Fremdwort	*A–E*	*Bedeutung*
21. explizit		A. ausführlich
22. eruieren		B. realistisch
23. sukzessiv		C. aufeinander folgend
24. phlegmatisch		D. ermitteln
25. pragmatisch		E. träge

Lösungen

Zu 21. explizit
A. ausführlich

Zu 22. eruieren
D. ermitteln

Zu 23. sukzessiv
C. aufeinander folgend

Zu 24. phlegmatisch
E. träge

Zu 25. pragmatisch
B. realistisch

Sprachbeherrschung

Satzreihenfolge   *Bearbeitungszeit 10 Minuten*

Tragen Sie zu jedem Satz die entsprechende fortlaufende Nummer rechts in das Kästchen ein, sodass die einzelnen Sätze in sinnvoller Reihenfolge stehen und einen zusammenhängenden Text ergeben.

Hinweise zur Bearbeitung

Bei dieser Aufgabe wird Ihr Gefühl für Sprachlogik geprüft. Dabei sind die angegebenen Sätze so anzuordnen, dass sich eine inhaltlich und grammatisch schlüssige Geschichte ergibt. Prüfen Sie daher bei der Zusammenstellung des Texts zum einen, ob die Satzanschlüsse formal korrekt sind – verweist ein „dieser", „diese" oder „dieses" auch tatsächlich auf einen Bezugspunkt im vorherigen Satz? Zum anderen müssen Sie auf die inhaltliche Dimension achten: Setzt sich ein „aber" am Satzanfang auch wirklich vom Vorangegangenem ab, folgt auf ein „denn" tatsächlich eine Begründung des bereits Gesagten? Wird eine zeitliche Reihenfolge eingehalten?

Eine probate Vorgehensweise ist es, vom wahrscheinlichsten Anfangssatz auszugehen (der keinen Bezug zu einem vorhergehenden Inhalt nimmt) und sich anhand der Überprüfung von sprachlichen und inhaltlichen Bezügen Satz für Satz durch den Text zu hangeln. Sie können natürlich auch anders vorgehen.

26.

A. Als Ergebnis dieser Rodungsbewegung war der Wald in Bayern bereits damals auf rund ein Drittel seiner ehemaligen Fläche zurückgedrängt.

B. Aber auch das aufstrebende Gewerbe benötigte große Mengen an Holz.

C. Denn es war der einzige in größerem Umfang verfügbare Energieträger.

D. Bayern war ursprünglich ganz mit Wald bedeckt.

E. Somit entsprach die damalige Wald-Feld-Verteilung bereits etwa dem heutigen Stand.

F. Doch im 6. und 7. Jahrhundert setzten starke Rodungen ein, die erst im 15. Jahrhundert zu einem vorläufigen Ende kamen.

G. Eine Ursache der Abholzungen: Die Landesherren räumten den rodenden Bauern damals Nutzungsrechte ein.

27.

A. Kaulquappen verfügen noch über einen Schwanz.

B. Man findet die Frösche auf fast allen Kontinenten, und das in vielfältiger Gestalt.

C. Denn die Wissenschaft unterscheidet mehr als 40 Familien mit rund 5.800 Arten.

D. Dieser bildet sich erst während der Metamorphose zum Landlebewesen zurück.

E. In diesem frühen Entwicklungsstadium lebt er im Wasser, man nennt ihn dann Kaulquappe.

F. Frösche zählen zur Wirbeltierklasse der Amphibien.

G. Doch gleich, zu welcher Art er gehört: Der junge Frosch muss zunächst sein Larvenstadium absolvieren.

28.

A. Inklusive Signalanlage und Geländer kommt der Turm sogar auf 830 Meter.

B. Stünde der Turm in Hamburg, könnte man ihn demnach noch in Bremen sehen.

C. Das höchste Gebäude der Welt ist der Burj Chalifa, übersetzt „Chalifa-Turm".

D. Anfang 2009 war dann die endgültige Gebäudehöhe von 828 Metern erreicht.

E. Diesen Namen erhielt das Bauwerk erst bei seiner Einweihung nach dem Abschluss der Bauphase.

F. Die war nicht gerade kurz: Der Turm wurde – in Spitzenzeiten mit dem Einsatz von 12.000 Arbeitern – in 5 Jahren Bauzeit errichtet.

G. Bei guten Sichtverhältnissen kann man die Spitze somit bis in 100 Kilometern Entfernung erkennen.

29.

A. Oft geraten sie dabei in die Objektive von Fotografen, die auf die ersten Bilder des neuen Autotyps lauern.

B. Unter diesen Bedingungen müssen die Wagen ihre Zuverlässigkeit unter Beweis stellen.

C. Die Hersteller wollen das Aussehen des neuen Autotyps nämlich möglichst lange geheim halten.

D. Es ist auch die Bezeichnung für ein neues Automodell, das vor seiner Präsentation getarnt wird.

E. Solcherart „verunstaltet" werden die Prototypen dann auf Teststrecken in meist sehr extremer Umgebung geschickt.

F. Daher verkleiden sie die Karosserie mit Kunststoffteilen oder kleben markante Designmerkmale ab.

G. „Erlkönig" ist nicht nur eine Ballade Johann Wolfgang Goethes.

30.

A. Fortsetzen konnten die Kicker des südamerikanischen Landes ihre Erfolgsgeschichte danach nicht.

B. Grund dafür war der Zweite Weltkrieg, der eine solche Veranstaltung unmöglich machte.

C. Die ihrer Nachbarländer hält jedoch bis heute: Argentinien konnte zweimal gewinnen, Brasilien ist mit fünf Siegen Rekord-Titelträger.

D. Die erste Fußball-Weltmeisterschaft fand 1930 statt.

E. Bei der ersten WM nach der Zwangsunterbrechung konnte wiederum Uruguay triumphieren.

F. Gastgeber war damals Uruguay, das sich zugleich auch den ersten WM-Titel holte.

G. Nach den folgenden Meisterschaften in Italien und Frankreich wurden von 1938 bis 1950 keine Turniere ausgetragen.

Lösungen

Zu 26.

A6 | B4 | C5 | D1 | E7 | F2 | G3

Bayern war ursprünglich ganz mit Wald bedeckt. Doch im 6. und 7. Jahrhundert setzten starke Rodungen ein, die erst im 15. Jahrhundert zu einem vorläufigen Ende kamen. Eine Ursache der Abholzungen: Die Landesherren räumten den rodenden Bauern damals Nutzungsrechte ein. Aber auch das aufstrebende Gewerbe benötigte große Mengen an Holz. Denn es war der einzige in größerem Umfang verfügbare Energieträger. Als Ergebnis dieser Rodungsbewegung war der Wald in Bayern bereits damals auf rund ein Drittel seiner ehemaligen Fläche zurückgedrängt. Somit entsprach die damalige Wald-Feld-Verteilung bereits etwa dem heutigen Stand.

Zu 27.

A6 | B2 | C3 | D7 | E5 | F1 | G4

Frösche zählen zur Wirbeltierklasse der Amphibien. Man findet die Frösche auf fast allen Kontinenten, und das in vielfältiger Gestalt. Denn die Wissenschaft unterscheidet mehr als 40 Familien mit rund 5.800 Arten. Doch gleich, zu welcher Art er gehört: Der junge Frosch muss zunächst sein Larvenstadium absolvieren. In diesem frühen Entwicklungsstadium lebt er im Wasser, man nennt ihn dann Kaulquappe. Kaulquappen verfügen noch über einen Schwanz. Dieser bildet sich erst während der Metamorphose zum Landlebewesen zurück.

Zu 28.

A5 | B7 | C1 | D4 | E2 | F3 | G6

Das höchste Gebäude der Welt ist der Burj Chalifa, übersetzt „Chalifa-Turm". Diesen Namen erhielt das Bauwerk erst bei seiner Einweihung nach dem Abschluss der Bauphase. Die war nicht gerade kurz: Der Turm wurde – in Spitzenzeiten mit dem Einsatz von 12.000 Arbeitern – in 5 Jahren Bauzeit errichtet. Anfang 2009 war dann die endgültige Gebäudehöhe von 828 Metern erreicht. Inklusive Signalanlage und Geländer kommt der Turm sogar auf 830 Meter. Bei guten Sichtverhältnissen kann man die Spitze somit bis in 100 Kilometern Entfernung erkennen. Stünde der Turm in Hamburg, könnte man ihn demnach noch in Bremen sehen.

Zu 29.

A7 | B6 | C3 | D2 | E5 | F4 | G1

„Erlkönig" ist nicht nur eine Ballade Johann Wolfgang Goethes. Es ist auch die Bezeichnung für ein neues Automodell, das vor seiner Präsentation getarnt wird. Die Hersteller wollen das Aussehen des neuen Autotyps nämlich möglichst lange geheim halten. Daher verkleiden sie die Karosserie mit Kunststoffteilen oder kleben markante Designmerkmale ab. Solcherart „verunstaltet" werden die Prototypen dann auf Teststrecken in meist sehr extremer Umgebung geschickt. Unter diesen Bedingungen müssen die Wagen ihre Zuverlässigkeit unter Beweis stellen. Oft geraten sie dabei in die Objektive von Fotografen, die auf die ersten Bilder des neuen Autotyps lauern.

Zu 30.

A6 | B4 | C7 | D1 | E5 | F2 | G3

Die erste Fußball-Weltmeisterschaft fand 1930 statt. Gastgeber war damals Uruguay, das sich zugleich auch den ersten WM-Titel holte. Nach den folgenden Meisterschaften in Italien und Frankreich wurden von 1938 bis 1950 keine Turniere ausgetragen. Grund dafür war der Zweite Weltkrieg, der eine solche Veranstaltung unmöglich machte. Bei der ersten WM nach der Zwangsunterbrechung konnte wiederum Uruguay triumphieren. Fortsetzen konnten die Kicker des südamerikanischen Landes ihre Erfolgsgeschichte danach nicht. Die ihrer Nach- barländer hält jedoch bis heute: Argentinien konnte zweimal gewinnen, Brasilien ist mit fünf Siegen Rekord-Titelträger.

Sprachbeherrschung

Satzgrammatik

Die folgenden Fragen testen Ihr grammatisches Basiswissen.

Beantworten Sie bitte die folgenden Aufgaben, indem Sie jeweils den richtigen Buchstaben markieren.

31. **Welches Wort ist ein Verb?**

    A. folgen
    B. selten
    C. offen
    D. Bremen
    E. Talent

32. **Welches Wort steht im Akkusativ?**

    A. des Wassers
    B. dem Baum
    C. den Pflanzen
    D. den Ball
    E. der Tante

33. **Welches Wort ist das Prädikat des Satzes „Die alte Frau hörte Musik von Mozart"?**

    A. Die
    B. Frau
    C. hörte
    D. Musik
    E. Mozart

34. **Welches Wort steht im Präteritum?**

    A. mochte
    B. stören
    C. wolle
    D. belogen
    E. gedacht

35. **Welcher Ausdruck steht im Konjunktiv II?**

    A. sei gewesen
    B. wirst haben
    C. hätte gewünscht
    D. sah
    E. wollte

Lösungen

Zu 31.

A. folgen

Verben werden auch als „Tuwörter" bezeichnet, da sie beschreiben, was man tut. Das trifft hier nur auf das Wort „folgen" zu.

Zu 32.

D. den Ball

Der Akkusativ ist der vierte Fall. Man kann danach mit „wen?" fragen.

Zu 33.

C. hörte

Das Prädikat eines Satzes ist das konjugierte Verb. Bei mehrteiligen Verben gehören alle Verbbestandteile dazu (Beispiel: „hat gegessen")! Das Verb beschreibt, was das Subjekt tut.

Zu 34.

A. mochte

Das Präteritum – oft auch „Imperfekt" genannt – ist die einfache Vergangenheitsform, die aus nur einem Wort besteht.

Zu 35.

C. hätte gewünscht

Der Konjunktiv ist die Möglichkeitsform des Verbs und wird oft in Wenn-dann-Konstruktionen verwendet. Der Konjunktiv II drückt fiktive – angenommene, unmögliche, nicht reale – Sachverhalte aus. Außerdem wird er in der indirekten Rede verwendet.

Fremdsprachenkenntnisse

Englisch: richtige Schreibweise   *Bearbeitungszeit 10 Minuten*

In diesem Abschnitt werden Ihre Englischkenntnisse geprüft.

Beantworten Sie bitte die folgenden Aufgaben, indem Sie die richtige Schreibweise ermitteln und den zugehörigen Lösungsbuchstaben markieren.

36. **Wie lautet die englische Schreibweise für den Monat Dezember?**

    A. December
    B. Dezember
    C. Dizember
    D. Dicember
    E. Keine Antwort ist richtig.

37. **Wie schreibt sich das englische Wort für „Vorschlag"?**

    A. suggestion
    B. sudgestion
    C. sugesstion
    D. suggestien
    E. sutiestion

38. **Wie lautet die englische Schreibweise für 21:30 Uhr?**

    A. thirty minutes to nine
    B. thirty minutes past nine
    C. thirty minutes to night
    D. thirteen minutes past nine
    E. Keine Antwort ist richtig.

39. **Wie lautet die englische Schreibweise für 03:34 Uhr?**

    A. tventy-six minutes to four
    B. twenty-six minutes to vour
    C. twenty-six minutes to for
    D. twenty-six minutes to four
    E. Keine Antwort ist richtig.

40. **Wie schreibt sich das englische Wort für „Ausländer"?**

    A. forigner
    B. foreigner
    C. voreineer
    D. foregnier
    E. forenier

41. **Wie schreibt sich das englische Wort für „Gewalt"?**

    A. violance
    B. violense
    C. vayolens
    D. violence
    E. vaiolanse

42. Wie schreibt sich das englische Wort für „verschwinden"?

A. disapear

B. dissapeer

C. disappear

D. disseppear

E. disepeer

43. Wie schreibt sich das englische Wort für „garantieren"?

A. garantee

B. guarantee

C. guerantie

D. gueranty

E. guaranty

44. Wie schreibt sich das englische Wort für „besonders"?

A. exspecially

B. espatially

C. especially

D. espetialy

E. especely

45. Wie schreibt sich das englische Wort für „verfügbar"?

A. evailable

B. eveilabel

C. aveilabel

D. available

E. aweilable

Lösungen

Zu 36.
A. December

Zu 37.
A. suggestion

Zu 38.
B. thirty minutes past nine

Zu 39.
D. twenty-six minutes to four

Zu 40.
B. foreigner

Zu 41.
D. violence

Zu 42.
C. disappear

Zu 43.
B. guarantee

Zu 44.
C. especially

Zu 45.
D. available

Mathematik

Rechenoperatoren ergänzen   *Bearbeitungszeit 10 Minuten*

Welche Rechenzeichen (+, –, ×, ÷) müssen in die Felder eingefügt werden, damit das jeweilige Endergebnis stimmt?

Bedenken Sie, dass dabei **Punkt- vor Strichrechnung gilt.**

Beispiel:

1.   2 ☐ 6 ☐ 3 = 15

Die einzige Möglichkeit, diese Aufgabe korrekt zu vervollständigen, ist: $2 \times 6 + 3 = 12 + 3 = 15$

Beantworten Sie bitte die folgenden Aufgaben, indem Sie jeweils die richtigen Operatoren in die Felder eintragen.

46. 17 ☐ 9 ☐ 3 = 11   50. 7 ☐ 8 ☐ 4 = 5   54. 14 ☐ 2 ☐ 7 = 4

47. 11 ☐ 6 ☐ 2 = 8   51. 1 ☐ 4 ☐ 4 = 17   55. 18 ☐ 3 ☐ 2 = 4

48. 8 ☐ 7 ☐ 4 = 14   52. 7 ☐ 9 ☐ 3 = 10

49. 9 ☐ 3 ☐ 5 = 8   53. 8 ☐ 2 ☐ 1 = 7

Lösungen

Zu 46.

$17 - 9 + 3 = 11$

Zu 47.

$11 - 6 \div 2 = 11 - 3 = 8$

Zu 48.

$8 \times 7 \div 4 = 56 \div 4 = 14$

Zu 49.

$9 \div 3 + 5 = 3 + 5 = 8$

Zu 50.

$7 - 8 \div 4 = 7 - 2 = 5$

Zu 51.

$1 + 4 \times 4 = 17$

Zu 52.

$7 + 9 \div 3 = 7 + 3 = 10$

Zu 53.

$8 - 2 + 1 = 7$

Zu 54.

$14 \times 2 \div 7 = 28 \div 7 = 4$

Zu 55.

$18 \div 3 - 2 = 6 - 2 = 4$

Mathematik

Prozentrechnen

Beantworten Sie bitte die folgenden Aufgaben, indem Sie jeweils den richtigen Buchstaben markieren.

56. **Herr Müller erhält eine Gehaltserhöhung von fünf Prozent. Derzeit verdient er 3.500 €. Wie viel Euro erhält er zukünftig mehr?**

    A. 120 €

    B. 140 €

    C. 160 €

    D. 175 €

    E. Keine Antwort ist richtig.

57. **Herr Mayer möchte eine Maschine über die Bank finanzieren. Nach einem Jahr würde er inklusive Zinsen bei einem Zinssatz von acht Prozent 129.600 € dafür bezahlen. Wie hoch ist der Preis der Maschine ohne Zinsen?**

    A. 110.000 €

    B. 120.000 €

    C. 125.000 €

    D. 115.000 €

    E. Keine Antwort ist richtig.

58. **Der Buchwert einer Anlage beträgt nach einer Abschrift von 20 Prozent noch 40.000 €. Wie hoch ist der Abschreibungsbetrag?**

    A. 10.000 €

    B. 12.000 €

    C. 12.500 €

    D. 14.000 €

    E. Keine Antwort ist richtig.

59. **Bei einer Betriebsratswahl lag die Wahlbeteiligung mit 72 Beschäftigten bei 96 Prozent. Wie viele wahlberechtigte Beschäftigte hat die Firma?**

    A. 70 wahlberechtigte Beschäftigte

    B. 72 wahlberechtigte Beschäftigte

    C. 74 wahlberechtigte Beschäftigte

    D. 75 wahlberechtigte Beschäftigte

    E. Keine Antwort ist richtig.

60. **Aktiengesellschaft Müller schüttet eine Dividende von 12 Prozent aus. Nach Abzug von 25 Prozent Kapitalertragsteuer erhält Aktionär A einen Betrag von 3.600 € gutgeschrieben. Wie hoch ist der Nennwert seiner Aktien?**

    A. 30.000 €

    B. 35.000 €

    C. 40.000 €

    D. 45.000 €

    E. Keine Antwort ist richtig.

Lösungen

Zu 56.

D. 175 €

Herr Müller erhält zukünftig 175 € mehr Gehalt.

$$\text{Prozentwert} = \frac{\text{Grundwert} \times \text{Prozentsatz}}{100}$$

$$\text{Prozentwert} = \frac{3.500 € \times 5\%}{100} = 175 €$$

Zu 57.

B. 120.000 €

Die Maschine hat ohne Zinsen 120.000 € gekostet.

$$\text{Grundwert} = \frac{\text{Prozentwert} \times 100}{\text{Prozentsatz}}$$

$$\text{Grundwert} = \frac{129.600 € \times 100}{108\%} = 120.000 €$$

Zu 58.

A. 10.000 €

Der Betrag lautet 10.000 €.

$$\text{Grundwert} = \frac{\text{Prozentwert} \times 100}{\text{Prozentsatz}}$$

$$\text{Grundwert} = \frac{40.000 € \times 100}{80} = 50.000 €$$

50.000 € − 40.000 € = 10.000 €

Zu 59.

D. 75 wahlberechtigte Beschäftigte

Die Firma hat 75 wahlberechtigte Beschäftigte.

$$\text{Grundwert} = \frac{\text{Prozentwert} \times 100}{\text{Prozentsatz}}$$

$$\text{Grundwert} = \frac{72 \times 100}{96\%}$$

$$= 75 \text{ wahlberechtigte Beschäftigte}$$

Zu 60.

C. 40.000 €

Der Nennwert der Aktien beträgt 40.000 €.

Vor Abzug der Kapitalertragsteuer beträgt die Dividende 4.800 €:

$$\text{Grundwert} = \frac{\text{Prozentwert} \times 100}{\text{Prozentsatz}}$$

$$\text{Grundwert} = \frac{3.600 € \times 100}{75} = 4.800 €$$

4.800 € entsprechen 12 % eines Aktien-Nennwerts von 40.000 €:

$$\text{Grundwert} = \frac{\text{Prozentwert} \times 100}{\text{Prozentsatz}}$$

$$\text{Grundwert} = \frac{4.800 € \times 100}{12} = 40.000 €$$

Mathematik

Zinsrechnen   *Bearbeitungszeit 5 Minuten*

Bei der kaufmännischen Zinsrechnung werden dem Monat 30 Tage und dem Jahr 360 Tage zugrunde gelegt.

Beantworten Sie bitte die folgenden Aufgaben, indem Sie jeweils den richtigen Buchstaben markieren.

61. Herr Mayer möchte einen Betrag von 20.000 € zu fünf Prozent fest anlegen. Wie viel Zinsen erhält er pro Jahr?

A. 800 €
B. 900 €
C. 1.000 €
D. 1.100 €
E. Keine Antwort ist richtig.

62. Für eine Geldanlage von 42.000 € hat Herr Mayer nach vier Monaten Zinsen in Höhe von 1.120 € bekommen. Welchen Zinssatz hat Herr Mayer erhalten?

A. 6 %
B. 8 %
C. 10 %
D. 12 %
E. Keine Antwort ist richtig.

63. Um eine Rechnung kurzfristig begleichen zu können, möchte Herr Mayer eine Geldanlage in Höhe von 42.000 € vorzeitig auflösen. Bei einem Jahreszins von sechs Prozent hat er 840 € Zinsen erhalten. Wie lange war das Geld angelegt?

A. 120 Tage
B. 140 Tage
C. 160 Tage
D. 180 Tage
E. Keine Antwort ist richtig.

64. Wie viele Zinstage werden vom 17.01. bis zum 22.08. berechnet?

A. 187 Tage
B. 209 Tage
C. 216 Tage
D. 219 Tage
E. Keine Antwort ist richtig.

65. Ein Rentner erhält eine monatliche Rente in Höhe von 600 €. Welchen Betrag müsste er in festverzinsliche Wertpapiere zum Zins von fünf Prozent anlegen, um die gleiche Rendite zu erzielen?

A. 144.000 €
B. 158.000 €
C. 162.000 €
D. 168.000 €
E. Keine Antwort ist richtig.

Lösungen

Zu 61.

C. 1.000 €

Herr Mayer würde Zinsen in Höhe von 1.000 € erhalten.

$$Zinsen = \frac{Kapital \times Zinssatz \times Tage}{100 \times 360d}$$

$$Zinsen = \frac{20.000 € \times 5\% \times 360d}{100 \times 360d} = 1.000 €$$

Zu 62.

B. 8 %

Herr Mayer hat einen Zinssatz von acht Prozent erhalten.

$$Zinssatz = \frac{Zinsen \times 100 \times 360d}{Kapital \times Tage}$$

$$Zinssatz = \frac{1.120 € \times 100 \times 360d}{42.000 € \times 120d} = 8\%$$

Zu 63.

A. 120 Tage

Das Geld war 120 Tage angelegt.

$$Tage = \frac{Zinsen \times 100 \times 360d}{Kapital \times Zinssatz}$$

$$Tage = \frac{840 € \times 100 \times 360d}{42.000 € \times 6\%} = 120d$$

Zu 64.

C. 216 Tage

Es werden 216 Zinstage berechnet.

Januar = 14 Tage

Februar bis Juli = 180 Tage

August = 22 Tage

Summe = 216 Tage

Zu 65.

A. 144.000 €

Er müsste einen Betrag in Höhe von 144.000 € anlegen.

600 € × 12 = 7.200 €

$$Grundwert = \frac{Prozentwert \times 100}{Prozentsatz}$$

$$Grundwert = \frac{7.200 € \times 100}{5} = 144.000 €$$

Mathematik

Gemischte Textaufgaben   *Bearbeitungszeit 10 Minuten*

Beantworten Sie bitte die folgenden Aufgaben, indem Sie jeweils den richtigen Buchstaben markieren.

66. **Die Auszubildenden der Max Mayer Bank möchten ein Betriebsfest organisieren. Dafür haben sie 50 Liter Bier zu einem Gesamtpreis von 75 € erworben. Welchen Betrag müssen die Auszubildenden für einen 0,5-Liter-Becher Bier verlangen, damit die Kosten gedeckt werden können?**

   A. 50 Cent

   B. 60 Cent

   C. 75 Cent

   D. 80 Cent

   E. Keine Antwort ist richtig.

67. **Auszubildender Müller hat Aktien im Wert von 200 € erworben und für 300 € weiterverkauft. Pro Aktie konnte er 5 € Gewinn erzielen. Wie viele Aktien hat er verkauft?**

   A. 5 Stück

   B. 10 Stück

   C. 15 Stück

   D. 20 Stück

   E. Keine Antwort ist richtig.

68. **Die Max Mayer Bank hat eine Glasversicherung für die Schaufensterscheibe im Eingangsbereich abgeschlossen. Diese wird nach der zu versichernden Flächengröße berechnet und kostet bei einer Glasfläche von 24 m² jährlich 384 €. Durch eine Gebäudeerweiterung vergrößert sich die Glasfläche um ¼. Wie hoch ist der Betrag, der jetzt für die Glasversicherung jährlich bezahlt werden muss?**

   A. 390 €

   B. 410 €

   C. 450 €

   D. 480 €

   E. Keine Antwort ist richtig.

69. **In der Max Mayer Bank kann sich die Kundschaft an einem Wasserspender bedienen. Dieser muss rechtzeitig nachgefüllt werden. Bei einem täglichen Verbrauch von 4 Litern reicht eine Wasserfüllung 2,5 Tage. Für wie viele Tage reicht der Wasserspender, wenn der tägliche Wasserverbrauch auf 2,5 Liter sinkt?**

   A. 3 Tage

   B. 4 Tage

   C. 5 Tage

   D. 6 Tage

   E. Keine Antwort ist richtig.

70. Die Max Mayer Industriegesellschaft möchte eine Rechnung in Höhe von 9.500 € begleichen und bittet ihre Bank, den Betrag in Dollar zu überweisen. Der Wechselkurs liegt bei 1,19 $ / 1 €. Welcher Betrag in Dollar wird dem Konto gutgeschrieben?

    A. 11.305 $

    B. 11.355 $

    C. 12.500 $

    D. 13.005 $

    E. Keine Antwort ist richtig.

71. Auszubildender Müller kauft eine Aktie zu einem Preis von 100 €. Danach bricht der Kurs der Aktie um 50 Prozent ein. Um wie viel Prozent muss der Kurs der Aktie wieder steigen, damit kein Verlust entsteht?

    A. 50 %

    B. 70 %

    C. 90 %

    D. 100 %

    E. Keine Antwort ist richtig.

72. Herrn Mayers Aktien sind um 30 % gestiegen und kosten jetzt 117 €. Wie viel waren die Aktien vor dem Kursanstieg wert?

    A. 90 €

    B. 81,90 €

    C. 91,90 €

    D. 100,00 €

    E. Keine Antwort ist richtig.

73. Herr Mayer hat einen Betrag von 18.000 € zu 10 % angelegt. Wie lange dauert es, bis dieser Betrag auf 25.800 € angestiegen ist, wenn er keine Zinseszinsen erhält?

    A. 32 Monate

    B. 48 Monate

    C. 52 Monate

    D. 72 Monate

    E. Keine Antwort ist richtig.

74. Herr Müller hat bereits $^2/_5$ seines Kredits zurückgezahlt. Wenn er diesen Monat 3.500 € abzahlt, dann bleiben noch 14.500 € an Restschuld offen. Wie hoch ist der Gesamtbetrag des Kredits ursprünglich gewesen?

    A. 12.000 €

    B. 15.000 €

    C. 25.000 €

    D. 30.000 €

    E. Keine Antwort ist richtig.

75. Nach Abzug von 8 % Zinsen und einer Bearbeitungsgebühr von 20 € bekommt die Max Mayer Industriegesellschaft einen Betrag von 41.380 € von ihrer Bank überwiesen. Wie hoch war die Kreditsumme?

    A. 42.500 €

    B. 43.000 €

    C. 45.000 €

    D. 45.500 €

    E. Keine Antwort ist richtig.

Lösungen

Zu 66.

C. 75 Cent

Die Auszubildenden der Max Mayer Bank müssen mindestens 75 Cent für einen Becher Bier verlangen.

75 € ÷ 50 l = 1,5 € pro Liter

1,5 € ÷ 2 = 0,75 € pro Liter

Zu 67.

D. 20 Stück

Auszubildender Müller hat 20 Aktien verkauft.

300 € − 200 € = 100 €

100 € ÷ 5 € = 20 Aktien

Zu 68.

D. 480 €

Nach der Gebäudeerweiterung steigt der Versicherungsbetrag für die Glasversicherung auf 480 €.

$$384 € \times \frac{1}{4} = \frac{384 €}{4} = 96 €$$

384 € + 96 € = 480 €

Zu 69.

B. 4 Tage

Der Wasserspender reicht dann für 4 Tage aus.

4 l × 2,5 d = 10 Liter

10 l ÷ 2,5 l = 4 d

Zu 70.

A. 11.305 $

Dem Konto werden 11.305 $ gutgeschrieben.

1 € = 1,19 $

9.500 € = x

x = 9.500 € × 1,19 = 11.305 $

Zu 71.

D. 100 %

Der Kurs der Aktie müsste um 100 Prozent steigen.

$$\text{Prozentwert} = \frac{\text{Grundwert} \times \text{Prozentsatz}}{100}$$

$$\text{Prozentwert} = \frac{100 € \times 50}{100} = 50 €$$

Um von 50 € auf 100 € zu steigen, müsste die Aktie um 50 € steigen, das sind genau 100 %.

Zu 72.

A. 90 €

Die Aktien hatten vorher einen Kurswert von 90 €.

$$\text{Grundwert} = \frac{\text{Prozentwert} \times 100}{\text{Prozentsatz}}$$

117 € = 130 %

$$\frac{117 € \times 100}{130 \%} = 90 €$$

Zu 73.

C. 52 Monate

Der Betrag von 18.000 € ist nach 52 Monaten auf 25.800 € gestiegen.

$$\text{Tage} = \frac{\text{Zinsen} \times 100 \times 360 \, d}{\text{Kapital} \times \text{Zinssatz}}$$

$$\frac{7.800 € \times 100 \times 360 \, d}{18.000 € \times 10 \%} = 1.560 \, d$$

1.560 d ÷ 30 = 52 Monate

Zu 74.

D. 30.000 €

Der ursprüngliche Kredit hat 30.000 € betragen.

14.500 € + 3.500 € = 18.000 €

18.000 € = ³/₅

18.000 € ÷ 3 × 5 = 30.000 €

Zu 75.

C. 45.000 €

Die Kreditsumme beträgt 45.000 €.

41.380 € + 20 € = 41.400 €

$$\text{Grundwert} = \frac{\text{Prozentwert} \times 100}{\text{Prozentsatz}}$$

$$\frac{41.400 \, € \times 100}{92} = 45.000 \, €$$

Logisches Denkvermögen

Zahlenreihen fortsetzen   *Aufgabenerklärung*

In diesem Abschnitt haben Sie Zahlenfolgen, die nach festen Regeln aufgestellt sind.
Bitte markieren Sie den zugehörigen Buchstaben der Zahl, von der Sie denken, dass sie die Reihe am sinnvollsten ergänzt.

Hierzu ein Beispiel

Aufgabe

1.

   A. 6
   B. 7
   C. 8
   D. 9
   E. Keine Antwort ist richtig.

Antwort

   (A.) 6

Bei dieser Zahlenreihe wird jede folgende Zahl um eins erhöht. Die gesuchte Zahl lautet somit 5 + 1 = 6 und die richtige Antwort lautet A.

Zahlenreihen fortsetzen

Bearbeitungszeit 10 Minuten

Beantworten Sie bitte die folgenden Aufgaben, indem Sie jeweils den richtigen Buchstaben markieren.

76.

40	5	42	6	44	7	?

A. −30

B. 28

C. 8

D. 46

E. Keine Antwort ist richtig.

77.

20	26	21	25	22	24	?

A. 22

B. 23

C. 43

D. 26

E. Keine Antwort ist richtig.

78.

$\frac{4}{6}$	$\frac{4}{3}$	$\frac{8}{3}$	$\frac{16}{3}$	?

A. $\frac{48}{6}$

B. $\frac{32}{3}$

C. $\frac{24}{6}$

D. 5

E. Keine Antwort ist richtig.

79.

| 6 | 18 | 36 | 5 | 15 | 30 | 4 | ? |

A. 12
B. 20
C. 3
D. 34
E. Keine Antwort ist richtig.

80.

| 120 | 30 | 60 | 15 | 30 | ? |

A. 7,5
B. 35
C. 20
D. 50
E. Keine Antwort ist richtig.

81.

| 10 | 20 | 80 | 40 | 10 | 20 | ? |

A. 10
B. 40
C. 30
D. 80
E. Keine Antwort ist richtig.

82.

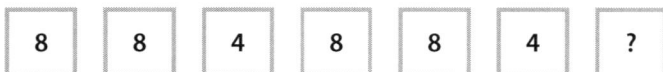

| 8 | 8 | 4 | 8 | 8 | 4 | ? |

A. 8
B. 2
C. 6
D. 4
E. Keine Antwort ist richtig.

83.

| 30 | 10 | 7 | 21 | 24 | 8 | 5 | ? |

A. 8
B. 15
C. 21
D. 19
E. Keine Antwort ist richtig.

84.

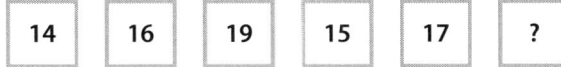

| 5 | 20 | 23 | 21 | 84 | 87 | ? |

A. 240
B. 85
C. 340
D. 83
E. Keine Antwort ist richtig.

85.

| 14 | 16 | 19 | 15 | 17 | ? |

A. 4
B. 8
C. 20
D. 22
E. Keine Antwort ist richtig.

Lösungen

Zu 76.

D. 46

$40 \mid 5 \mid 40 + 2 \mid 5 + 1 \mid 42 + 2 \mid 6 + 1 \mid 44 + 2$

Zu 77.

B. 23

$+6 \mid -5 \mid +4 \mid -3 \mid +2 \mid -1$

Zu 78.

B. $\dfrac{32}{3}$

$\times 2 \mid \times 2 \mid \times 2 \mid \times 2$

Zu 79.

A. 12

$x \mid x \times 3 \mid x \times 6 \mid x - 1 \mid (x - 1) \times 3 \mid (x - 1) \times 6 \mid x - 2 \mid (x - 2) \times 3$

Zu 80.

A. 7,5

$\div 4 \mid \times 2 \mid \div 4 \mid \times 2 \mid \div 4$

Zu 81.

D. 80

$\times 2 \mid \times 4 \mid \div 2 \mid \div 4 \mid \times 2 \mid \times 4$

Zu 82.

A. 8

$\times 1 \mid \div 2 \mid +4 \mid \times 1 \mid \div 2 \mid +4$

Zu 83.

B. 15

$\div 3 \mid -3 \mid \times 3 \mid +3 \mid \div 3 \mid -3 \mid \times 3$

Zu 84.

B. 85

$\times 4 \mid +3 \mid -2 \mid \times 4 \mid +3 \mid -2$

Zu 85.

C. 20

$+2 \mid +3 \mid -4 \mid +2 \mid +3$

Logisches Denkvermögen

Zahlenmatrizen und Zahlenpyramiden   *Aufgabenerklärung*

Die Zahlen in den folgenden Matrizen und Pyramiden sind nach festen Regeln zusammengestellt.
Ihre Aufgabe besteht darin, eine Zahl zu finden, die im sinnvollen Verhältnis zu den übrigen Zahlen steht.

Hierzu ein Beispiel

Aufgabe

1. **Durch welche Zahl muss das Fragezeichen ersetzt werden, damit die Zahlen in der Tabelle in einem sinnvollen Verhältnis zueinander stehen?**

1	2	2
3	2	?
3	4	12

A. 4
B. 2
C. 8
D. 6
E. Keine Antwort ist richtig.

Antwort

Ⓓ 6

Die beiden linken Zahlen jeder Reihe ergeben multipliziert die jeweils rechte Zahl. Die beiden oberen Zahlen jeder Spalte ergeben multipliziert die jeweils untere Zahl.

Zahlenmatrizen und Zahlenpyramiden

Bearbeitungszeit 5 Minuten

Beantworten Sie bitte die folgenden Aufgaben, indem Sie jeweils den richtigen Buchstaben markieren.

86. Sie sehen ein Quadrat mit neun Zahlen. Die in den dunkelgrauen Feldern eingesetzten weißen Zahlen müssen zusammen jeweils von oben nach unten, diagonal und von links nach rechts die schwarzen Zahlen in den hellgrauen Feldern ergeben.

Welche Zahl in dem Rechteck ist falsch?

A. 80
B. 88
C. 66
D. 92
E. 62

87. Sie sehen ein Quadrat mit neun Zahlen. Die Zahlen setzen sich nach einer bestimmten Logik zusammen.

Welche Zahl in dem Rechteck ist falsch?

A. 21
B. 23
C. 27
D. 22
E. 24

88. An der Spitze der „Pyramide" fehlt eine Zahl. Wie muss die Zahl lauten, damit die Pyramide sinnvoll aufgestellt ist? Hinweis: Berücksichtigen Sie die Quersumme der einzelnen Ziffern.

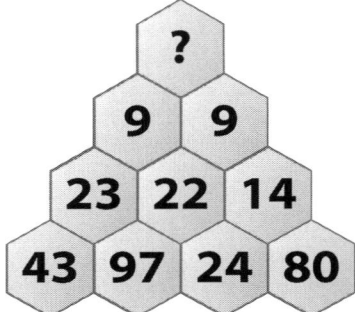

A. 9
B. 21
C. 18
D. 27
E. Keine Antwort ist richtig.

89. Folgende Zahlenpyramide ist nach einer festen Regel aufgebaut. Durch welche Zahl muss das Fragezeichen ersetzt werden, damit die Pyramide sinnvoll aufgestellt ist?

```
              4
           1     4
        1     1     ?     4
     3     1     1     4
```

A. 1
B. 4
C. 8
D. 6
E. Keine Antwort ist richtig.

90. **Durch welche Zahl muss das Fragezeichen ersetzt werden, damit die Zahlen in der Tabelle in einem sinnvollen Verhältnis zueinander stehen?**

$2/3$	$1/2$	$4/3$	$3/4$
$1/2$	$3/4$	$6/4$	$1/2$
$1/2$	**?**	$1/4$	$3/2$
$19/12$	$8/8$	$1/6$	$1/2$

A. $1/2$

B. $1/3$

C. $1/4$

D. 1

E. Keine Antwort ist richtig.

Lösungen

Zu 86.

B. 88

54 + 24 = 78

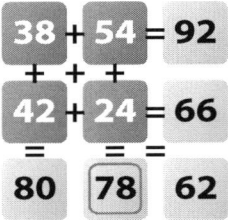

Zu 87.

D. 22

24 + 1 = 25 (von oben nach unten)

Es wird von links nach rechts +2 und dann +4 addiert und von oben nach unten +1 und dann +2 addiert.

18 +2 20 +4 24
+1   +1   +1
19 +2 21 +4 25
+2   +2   +2
21 +2 23 +4 27

Zu 88.

C. 18

Das Fragezeichen wird durch die Zahl 18 sinnvoll ersetzt.

Die in der Pyramide höher liegenden Zahlen ergeben sich jeweils aus der Addition der Quersummen der beiden darunter liegenden, z. B. links unten: (4 + 3) + (9 + 7) = 23. So ergibt 9 + 9 = 18.

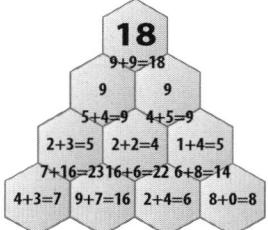

Zu 89.

A. 1

Das Fragezeichen wird durch die Zahl 1 sinnvoll ersetzt. Die Pyramide ist nach folgendem Prinzip aufgebaut:

Die jeweils untere Reihe gibt an, wie oft eine Zahl in der darüber liegenden Reihe vertreten ist.

In der obersten Reihe steht 1× die 4, demnach müssen in der Reihe darunter eine 1 und eine 4 stehen. Damit sind in dieser Reihe 1× die 1 und 1× die 4 vertreten, folgerichtig lauten die Zahlen der nächsten Reihe 1, 1, 1, 4. Damit sind in dieser Reihe 3× die 1 und 1× die 4 vertreten, was in der untersten Reihe aufgeschlüsselt wird.

Zu 90.

D. 1

Das Fragezeichen wird durch die Zahl 1 sinnvoll ersetzt.

Sie erhalten bei der Addition der Zahlen einer Spalte oder einer Zeile immer die Zahl 3¹/₄.

Logisches Denkvermögen

Wochentage   *Bearbeitungszeit 5 Minuten*

Beantworten Sie bitte die folgenden Aufgaben, indem Sie jeweils den richtigen Buchstaben markieren.

91. Der Tag vor vorgestern liegt drei Tage nach Sonntag. Welcher Tag ist heute?

A. Mittwoch

B. Donnerstag

C. Freitag

D. Samstag

E. Keine Antwort ist richtig.

92. In 3 Tagen ist 2 Tage vor Samstag. Welcher Tag war gestern?

A. Samstag

B. Dienstag

C. Freitag

D. Sonntag

E. Keine Antwort ist richtig.

93. Mittwoch ist 2 Tage nach übermorgen. Welcher Tag war vorgestern?

A. Donnerstag

B. Dienstag

C. Mittwoch

D. Freitag

E. Keine Antwort ist richtig.

94. Übermorgen ist vom kommenden Sonntag aus betrachtet vorgestern. Welcher Tag ist in 3 Tagen?

A. Montag

B. Mittwoch

C. Samstag

D. Donnerstag

E. Keine Antwort ist richtig.

95. Vorgestern war 5 Tage vor Donnerstag. Welcher Tag ist 5 Tage nach übermorgen?

A. Freitag

B. Samstag

C. Sonntag

D. Montag

E. Keine Antwort ist richtig.

Lösungen

Zu 91.

D. Samstag

Heute ist Samstag.

Samstag (heute), Freitag (gestern), Donnerstag (vorgestern), Mittwoch (Tag vor vorgestern).

Sonntag + 3 Tage = Mittwoch

Mittwoch + 3 Tage = Samstag

Zu 92.

D. Sonntag

Gestern war Sonntag:

In 3 Tagen ist 2 Tage vor Samstag = in 3 Tagen ist Donnerstag

In 3 Tagen ist Donnerstag = heute ist Montag

Heute ist Montag = gestern war Sonntag

Zu 93.

A. Donnerstag

Vorgestern war Donnerstag:

Mittwoch ist 2 Tage nach übermorgen = übermorgen ist Montag

Übermorgen ist Montag = heute ist Samstag

Heute ist Samstag = vorgestern war Donnerstag

Zu 94.

C. Samstag

In 3 Tagen ist Samstag:

Übermorgen ist von Sonntag aus vorgestern = übermorgen ist Freitag

Übermorgen ist Freitag = heute ist Mittwoch

Heute ist Mittwoch = in 3 Tagen ist Samstag

Zu 95.

D. Montag

5 Tage nach übermorgen ist Montag:

Vorgestern war 5 Tage vor Donnerstag = Vorgestern war Samstag

Vorgestern war Samstag = heute ist Montag

Heute ist Montag = übermorgen ist Mittwoch

5 Tage nach Mittwoch = Montag

Visuelles Denkvermögen

Dominosteine

In diesem Abschnitt wird Ihr visuelles Denkvermögen getestet

Ersetzen Sie bitte die Fragezeichen durch den jeweils passenden Dominostein.

Hierzu ein Beispiel

Aufgabe

1. Die Dominosteine sind nach einer bestimmten Logik angeordnet.

Welcher der Dominosteine von A bis E ersetzt den Dominostein mit den zwei Fragezeichen sinnvoll?

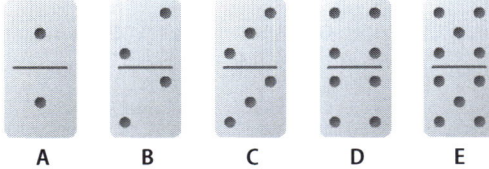

Antwort

Erklärung:

Die jeweils linken und rechten Steine einer Reihe sind gleich. Darüber hinaus nimmt die Augenzahl bei den Steinen der linken und der rechten Spalte von oben nach unten um eins zu.

Dominosteine

Beantworten Sie bitte die folgenden Aufgaben, indem Sie jeweils den richtigen Buchstaben markieren.

96. **Die Dominosteine sind nach einer bestimmten Logik angeordnet.**

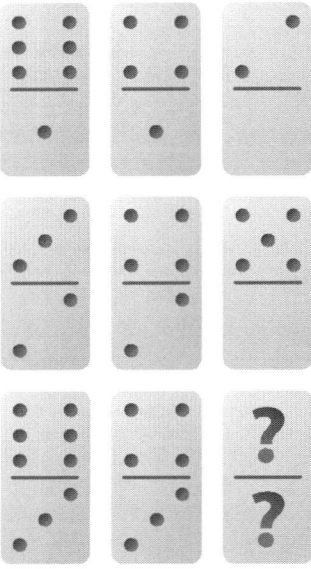

Welcher der Dominosteine A bis E ersetzt den Dominostein mit den zwei Fragezeichen sinnvoll?

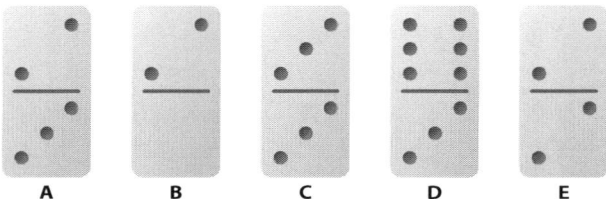

A	B	C	D	E

97. Die Dominosteine sind nach einer bestimmten Logik angeordnet.

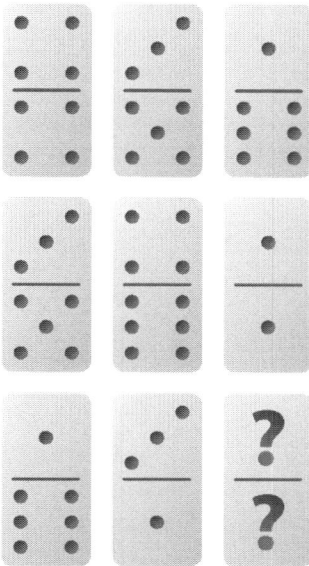

Welcher der Dominosteine A bis E ersetzt den Dominostein
mit den zwei Fragezeichen sinnvoll?

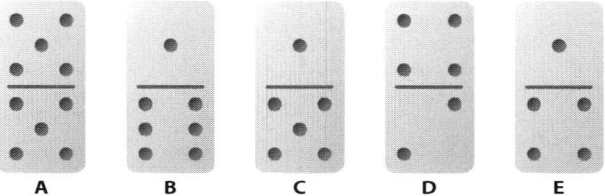

| A | B | C | D | E |

98. Die Dominosteine sind nach einer bestimmten Logik angeordnet.

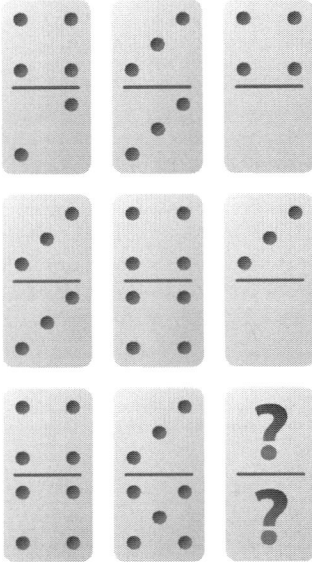

Welcher der Dominosteine A bis E ersetzt den Dominostein
mit den zwei Fragezeichen sinnvoll?

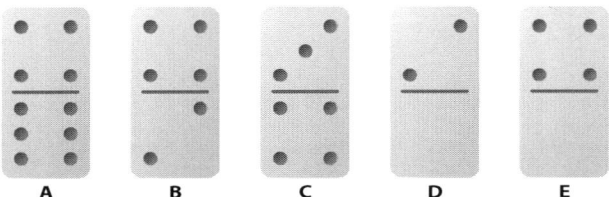

99. Die Dominosteine sind nach einer bestimmten Logik angeordnet.

Welcher der Dominosteine A bis E ersetzt den Dominostein mit den zwei Fragezeichen sinnvoll?

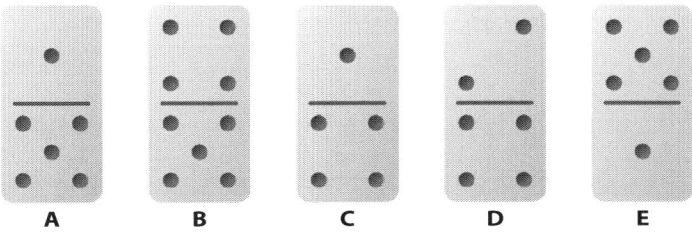

A   B   C   D   E

100. Die Dominosteine sind nach einer bestimmten Logik angeordnet.

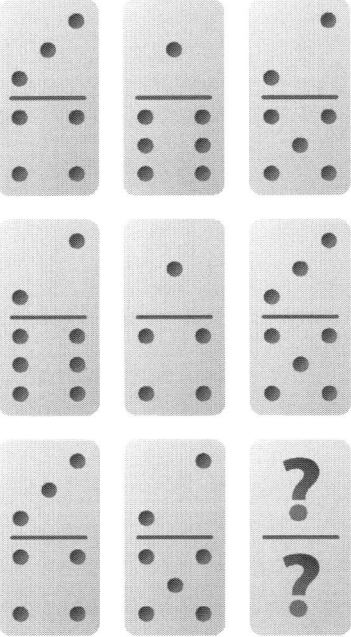

Welcher der Dominosteine A bis E ersetzt den Dominostein mit den zwei Fragezeichen sinnvoll?

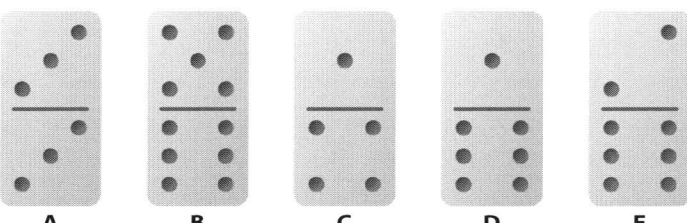

Lösungen

Zu 96.

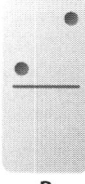

B

Das untere Feld aller Dominosteine der rechten Spalte bleibt frei. Als richtige Antwort kommt somit nur Stein B infrage.

Zu 97.

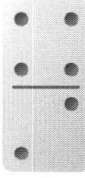

D

In den oberen Feldern der Dominosteine kommen pro Reihe die Zahlen 1, 3 und 4 genau einmal vor. Das obere Feld des gesuchten Steins muss demnach die Augenzahl 4 zeigen. Darüber hinaus bilden die unteren Felder der Steine in jeder Reihe eine aufsteigende Zahlenfolge, bei der nach 6 wieder mit 1 begonnen wird: 4/5/6 (1. Reihe), 5/6/1 (2. Reihe), 6/1/2 (3. Reihe). Die untere Zahl des gesuchten Steins lautet also 2.

Zu 98.

E

Das untere Feld aller Dominosteine der rechten Spalte bleibt frei. Demnach kommen nur noch die Steine D und E infrage. Außerdem zeigen die oberen Felder des jeweils linken und rechten Steins einer Reihe stets die gleiche Augenzahl. Beide Bedingungen erfüllt nur Stein E.

Zu 99.

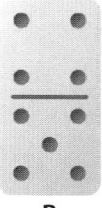

B

Gegenüberliegende Felder ergeben stets die Augenzahl 6. Der gesuchte Dominostein liegt dem Stein mit der Zahlenbelegung (2|1) gegenüber und muss folglich die Belegung (4|5) aufweisen. Stein B ist der richtige.

Zu 100.

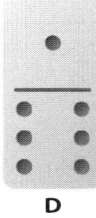

D

In den oberen Feldern der Steine kommen pro Reihe die Zahlen 3, 1 und 2 genau einmal vor. Der gesuchte Stein muss oben also die Augenzahl 1 zeigen. In den unteren Feldern kommen in jeder Reihe die Zahlen 4, 5 und 6 genau einmal vor, und in der betreffenden Reihe fehlt nur noch die 6.

Erinnerungsvermögen

Wortgruppen einprägen   *Einprägezeit 3 Minuten*

In dieser Aufgabe wird Ihr Kurzzeitgedächtnis geprüft.

Prägen Sie sich die Inhalte der folgenden Tabelle so ein, dass Sie anschließend die einzelnen Wörter ihren entsprechenden Wortgruppen – Namen, Berufe, Städte, Länder und Pflanzen – zuordnen können.

Hierbei dürfen Sie sich keine Notizen machen. Legen Sie daher bitte alle Schreibgeräte zur Seite.

Wortgruppentabelle

Für das Durchlesen und Einprägen der Tabelle haben Sie **3 Minuten** Zeit.

	1.	**2.**	**3.**	**4.**	**5.**
Namen:	Weber	Müller	Finke	Berger	Hartmann
Berufe:	Autor	Notar	Schreiner	Elektroniker	Chemiker
Städte:	Yokohama	Leipzig	Venedig	Turin	Köln
Länder:	Griechenland	Ungarn	Israel	Japan	Dänemark
Pflanzen:	Orchidee	Zypresse	Quitte	Rose	Pappel

(!) *Hinweis:*

Nachdem Sie sich die Tabelle eingeprägt haben, sollten Sie sich 5 Minuten mit etwas anderem beschäftigen, bevor Sie die dazugehörigen Fragen aus dem Gedächtnis beantworten.

Bitte decken Sie dafür diese Seite ab.

Wortgruppen einprägen

Bearbeitungszeit 10 Minuten

Haben Sie sich die soeben vorgelegten Wörter und Wortgruppen gut eingeprägt, sollten Sie sie nun leicht zuordnen können.

Beginnen Sie bitte jetzt mit den Aufgaben und kreuzen Sie den richtigen Buchstaben an.

Zum Lösen der Aufgaben haben Sie **10 Minuten** Zeit.

101. In welche Begriffsgruppe gehört das Wort mit dem Anfangsbuchstaben „Q"?

- A. Namen
- B. Berufe
- C. Städte
- D. Länder
- E. Pflanzen

105. In welche Begriffsgruppe gehört das Wort mit dem Anfangsbuchstaben „M"?

- A. Namen
- B. Berufe
- C. Städte
- D. Länder
- E. Pflanzen

102. In welche Begriffsgruppe gehört das Wort mit dem Anfangsbuchstaben „H"?

- A. Namen
- B. Berufe
- C. Städte
- D. Länder
- E. Pflanzen

106. In welche Begriffsgruppe gehört das Wort mit dem Anfangsbuchstaben „L"?

- A. Namen
- B. Berufe
- C. Städte
- D. Länder
- E. Pflanzen

103. In welche Begriffsgruppe gehört das Wort mit dem Anfangsbuchstaben „I"?

- A. Namen
- B. Berufe
- C. Städte
- D. Länder
- E. Pflanzen

107. In welche Begriffsgruppe gehört das Wort mit dem Anfangsbuchstaben „E"?

- A. Namen
- B. Berufe
- C. Städte
- D. Länder
- E. Pflanzen

104. In welche Begriffsgruppe gehört das Wort mit dem Anfangsbuchstaben „J"?

- A. Namen
- B. Berufe
- C. Städte
- D. Länder
- E. Pflanzen

108. In welche Begriffsgruppe gehört das Wort mit dem Anfangsbuchstaben „P"?

- A. Namen
- B. Berufe
- C. Städte
- D. Länder
- E. Pflanzen

109. In welche Begriffsgruppe gehört das Wort mit dem Anfangsbuchstaben „G"?

A. Namen

B. Berufe

C. Städte

D. Länder

E. Pflanzen

110. In welche Begriffsgruppe gehört das Wort mit dem Anfangsbuchstaben „T"?

A. Namen

B. Berufe

C. Städte

D. Länder

E. Pflanzen

111. Der Name, der im Alphabet am weitesten hinten steht, beginnt mit …?

A. T

B. W

C. X

D. Y

E. Z

112. Der Beruf, der im Alphabet am weitesten vorne steht, beginnt mit …?

A. A

B. B

C. C

D. D

E. F

113. Die Stadt, die im Alphabet am weitesten hinten steht, beginnt mit …?

A. T

B. V

C. V

D. X

E. Y

114. Das Land, das im Alphabet am weitesten vorne steht, beginnt mit …?

A. B

B. D

C. J

D. I

E. L

115. Das Land, das im Alphabet am weitesten hinten steht, beginnt mit …?

A. Y

B. Z

C. V

D. U

E. T

116. Die Pflanze, die im Alphabet am weitesten hinten steht, beginnt mit …?

A. Z

B. Y

C. V

D. Q

E. R

117. Der Name, der im Alphabet am weitesten vorne steht, beginnt mit …?

A. A
B. B
C. C
D. E
E. F

119. Der Beruf, der im Alphabet am weitesten hinten steht, beginnt mit …?

A. R
B. S
C. V
D. W
E. N

118. Die Pflanze, die im Alphabet am weitesten vorne steht, beginnt mit …?

A. A
B. F
C. M
D. O
E. Q

120. Die Stadt, die im Alphabet am weitesten vorne steht, beginnt mit …?

A. B
B. D
C. F
D. J
E. K

Lösungen

Zu 101.
E. Pflanzen

Das gesuchte Wort lautet Quitte und zählt zur Gruppe „Pflanzen".

Zu 102.
A. Namen

Das gesuchte Wort lautet Hartmann und zählt zur Gruppe „Namen".

Zu 103.
D. Länder

Das gesuchte Wort lautet Israel und zählt zur Gruppe „Länder".

Zu 104.
D. Länder

Das gesuchte Wort lautet Japan und zählt zur Gruppe „Länder".

Zu 105.
A. Namen

Das gesuchte Wort lautet Müller und zählt zur Gruppe „Namen".

Zu 106.
C. Städte

Das gesuchte Wort lautet Leipzig und zählt zur Gruppe „Städte".

Zu 107.
B. Berufe

Das gesuchte Wort lautet Elektroniker und zählt zur Gruppe „Berufe".

Zu 108.
E. Pflanzen

Das gesuchte Wort lautet Pappel und zählt zur Gruppe „Pflanzen".

Zu 109.
D. Länder

Das gesuchte Wort lautet Griechenland und zählt zur Gruppe „Länder".

Zu 110.
C. Städte

Das gesuchte Wort lautet Turin und zählt zur Gruppe „Städte".

Zu 111.
B. W

Der Name, der im Alphabet am weitesten hinten steht, lautet Weber.

Zu 112.
A. A

Der Beruf, der im Alphabet am weitesten vorne steht, lautet Autor.

Zu 113.
E. Y

Die Stadt, die im Alphabet am weitesten hinten steht, lautet Yokohama.

Zu 114.
B. D

Das Land, das im Alphabet am weitesten vorne steht, lautet Dänemark.

Zu 115.
D. U

Das Land, das im Alphabet am weitesten hinten steht, lautet Ungarn.

Zu 116.
A. Z

Die Pflanze, die im Alphabet am weitesten hinten steht, lautet Zypresse.

Zu 117.

B. B

Der Name, der im Alphabet am weitesten vorne steht, lautet Berger.

Zu 118.

D. O

Die Pflanze, die im Alphabet am weitesten vorne steht, lautet Orchidee.

Zu 119.

B. S

Der Beruf, der im Alphabet am weitesten hinten steht, lautet Schreiner.

Zu 120.

E. K

Die Stadt, die im Alphabet am weitesten vorne steht, lautet Köln.

Konzentrationsvermögen

Codierte Wörter

Nun wird Ihr Konzentrationsvermögen getestet.

Setzen Sie aus den angegebenen Städte- und Einrichtungscodes die jeweils richtige Zahlenkombination zusammen.

Code-Tabelle

Einrichtung	Code	Stadt	Code
Krankenhaus	01	Köln	01
Bibliothek	02	Mannheim	02
Schule	03	Düsseldorf	03
Rathaus	04	Dortmund	04
Ordnungsamt	05	Aachen	05
Kindertagesstätte	06	Erfurt	06
Kirchengemeinde	07	Dresden	07
Feuerwehr	08	Kiel	08
Polizei	09	Bochum	09
Zollamt	10	Leipzig	10

Notieren Sie für jede der öffentlichen Einrichtungen die entsprechende Zahlenkombination.

Hierzu ein Beispiel

Aufgabe

1. **Wie lautet der Code für die Bibliothek in Aachen?**

Antwort

1. **Wie lautet der Code für die Bibliothek in Aachen?**

0205

02 (Code für Bibliothek) + 05 (Code für Aachen) = **0205**

Codierte Wörter

Bearbeitungszeit 3 Minuten

Beantworten Sie bitte die folgenden Aufgaben, indem Sie jeweils den richtigen Code eintragen. Die Bearbeitungszeit für die Aufgaben beträgt 3 Minuten.

Code-Tabelle

Einrichtung	Code	Stadt	Code
Krankenhaus	01	Köln	01
Bibliothek	02	Mannheim	02
Schule	03	Düsseldorf	03
Rathaus	04	Dortmund	04
Ordnungsamt	05	Aachen	05
Kindertagesstätte	06	Erfurt	06
Kirchengemeinde	07	Dresden	07
Feuerwehr	08	Kiel	08
Polizei	09	Bochum	09
Zollamt	10	Leipzig	10

121. **Wie lautet der Code für die Polizei in Dresden?**

122. **Wie lautet der Code für die Bibliothek in Düsseldorf?**

123. **Wie lautet der Code für das Rathaus in Kiel?**

124. **Wie lautet der Code für die Schule in Aachen?**

125. **Wie lautet der Code für die Schule in Dortmund?**

126. **Wie lautet der Code für die Schule in Erfurt?**

127. **Wie lautet der Code für die Schule in Bochum?**

128. **Wie lautet der Code für die Kindertagesstätte in Bochum?**

129. **Wie lautet der Code für die Feuerwehr in Kiel?**

130. **Wie lautet der Code für die Polizei in Bochum?**

131. **Wie lautet der Code für das Zollamt in Dresden?**

132. **Wie lautet der Code für die Feuerwehr in Dortmund?**

133. Wie lautet der Code für die Kindertagesstätte in Aachen?

134. Wie lautet der Code für das Rathaus in Bochum?

135. Wie lautet der Code für die Polizei in Aachen?

136. Wie lautet der Code für das Krankenhaus in Köln?

137. Wie lautet der Code für die Kindertagesstätte in Dresden?

138. Wie lautet der Code für die Feuerwehr in Bochum?

139. Wie lautet der Code für die Bibliothek in Köln?

140. Wie lautet der Code für das Rathaus in Dortmund?

141. Wie lautet der Code für das Krankenhaus in Dresden?

142. Wie lautet der Code für die Polizei in Erfurt?

143. Wie lautet der Code für die Kindertagesstätte in Düsseldorf?

144. Wie lautet der Code für die Feuerwehr in Erfurt?

145. Wie lautet der Code für die Bibliothek in Dresden?

146. Wie lautet der Code für das Rathaus in Erfurt?

147. Wie lautet der Code für das Zollamt in Kiel?

148. Wie lautet der Code für die Kindertagesstätte in Mannheim?

149. Wie lautet der Code für die Polizei in Dortmund?

150. Wie lautet der Code für das Krankenhaus in Kiel?

151. Wie lautet der Code für die Feuerwehr in Leipzig?

152. Wie lautet der Code für die Kindertagesstätte in Köln?

153. Wie lautet der Code für das Rathaus in Aachen?

154. Wie lautet der Code für die Bibliothek in Erfurt?

155. Wie lautet der Code für das Krankenhaus in Düsseldorf?

156. Wie lautet der Code für die Polizei in Leipzig?

157. Wie lautet der Code für das Krankenhaus in Mannheim?

158. Wie lautet der Code für die Kindertagesstätte in Leipzig?

159. Wie lautet der Code für die Feuerwehr in Düsseldorf?

160. Wie lautet der Code für die Bibliothek in Dortmund?

161. Wie lautet der Code für das Rathaus in Kiel?

162. Wie lautet der Code für die Polizei in Kiel?

163. Wie lautet der Code für das Krankenhaus in Leipzig?

164. Wie lautet der Code für das Krankenhaus in Köln?

165. Wie lautet der Code für die Feuerwehr in Aachen?

Code-Tabelle *(Wiederholung)*

Einrichtung	Code	Stadt	Code
Krankenhaus	01	Köln	01
Bibliothek	02	Mannheim	02
Schule	03	Düsseldorf	03
Rathaus	04	Dortmund	04
Ordnungsamt	05	Aachen	05
Kindertagesstätte	06	Erfurt	06
Kirchengemeinde	07	Dresden	07
Feuerwehr	08	Kiel	08
Polizei	09	Bochum	09
Zollamt	10	Leipzig	10

Lösungen

Zu 121. Wie lautet der Code für die Polizei in Dresden?	0907
Zu 122. Wie lautet der Code für die Bibliothek in Düsseldorf?	0203
Zu 123. Wie lautet der Code für das Rathaus in Kiel?	0408
Zu 124. Wie lautet der Code für die Schule in Aachen?	0305
Zu 125. Wie lautet der Code für das Schule in Dortmund?	0304
Zu 126. Wie lautet der Code für die Schule in Erfurt?	0306
Zu 127. Wie lautet der Code für das Schule in Bochum?	0309
Zu 128. Wie lautet der Code für die Kindertagesstätte in Bochum?	0609
Zu 129. Wie lautet der Code für die Feuerwehr in Kiel?	0808
Zu 130. Wie lautet der Code für die Polizei in Bochum?	0909
Zu 131. Wie lautet der Code für das Zollamt in Dresden?	1007
Zu 132. Wie lautet der Code für die Feuerwehr in Dortmund?	0804
Zu 133. Wie lautet der Code für die Kindertagesstätte in Aachen?	0605
Zu 134. Wie lautet der Code für das Rathaus in Bochum?	0409
Zu 135. Wie lautet der Code für die Polizei in Aachen?	0905
Zu 136. Wie lautet der Code für das Krankenhaus in Köln?	0101
Zu 137. Wie lautet der Code für die Kindertagesstätte in Dresden?	0607
Zu 138. Wie lautet der Code für die Feuerwehr in Bochum?	0809
Zu 139. Wie lautet der Code für die Bibliothek in Köln?	0201
Zu 140. Wie lautet der Code für das Rathaus in Dortmund?	0404
Zu 141. Wie lautet der Code für das Krankenhaus in Dresden?	0107
Zu 142. Wie lautet der Code für die Polizei in Erfurt?	0906
Zu 143. Wie lautet der Code für die Kindertagesstätte in Düsseldorf?	0603
Zu 144. Wie lautet der Code für die Feuerwehr in Erfurt?	0806
Zu 145. Wie lautet der Code für die Bibliothek in Dresden?	0207
Zu 146. Wie lautet der Code für das Rathaus in Erfurt?	0406
Zu 147. Wie lautet der Code für das Zollamt in Kiel?	1008
Zu 148. Wie lautet der Code für die Kindertagesstätte in Mannheim?	0602
Zu 149. Wie lautet der Code für die Polizei in Dortmund?	0904
Zu 150. Wie lautet der Code für das Krankenhaus in Kiel?	0108
Zu 151. Wie lautet der Code für die Feuerwehr in Leipzig?	0810
Zu 152. Wie lautet der Code für die Kindertagesstätte in Köln?	0601
Zu 153. Wie lautet der Code für das Rathaus in Aachen?	0405
Zu 154. Wie lautet der Code für die Bibliothek in Erfurt?	0206
Zu 155. Wie lautet der Code für das Krankenhaus in Düsseldorf?	0103
Zu 156. Wie lautet der Code für die Polizei in Leipzig?	0910
Zu 157. Wie lautet der Code für das Krankenhaus in Mannheim?	0102
Zu 158. Wie lautet der Code für die Kindertagesstätte in Leipzig?	0610
Zu 159. Wie lautet der Code für die Feuerwehr in Düsseldorf?	0803
Zu 160. Wie lautet der Code für die Bibliothek in Dortmund?	0204
Zu 161. Wie lautet der Code für das Rathaus in Kiel?	0408
Zu 162. Wie lautet der Code für die Polizei in Kiel?	0908
Zu 163. Wie lautet der Code für das Krankenhaus in Leipzig?	0110
Zu 164. Wie lautet der Code für das Krankenhaus in Köln?	0101
Zu 165. Wie lautet der Code für die Feuerwehr in Aachen?	0805

Prüfung

2

Bankkaufmann/-frau

Allgemeinwissen

Verschiedene Themen   ***Bearbeitungszeit 10 Minuten***

Die folgenden Aufgaben prüfen Ihr Allgemeinwissen.

Zu jeder Aufgabe werden verschiedene Lösungsmöglichkeiten angegeben.

Beantworten Sie bitte die folgenden Aufgaben, indem Sie jeweils den richtigen Buchstaben markieren.

166. **In welchem Ozean liegt Japan?**
   A. Atlantischer Ozean
   B. Indischer Ozean
   C. Pazifischer Ozean
   D. Südpolarmeer
   E. Keine Antwort ist richtig.

167. **Welches ist der längste Fluss Europas?**
   A. Donau
   B. Elbe
   C. Wolga
   D. Rhein
   E. Keine Antwort ist richtig.

168. **Ein Schluckauf ist …?**
   A. ein Magenkrampf.
   B. eine Lungenflügelklemmung.
   C. eine Luftröhrenreizung.
   D. eine Kontraktion des Zwerchfells.
   E. Keine Antwort ist richtig.

169. **Was ist kein Bestandteil des Kniegelenks?**
   A. Patellasehne
   B. Vorderes Kreuzband
   C. Meniskus
   D. Speiche
   E. Keine Antwort ist richtig.

170. Wie teilt man zwei Brüche?

A. Indem man Nenner durch Nenner und Zähler durch Zähler teilt

B. Indem man Nenner mit Nenner multipliziert und Zähler durch Zähler teilt

C. Indem man Nenner durch Nenner teilt und Zähler mit Zähler multipliziert

D. Indem man mit dem Kehrwert multipliziert

E. Keine Antwort ist richtig.

171. Eine natürliche Zahl ist durch 3 teilbar, …?

A. wenn sie mit einer geraden Ziffer endet.

B. wenn sie mit der Ziffer 3 endet.

C. wenn sie mit einer ungeraden Zahl endet.

D. wenn ihre Quersumme durch 3 teilbar ist.

E. Keine Antwort ist richtig.

172. Wofür steht die Abkürzung „KAG"?

A. Kapitalgesellschaft

B. Kapitalanlagegesetz

C. Kapitalgesetz

D. Kapitalanlagegesellschaft

E. Keine Antwort ist richtig.

173. Wofür steht die Abkürzung „KG"?

A. Kapitalgesellschaft

B. Kapitalgeber

C. Kapitalgesetz

D. Kommanditgesellschaft

E. Keine Antwort ist richtig.

174. Was bedeutet die Abkürzung „KGV"?

A. Kommanditgesellschaftsvertrag

B. Kapitalgesellschaftsverordnung

C. Kurs-Gewinn-Verhalten

D. Kurs-Gewinn-Verhältnis

E. Keine Antwort ist richtig.

175. Was bedeutet dieses Piktogramm?

A. USB-Steckplatz

B. Mittlerer Anschluss aktiv

C. Vorfahrt im Datenverkehr

D. Verzeichnisstruktur anzeigen

E. Keine Antwort ist richtig.

Lösungen

Zu 166.

C. Pazifischer Ozean

Japan, der viertgrößte Inselstaat der Welt, liegt im Pazifik vor den Ostküsten Russlands und Koreas. Japan ist eine Inselkette aus vier Hauptinseln und etwa 4.000 kleineren Inseln. Die Hauptstadt Tokio liegt auf der größten Insel Honshu.

Zu 167.

C. Wolga

Die Wolga ist mit 3.534 km Länge der längste und wasserreichste Fluss Europas. Sie verläuft im europäischen Teil Russlands und mündet ins Kaspische Meer. Der zweitlängste Fluss ist die Donau mit 2.888 km.

Zu 168.

D. eine Kontraktion des Zwerchfells.

Ein Schluckauf ist eine ruckartige Kontraktion des Zwerchfells. Bei Ungeborenen, Babys und Kleinkindern ist er ein wichtiger Reflex, um die Atemwege vor eindringender Flüssigkeit zu schützen. Bei Jugendlichen und Erwachsenen wird er oft durch hastiges, scharfes, kaltes oder heißes Essen ausgelöst – kann aber auch krankheitsbedingte Ursachen haben.

Zu 169.

D. Speiche

Patellasehne, Kreuz- und Innenbänder gehören zum Bänderapparat des Knies, der Meniskus ist ein Knorpel im Kniegelenk. Speiche und Elle sind die beiden Knochen des Unterarms.

Zu 170.

D. Indem man mit dem Kehrwert multipliziert

Man dividiert durch einen Bruch, indem man mit dem Kehrwert des Bruches multipliziert. Die Division wird also auf einer Multiplikation begründet.

Zu 171.

D. wenn ihre Quersumme durch 3 teilbar ist.

Ist die Quersumme einer Zahl durch 3 teilbar, so ist auch die Zahl selbst durch 3 teilbar.

Die Quersumme wird üblicherweise aus der Summe der Ziffernwerte einer natürlichen Zahl gebildet. Zum Beispiel lautet die Quersumme aus 123: $1 + 2 + 3 = 6$.

Zu 172.

D. Kapitalanlagegesellschaft

Eine Kapitalanlagegesellschaft (KAG) ist eine Institution – zumeist in Form einer GmbH oder AG – die Anteilsscheine (z. B. Investmentfondsanteile) ausgibt. Die daraus erzielten Einnahmen werden zum Kauf eines Portfolios aus Wertpapieren, Immobilien und/oder Beteiligungen verwendet. Steigt der Wert des Portfolios, so profitiert der Inhaber der Fondsanteile durch den steigenden Wert seiner Anteilsscheine. Demgegenüber trägt er die Verluste, wenn das Portfolio im Wert sinkt. Kapitalanlagegesellschaften bedürfen spezieller Konzessionen und werden von den Aufsichtsbehörden der jeweiligen Staaten überwacht.

Zu 173.

D. Kommanditgesellschaft

Eine Kommanditgesellschaft (KG) ist eine Personengesellschaft, in der sich zwei oder mehrere natürliche Personen oder juristische Personen zusammengeschlossen haben, um unter einer gemeinsamen Firma ein Handelsgewerbe zu betreiben.

Zu 174.

D. Kurs-Gewinn-Verhältnis

Das Kurs-Gewinn-Verhältnis (KGV) ist eine Kennzahl zur Beurteilung von Aktien. Dabei wird der Aktienkurs in Relation zu dem erwarteten Gewinn pro Aktie gesetzt. Die Faustregel lautet: je niedriger das KGV, desto preisgünstiger die Aktie.

Zu 175.

A. USB-Steckplatz

Das abgebildete Piktogramm kennzeichnet einen USB-Steckplatz an Computern, Digitalkameras, MP3-Playern und vielen anderen Geräten, die per USB-Kabel verbunden werden können. „USB" steht für „Universal Serial Bus", einen technischen Standard zur Verbindung von Geräten in der elektronischen Datenverarbeitung.

Fachbezogenes Wissen

Branche und Beruf   *Bearbeitungszeit 10 Minuten*

Mit den folgenden Aufgaben wird Ihr fachbezogenes Wissen geprüft.

Beantworten Sie bitte die folgenden Aufgaben, indem Sie jeweils den richtigen Buchstaben markieren.

176. **Die Verfügbarkeit über genügend Zahlungsmittel in einem Unternehmen nennt man …?**

   A. Vermögen.
   B. Kapital.
   C. Geld.
   D. Liquidität.
   E. Keine Antwort ist richtig.

177. **Was bedeutet „DAX"?**

   A. Deutscher Aktienhandel
   B. Deutsche Aufsicht für Indizes
   C. Deutsche Agentur für Indizes
   D. Deutscher Aktienindex
   E. Keine Antwort ist richtig.

178. **Was geschieht, wenn ein Land stetig einen Exportüberschuss verzeichnet, der nicht durch eine andere Teilbilanz ausgeglichen wird?**

   A. Die Konsumgüternachfrage sinkt.
   B. Das Auslandsvermögen bzw. die Forderungen gegenüber dem Ausland steigen.
   C. Die volkswirtschaftliche Gesamtnachfrage steigt.
   D. Die volkswirtschaftliche Gesamtnachfrage sinkt.
   E. Keine Antwort ist richtig.

179. **In welcher Phase eines klassischen Produktlebenszyklus steigt der Umsatz nicht?**

   A. Reife
   B. Sättigung
   C. Wachstum
   D. Einführung
   E. Keine Antwort ist richtig.

180. Was sind Devisen?

A. Inländische Geldscheine

B. Inländische Zahlungsmittel

C. Inländische Münzen

D. Forderungen, die in einer Fremdwährung bestehen

E. Keine Antwort ist richtig.

181. Was versteht man volkswirtschaftlich unter dem „tertiären Sektor"?

A. Rohstoffgewinnung

B. Rohstoffverarbeitung

C. Dienstleistungsbereich

D. Konsumgüterindustrie

E. Keine Antwort ist richtig.

182. Wie entwickelt sich die Wirtschaftsleistung während einer Stagflation?

A. Sie steigt stark an, es kommt zur Inflation.

B. Sie sinkt stark, es kommt zur Inflation.

C. Sie stagniert nach einer hohen Inflation.

D. Sie stagniert, gleichzeitig herrscht Inflation.

E. Keine Antwort ist richtig.

183. Wofür steht „Basel II"?

A. Autobahnstrecke A2 zwischen Basel und Luzern

B. Autobahnstrecke A2 zwischen Basel und Zürich

C. Eigenkapitalvorschriften für Kredit- und Finanzdienstleistungsinstitute

D. Basler Kulturtage

E. Keine Antwort ist richtig.

184. Was beinhaltet das dotted-line-Prinzip?

A. Unterscheidung zwischen fachlicher und disziplinarischer Unterstellung

B. Stark zentralistische Betriebsorganisation

C. Keine verpflichtende innerbetriebliche Kommunikationsrichtlinie

D. Möglichst flache Unternehmenshierarchien

E. Keine Antwort ist richtig.

185. Wo ist von *cash cows*, *question marks*, *stars* und *dogs* die Rede?

- A. Portfolioanalyse
- B. Supply-Chain-Prüfung
- C. ABC-Analyse
- D. Corporate-Identity-Konzept
- E. Keine Antwort ist richtig.

Lösungen

Zu 176.

D. Liquidität.

Verfügt ein Unternehmen über ausreichende Zahlungsmittel, um seine Verbindlichkeiten zu begleichen, bezeichnet man es als „liquide". Unterschieden wird zwischen der Barliquidität (Vermögen, das unmittelbar zur Zahlung eingesetzt werden kann), der einzugsbedingten Liquidität (Vermögen, das nicht unmittelbar zur Zahlung eingesetzt werden kann, aber eine kurzfristige Umwandlung ermöglicht wie diskontierbare Wechsel) sowie der umsatzbedingten Liquidität (Vermögen, das erst in Barmittel umgesetzt werden muss, z. B. Produkte und Wirtschaftsgüter).

Zu 177.

D. Deutscher Aktienindex

Der Deutsche Aktienindex („DAX" bzw. „Dax") ist ein von der Deutschen Börse berechneter Index, der die Wertentwicklung der Aktien der 30 größten deutschen Unternehmen nach Marktkapitalisierung und Umsatz gewichtet repräsentiert. Von sämtlichen Indizes ist der Dax mit Abstand das bekannteste Barometer für den deutschen Aktienmarkt. Der Index wurde am 1. Juli 1988 mit einem Startwert von 1.000 Punkten eingeführt, kann allerdings bis in die 1950er-Jahre hinein zurückberechnet werden.

Zu 178.

B. Das Auslandsvermögen bzw. die Forderungen gegenüber dem Ausland steigen.

Wenn ein Land ständig einen Exportüberschuss verzeichnet, d. h. mehr exportiert als importiert, kommt es zu einem Anstieg des Auslandsvermögens oder der Auslandsforderungen: Die exportierten Waren und Dienstleistungen müs-

sen vom Ausland bezahlt werden. Dies kann durch die Einräumung von Krediten oder den Kauf von Produktionsstätten im Ausland geschehen, durch den dort die erforderlichen Zahlungsmittel frei werden.

Zu 179.

B. Sättigung

Ein klassischer Produktlebenszyklus besteht aus den Phasen Einführung, Wachstum, Reife, Sättigung und Degeneration (Rückgang). In der Sättigungsphase stagnieren oder sinken die Umsätze und Gewinne. Kann diese Tendenz nicht durch entsprechendes Marketing aufgehalten werden, tritt das Produkt in die Phase der Degeneration ein, in der es unter Umständen nur noch eine Kostenlast darstellt.

Zu 180.

D. Forderungen, die in einer Fremdwährung bestehen

Devisen sind Forderungen, die in einer Fremdwährung bestehen. Dazu zählen beispielsweise ausländische Konten, Wertpapiere und Banknoten.

Zu 181.

C. Dienstleistungsbereich

Der primäre Sektor steht für die Gewinnung, der sekundäre für die Verarbeitung von Rohstoffen, der tertiäre Sektor bezeichnet den Dienstleistungsbereich. Nach der Drei-Sektoren-Hypothese entwickelt sich eine Volkswirtschaft vom Ausgangsstadium mit einer hohen Ausdehnung des primären Sektors (geringer Maschineneinsatz) über das zweite Stadium mit fortschreitender Automatisierung (Fließband, Manufakturen) zum dritten Stadium, in dem Rohstoffgewinnung und -verarbeitung so weit automatisiert sind, dass dafür kaum noch Arbeitskraft benötigt wird: Der Übergang zur Dienstleistungsgesellschaft ist vollzogen.

Zu 182.

D. Sie stagniert, gleichzeitig herrscht Inflation.

Im Zustand der Stagflation treffen Inflation und stagnierende Wirtschaft zusammen. Für die Wirtschaftspolitik hat das fatale Folgen: Sie kann weder durch den Einsatz von Geld und Krediten die Stagnation bekämpfen – dies würde die Inflation antreiben – noch durch geringere Kreditaktivität die Geldmenge zu reduzieren versuchen: Dies würde die Wirtschaft noch stärker lähmen.

Zu 183.

C. Eigenkapitalvorschriften für Kredit- und Finanzdienstleistungsinstitute

„Basel II" bezeichnet die vom Basler Ausschuss für Bankenaufsicht erarbeiteten Eigenkapitalvorschriften, die seit dem 1. Januar 2007 in den Mitgliedsstaaten der Europäischen Union für alle Kreditinstitute und Finanzdienstleistungsinstitute angewendet werden. Basel II regelt vor allem die Eigenmittelunterlegung für Kreditrisiken. Dabei wird anhand von Ratings das Risiko bei der Kreditvergabe eingestuft und

somit bestimmt, welche Eigenmittel das Institut hierfür hinterlegen muss.

Zu 184.

A. Unterscheidung zwischen fachlicher und disziplinarischer Unterstellung

Nach dem dotted-line-Prinzip wird fachliches und disziplinarisches Weisungsrecht unterschieden. Da z. B. ein Bereichscontroller fachlich dem Controller des Gesamtbetriebs untersteht, besitzt dieser das fachliche Weisungsrecht. Gleichzeitig ist der Bereichscontroller jedoch auch dem Bereichsleiter unterstellt (disziplinarisches Weisungsrecht). Diese Unterstellung wird in Organigrammen gewöhnlich mit einer gepunkteten Linie (engl. „dotted line") veranschaulicht.

Zu 185.

A. Portfolioanalyse

Cash cow, question mark, star und *dog* sind Kategorien der BCG-Matrix zur Portfolioanalyse bzw. zum Marketingcontrolling. Die Matrix klassifiziert auf Basis verschiedener Kennzahlen Produkte nach ihrer Rentabilität und ermöglicht so angemessene Produkt- bzw. Marketingstrategien.

Sprachbeherrschung

Groß- und Kleinschreibung

In diesem Aufgabenteil geht es darum, die richtige Schreibweise zu erkennen.

Beantworten Sie bitte die folgenden Aufgaben, indem Sie jeweils den Lösungsbuchstaben des korrekt geschriebenen Satzes markieren.

186.

- A. Die Polizei tappte völlig im dunkeln.
- B. Die Polizei tappte völlig im Dunkeln.
- C. Die Polizei tappte Völlig im dunkeln.
- D. Die Polizei tappte Völlig im Dunkeln.
- E. Keine Antwort ist richtig.

187.

- A. Das Gericht hat immer recht.
- B. Das Gericht hat immer Recht.
- C. Das gericht hat immer Recht.
- D. Das gericht hat immer recht.
- E. Keine Antwort ist richtig.

188.

- A. Der vierte im Bunde ist erkrankt.
- B. Der Vierte im Bunde ist erkrankt.
- C. Der Vierte im bunde ist erkrankt.
- D. Der vierte im bunde ist erkrankt.
- E. Keine Antwort ist richtig.

189.

- A. Es tat ihm aufrichtig leid.
- B. Es tat ihm aufrichtig Leid.
- C. Es tat ihm Aufrichtig leid.
- D. Es tat ihm Aufrichtig Leid.
- E. Keine Antwort ist richtig.

190.

- A. Er mag gerne Rad fahren.
- B. Er mag gerne radfahren.
- C. Er mag gerne rad fahren.
- D. Er mag gerne Radfahren.
- E. Keine Antwort ist richtig.

Lösungen

Zu 186.

B. Die Polizei tappte völlig im Dunkeln.

Substantivierte Adjektive mit Präposition („im Dunkeln") werden großgeschrieben – sowohl bei Verwendung in wörtlicher als auch in übertragener Bedeutung.

Zu 187.

B. Das Gericht hat immer Recht.

Substantive werden in Verbindung mit einer Präposition oder einem Verb („Recht haben") generell großgeschrieben.

Zu 188.

B. Der Vierte im Bunde ist erkrankt.

Substantivierte Grund- und Ordnungszahlen werden großgeschrieben.

Zu 189.

A. Es tat ihm aufrichtig Leid.

Die geltenden Regeln betrachten „leidtun" als zusammengesetztes Verb, dessen Vorderglied „leid" nicht als Substantiv angesehen wird. Man schreibt es auch dann klein, wenn es wie hier von „tun" abrückt. Das Adjektiv „aufrichtig" wird ebenfalls kleingeschrieben.

Zu 190.

A. Er mag gerne Rad fahren.

Substantive werden in Verbindung mit einem Verb (z. B. „Rad fahren", „Handball spielen") generell großgeschrieben. Ob ein Wort im konkreten oder übertragenen Sinn gebraucht wird, gilt nicht mehr als Kriterium für die Zusammen- bzw. Getrenntschreibung, stattdessen gilt konsequente Getrenntschreibung.

Sprachbeherrschung

Gegenteilige Begriffe

Bearbeitungszeit 5 Minuten

Ordnen Sie bitte den Begriffen die gegenteilige Bedeutung zu, indem Sie den entsprechenden Lösungsbuchstaben in das zugehörige Kästchen eintragen.

Begriffe	A–E	Gegenteilige Begriffe
191. Qualität		A. Import
192. ineffizient		B. Boom
193. Wirkung		C. Ursache
194. Rezession		D. effizient
195. Export		E. Quantität

Lösungen

Zu 191.
E. Quantität

Zu 192.
D. effizient

Zu 193.
C. Ursache

Zu 194.
B. Boom

Zu 195.
A. Import

Lösungshinweis:

Bei dieser Aufgabe wird die sprachliche Grundfähigkeit geprüft. Gehen Sie dabei sehr konzentriert vor, da ein Fehler eine ganze Reihe anderer Fehler nach sich ziehen kann.

Beginnen Sie systematisch mit dem ersten Wort in der linken Spalte und überprüfen Sie die rechte Spalte Wort für Wort, bis Sie das Wort mit der gegenteiligen Bedeutung gefunden haben. Tragen Sie dann den Buchstaben in das leere Kästchen in der mittleren Spalte ein. Wenn Sie sich nicht ganz sicher sind, dann verschieben Sie Ihre Entscheidung – vielleicht löst sich das Problem am Ende der Aufgabe, da nur noch eine Möglichkeit übrig bleibt.

Wenn nach dem ersten Durchgang noch Lücken in der rechten Spalte übrig geblieben sind, dann hilft eventuell eine Umkehr des Verfahrens weiter: Man nehme sich das Wort aus der rechten Spalte vor und suche dazu aus der linken Spalte das Wort mit der gegenteiligen Bedeutung.

Zum Schluss sollte geprüft werden, ob alle Buchstaben einmal eingetragen sind.

Sprachbeherrschung

Grammatik: Konjugation und Deklination   *Aufgabenerklärung*

Bei dieser Aufgabe müssen Sie konjugieren und deklinieren.

Setzen Sie die vorgegebenen Ausdrücke in der korrekten Form in den Text ein.

Hierzu ein Beispiel

Aufgabe

1.   **ein langer Weg**

     Er hat [   ] **hinter sich.**

Antwort

     Er hat [*einen langen Weg*] **hinter sich.**

Der Ausdruck „ein langer Weg" ist in den Akkusativ zu setzen, damit sich ein grammatisch korrekter Satz ergibt.

Grammatik: Konjugation und Deklination

Bearbeitungszeit 5 Minuten

Tragen Sie die vorgegebenen Wörter in der grammatikalisch korrekten Form in die Felder ein.

196. der Schock

Infolge [   ] war er nicht in der Lage,

den Unfallhergang genau zu schildern.

197. sich

Wir haben [   ] schon gefragt, wo du steckst!

198. gehen

Wenn du nicht so früh nach Hause [   ]

hättest du das Feuerwerk auch gesehen.

199. das schlechte Wetter

Aufgrund [   ] fällt heute die Schule aus.

200. er

Karl hat mir wirklich sehr geholfen, dafür schulde ich [   ] noch einen Gefallen.

Lösungen

Zu 196.

Infolge *des Schocks* war er nicht in der Lage, den Unfallhergang genau zu schildern.

Die Präposition „infolge" zieht immer einen Genitiv nach sich.

Zu 197.

Wir haben *uns* schon gefragt, wo du steckst!

Die Konstruktion des Verbs lautet „sich fragen". Das Wort „uns" ist hier die flektierte Form des Reflexivpronomens „sich". Da es sich auf das Subjekt „wir" bezieht, muss es in der ersten Person Plural stehen.

Zu 198.

Wenn du nicht so früh nach Hause *gegangen wärst*, hättest du das Feuerwerk auch gesehen.

Hier gilt: Beide Teilsätze müssen die gleiche Zeitform aufweisen, nämlich Konjunktiv Perfekt.

Zu 199.

Aufgrund *des schlechten Wetters* fällt heute die Schule aus.

Die Präposition „aufgrund" erfordert immer eine Substantivgruppe im Genitiv.

Zu 200.

Karl hat mir wirklich sehr geholfen, dafür schulde ich *ihm* noch einen Gefallen.

Die Konstruktion lautet „jemandem etwas schulden". Das Personalpronomen „er" muss daher in den Dativ gesetzt werden und wird so zu „ihm".

Lösungshinweis:

Bei der Vorgehensweise ist es hilfreich, sich die einzelnen Sätze leise vorzulesen, um die richtige grammatische Form zu finden. Achten Sie dabei auf Person, Zahl und Zeitform.

Fremdsprachenkenntnisse

Englisch: Richtigen Satz wählen   *Bearbeitungszeit 10 Minuten*

Die folgenden Aufgaben testen Ihre Fremdsprachenkompetenz.

Wie lautet der vorgegebene deutsche Satz auf Englisch? Beantworten Sie bitte die folgenden Aufgaben, indem Sie den Lösungsbuchstaben der korrekten Übersetzung markieren.

201. Du solltest einen Regenschirm mitnehmen, weil es regnen wird.

A. You should take an umbrella, because it is going to rain.

B. You must take an umbrella, while it is going to rain.

C. Because you take an umbrella, it will rain.

D. You must not take an umbrella, because it will rain.

E. We took the umbrella, not to get wet, if it rains.

202. Wo ist die nächste Bushaltestelle für den Bus zum Flughafen?

A. Who is the next bus station for the bus to the fly harbour?

B. How I get the bus stand for the airport?

C. Which line bus guides to the airport?

D. Where is the next bus stop for the bus line to the airport?

E. What bus goes to the central station?

203. Wir haben bereits gestern darüber geredet.

A. Already yesterday talked about it we have.

B. Talked about it yesterday have we already.

C. Have we talked it about already yesterday?

D. We already talked about it yesterday.

E. We have already yesterday about talked.

204. Bei gutem Wetter sind der Himmel und das Meer blau.

A. Blue are the sky and the lake in good weather.

B. The sea and the sky are blue in weather good.

C. The blue and the sea sky are weather in good.

D. And blue the sea sky are in weather the good.

E. In good weather the sky and the sea are blue.

205. Während Thomas schlief, hat jemand sein Gepäck geklaut.

A. When Thomas is sleeping, somebody stole his package.

B. While Thomas was sleeping, somebody stealed his baggage.

C. While Thomas was sleeping, somebody stole his baggage.

D. Thomas lost his baggage during the flight.

E. Thomas was stealing somebody's baggage, when he sleeps.

206. Man sollte für Prüfungen immer gut vorbereitet sein.

A. You have to prepare yourself good for Testings.

B. Man should him check better for Tests.

C. You should always be well prepared for an exam.

D. You should always be good prepared for an exam.

E. Never prepare for an exam.

207. Wie kommst Du denn auf so etwas?

A. How you get this idea?

B. Whatever gave you that idea?

C. How you come on this idea?

D. Where do you find that idea?

E. Do you have a big fantasy?

208. Hatten Sie eine gute Reise?

A. A journey good have had you?

B. Have you had a good journey?

C. Have had you a journey good?

D. You had have a good journey?

E. Had have a journey good you?

209. Was können Sie mir auf der Speisenkarte empfehlen?

A. What recommend you from the menu?

B. What can you me recommend on the menu?

C. What can you recommend me from the menu?

D. What do you recommend from the menu?

E. What especially be can on the recommended menu?

210. Entschuldigen Sie bitte, kann ich auch mit Kreditkarte zahlen?

A. Excuse me, can I pay with credit card?

B. Excuse me, can I pay by credit card?

C. Excuse me, but you have to pay by credit card!

D. Excuse me, do you have a credit card?

E. Excuse me, can I pay by creditcard?

Lösungen

Zu 201.

A. You should take an umbrella, because it is going to rain.

Antwort E verwendet ein unangemessenes Personalpronomen („we" – „wir") und ist als Aussagesatz formuliert, nicht als Aufforderung. Antwort C geht unsinnigerweise davon aus, dass der Regen durch die Mitnahme des Schirms hervorgerufen wird. In Antwort B verfehlt der durch „while" („während") eingeleitete Temporalsatz die Absicht des Aufgabensatzes, der eine kausale Verknüpfung herstellt. Möglichkeit D verkehrt die Aussage sogar komplett ins Gegenteil, indem das Tragen eines Regenschirms mit Verweis auf den Regen verboten wird („you must not" – „du darfst nicht"). Somit kommt nur Vorschlag A infrage.

Zu 202.

D. Where is the next bus stop for the bus line to the airport?

Antwort A nennt das falsche Fragewort („who" – „wer") und ebenso wie B die falschen Vokabeln: Busbahnhof heißt „bus stop", nicht „bus station" oder „bus stand", und statt des wörtlich übersetzten „fly harbour" für „Flughafen" müsste es „airport" heißen. Auch einen „line bus" wie in Satz C gibt es im Englischen nicht. Vorschlag E bezieht sich auf einen Zentralbahnhof („central station"). Als richtige Lösung kommt somit nur D infrage.

Zu 203.

D. We already talked about it yesterday.

Zeitangaben stehen im Englischen am Satzanfang oder -ende – somit entfallen die Antworten A, B und E. Die in Vorschlag C formulierte Frage kommt als Übersetzung eines Aussage-satzes sicher nicht in Betracht, sodass nur Antwort D übrig bleibt.

Zu 204.

E. In good weather the sky and the sea are blue.

Die Formulierung „bei gutem Wetter" übersetzt man mit „in good weather", sodass die Antworten B, C und D von vornherein ausscheiden. Der Himmel („sky") und das Meer („sea") finden sich zusammen nur in Antwort E – von dem in Antwort A genannten See („lake") ist im vorgegebenen Satz nicht die Rede.

Zu 205.

C. While Thomas was sleeping, somebody stole his baggage.

Wie der Aufgabensatz muss auch die Übersetzung in der Vergangenheit stehen: Antwort A mit der Präsensform „is sleeping" – und der Falschübersetzung „package" („Paket") – scheidet daher aus. Vorschlag B bildet mit „stealed" die falsche Vergangenheitsform. Satz D (übersetzt: „Thomas hat sein Gepäck während des Fluges verloren") schildert eine gänzlich andere Situation, und in Vorschlag E ist Thomas gar selbst der Dieb. Inhaltlich und grammatisch richtig ist allein Antwort C.

Zu 206.

C. You should always be well prepared for an exam.

Das in Antwort A verwendete Wort „Testings" gibt es im Englischen nicht; die „Prüfung" wird im englischen Plural zu „tests" oder „exams". Antwort B ist mit „man should" für „man sollte" zu deutsch und damit falsch übersetzt. Auch die Gesamtkonstruktion dieses Satzes ergibt keinen Sinn. Vorschlag E geht inhaltlich ins Leere: „Never prepare for an exam" bedeutet

„Bereite dich nie auf eine Prüfung vor". Übrig bleiben die Möglichkeiten C und D – heißt es nun „well prepared" oder „good prepared"? Der Unterschied: Das Adjektiv „good" bezieht sich auf ein Substantiv, das Adverb „well" auf ein Verb, Adjektiv, oder Adverb. Zum Beispiel: „You should always be well prepared (Adverb+Adjektiv) for an exam", aber: „You should always be in good shape (Adjektiv+Substantiv) for an exam". Die richtige Antwort ist demnach C.

Zu 207.

B. Whatever gave you that idea?

Antwort E erscheint nicht als englischer Satz, sondern als mangelhafte Übersetzung der Frage „Hast Du eine große Fantasie?". Antwort D verwendet mit „find" („finden") ein unangemessenes Wort. Antwort C ist zu nahe am Deutschen: „How you come on this idea?" ist eine wörtliche (und falsche) Anlehnung an „Wie bist du denn auf die Idee gekommen?". Antwort A kommt dem vorgegebenen Satz zwar recht nahe, doch zur Vollständigkeit fehlt ihm das Hilfsverb „did". Nach dem Ausschlussprinzip kommt nur Antwort B infrage.

Zu 208.

B. Have you had a good journey?

Als richtige Antwort kommt nur Vorschlag B in Betracht. Bei allen anderen Antworten stimmt der Satzbau nicht, da „have", „had" und „you" – wenn überhaupt vorhanden – an falschen Positionen und in der falschen Reihenfolge stehen.

Zu 209.

D. What do you recommend from the menu?

Die Floskel „können sie mir" ist mit „can you me" (Antworten B und C) ebenso wörtlich wie ungelenk übersetzt. In Möglichkeit A stimmt der Satzbau nicht; die Wortfolge „be can on the recommended menu" in Vorschlag E ist vollkommenes Kauderwelsch. Die korrekte Übersetzung findet sich unter Vorschlag D.

Zu 210.

B. Excuse me, can I pay by credit card?

Anders als im Deutschen schreibt man „Kreditkarte" im Englischen getrennt („credit card"), daher scheidet Antwort E aus. Auch h der Aussagesatz C kommt als Übersetzung einer Frage nicht in Betracht. In Satz D wird fälschlicherweise nach dem Besitz einer Kreditkarte gefragt – somit bleibt die Auswahl zwischen den Antworten A und B, zwischen den Präpositionen „by" und „with". Beide können „mit" bedeuten. Der Unterschied: Nutzt man „with", müsste üblicherweise ein Personalpronomen oder Artikel folgen („can I pay with my/a credit card"), während „by" alleine stehen kann. Antwort B ist also korrekt.

Mathematik

Bruchrechnen

In diesem Abschnitt werden die wesentlichen Zusammenhänge der Bruchrechnung überprüft, wobei der Bruchstrich nichts anderes als ein Geteiltzeichen darstellt.

Beantworten Sie bitte die folgenden Aufgaben, indem Sie jeweils den richtigen Buchstaben markieren.

211. $\dfrac{6}{12} + \dfrac{1}{4} = ?$

    A. 1

    B. 0,75

    C. 2,5

    D. 3

    E. Keine Antwort ist richtig.

212. $\dfrac{3}{5} \div \dfrac{2}{5} = ?$

    A. $1\dfrac{1}{4}$

    B. $1\dfrac{1}{2}$

    C. $1\dfrac{3}{4}$

    D. $1\dfrac{4}{5}$

    E. Keine Antwort ist richtig.

213. $\dfrac{6}{7} \div \dfrac{3}{4} = ?$

    A. $\dfrac{2}{4}$

    B. $\dfrac{2}{7}$

    C. $\dfrac{8}{7}$

    D. $\dfrac{2}{21}$

    E. Keine Antwort ist richtig.

214. $3\dfrac{6}{8} \times 2\dfrac{2}{4} = ?$

    A. $\dfrac{75}{8}$

    B. 8

    C. $\dfrac{5}{32}$

    D. $\dfrac{6}{32}$

    E. Keine Antwort ist richtig.

215. $3,25 \times 1\dfrac{3}{5} = ?$

    A. 4,75

    B. $6\dfrac{1}{4}$

    C. $\dfrac{12}{0,4}$

    D. $5\dfrac{1}{5}$

    E. Keine Antwort ist richtig.

Lösungen

Zu 211.

B. 0,75

Brüche werden addiert, indem man den gemeinsamen Nenner findet, die Zähler addiert und den Nenner beibehält. Anschließend muss das Ergebnis so weit wie möglich gekürzt werden.

$$\frac{6}{12}+\frac{1}{4}=\frac{2}{4}+\frac{1}{4}=\frac{3}{4}=0,75$$

Zu 212.

B. $1\frac{1}{2}$

Brüche werden dividiert, indem man mit dem Kehrwert multipliziert. Anschließend muss das Ergebnis so weit wie möglich gekürzt werden.

$$\frac{3}{5}\div\frac{2}{5}=\frac{3}{5}\times\frac{5}{2}=\frac{15}{10}=\frac{3}{2}=1\frac{1}{2}$$

Zu 213.

C. $\frac{8}{7}$

Brüche werden dividiert, indem man mit dem Kehrwert multipliziert. Anschließend muss das Ergebnis so weit wie möglich gekürzt werden.

$$\frac{6}{7}\div\frac{3}{4}=\frac{6}{7}\times\frac{4}{3}=\frac{24}{21}=\frac{8}{7}=1\frac{1}{7}$$

Zu 214.

A. $\frac{75}{8}$

Gemischte Zahlen sollten in Brüche umgewandelt werden. Danach werden die Brüche multipliziert, indem man Nenner mit Nenner und Zähler mit Zähler multipliziert. Anschließend ist das Ergebnis so weit wie möglich zu kürzen.

$$3\frac{6}{8}\times2\frac{2}{4}=\frac{30}{8}\times\frac{10}{4}=\frac{300}{32}=\frac{75}{8}$$

Zu 215.

D. $5\frac{1}{5}$

Gemischte Zahlen sollten zunächst in reine Brüche umgewandelt werden. Brüche werden multipliziert, indem man jeweils ihre Zähler und Nenner miteinander malnimmt. Anschließend ist das Ergebnis so weit wie möglich zu kürzen:

$$3,25\times1\frac{3}{5}=\frac{13}{4}\times\frac{8}{5}=\frac{104}{20}=\frac{26}{5}=5\frac{1}{5}$$

Mathematik

Zinsrechnen

Bei der kaufmännischen Zinsrechnung werden dem Monat 30 Tage und dem Jahr 360 Tage zugrunde gelegt.

Beantworten Sie bitte die folgenden Aufgaben, indem Sie jeweils den richtigen Buchstaben markieren.

216. **Herr Mayer hat einen Betrag von 40.000 €
zu sechs Prozent Zinsen fest angelegt. Er
möchte wissen, wie viel Euro er nach vier
Monaten an Zinsen erhalten würde**

   A. 500 €

   B. 700 €

   C. 800 €

   D. 900 €

   E. Keine Antwort ist richtig.

217. **Welchen Betrag muss Herr Mayer zu einem
Zinssatz von fünf Prozent anlegen, um
monatlich einen Zins von 500 € zu erhalten?**

   A. 60.000 €

   B. 80.000 €

   C. 100.000 €

   D. 120.000 €

   E. Keine Antwort ist richtig.

218. **Für eine Geldanlage in Höhe von 50.000 €,
die mit sieben Prozent verzinst wurde, hat
Herr Mayer insgesamt einen Betrag in Höhe von 53.500 € erhalten. Wie lange war
das Geld angelegt?**

   A. $\frac{1}{4}$ Jahr

   B. $\frac{1}{2}$ Jahr

   C. 1 Jahr

   D. 1,5 Jahre

   E. Keine Antwort ist richtig.

219. **Herr Mayer ist zu $^1/_3$ an einer Gesellschaft
beteiligt. Der Jahresgewinn von 120.000 €
soll nun auf die drei Gesellschafter aufgeteilt werden. Herr Mayer möchte seinen
Anteil zu fünf Prozent fest anlegen. Welchen Betrag erhält Herr Mayer nach einem
Jahr von der Bank zurück inklusive Zinsen?**

   A. 38.500 €

   B. 40.200 €

   C. 42.000 €

   D. 42.400 €

   E. Keine Antwort ist richtig.

220. **Welchem Jahreszins entsprechen 3 %
Skonto, wenn die Zahlungsbedingung lautet:
Zahlungsziel 30 Tage, bei einer Zahlung
innerhalb zwei Wochen werden 3 % Skonto gewährt.
Die Woche hat 7 Tage, der Monat 30 Tage
und das Jahr 365 Tage.**

   A. 33,33 %

   B. 9,00 %

   C. 21,15 %

   D. 68,44 %

   E. Keine Antwort ist richtig.

Lösungen

Zu 216.

C. 800 €

Herr Mayer würde nach 120 Tagen Zinsen in Höhe von 800 € erhalten.

$$\text{Zinsen} = \frac{\text{Kapital} \times \text{Zinssatz} \times \text{Tage}}{100 \times 360\,\text{d}}$$

$$\text{Zinsen} = \frac{40.000 \times 6\% \times 120\,\text{d}}{100 \times 360\,\text{d}} = 800\,€$$

Zu 217.

D. 120.000 €

Herr Mayer muss einen Betrag von 120.000 € anlegen, um monatlich 500 € Zinsen zu erhalten.

$$\text{Kapital} = \frac{\text{Zinsen} \times 100 \times 360\,\text{d}}{\text{Zinssatz} \times \text{Tage}}$$

$$\text{Kapital} = \frac{500\,€ \times 100 \times 360\,\text{d}}{5\% \times 30\,\text{d}} = 120.000\,€$$

Zu 218.

C. 1 Jahr

Das Geld war genau ein Jahr angelegt.

$$\text{Tage} = \frac{\text{Zinsen} \times 100 \times 360\,\text{d}}{\text{Kapital} \times \text{Zinssatz}}$$

$$\text{Tage} = \frac{3.500\,€ \times 100 \times 360\,\text{d}}{50.000\,€ \times 7\%} = 360\,\text{d}$$

Zu 219.

C. 42.000 €

Herr Mayer erhält nach einem Jahr inklusive Zinsen einen Betrag von 42.000 € zurück.

$$120.000\,€ \times \frac{1}{3} = 40.000\,€ \text{ Gewinnanteil}$$

$$\text{Zinsen} = \frac{\text{Kapital} \times \text{Zinssatz} \times \text{Tage}}{100 \times 360\,\text{d}}$$

$$\text{Zinsen} = \frac{40.000 \times 5\% \times 360\,\text{d}}{100 \times 360\,\text{d}} = 2.000\,€$$

Betrag = 40.000 € + 2.000 € = 42.000 €

Zu 220.

D. 68,44 %

Das würde einem Jahreszins von 68,44 % entsprechen.

30 Tage Zahlungsziel – 14 Tage = 16 Tage

16 Tage = 3 %

$$365\,\text{Tage} = \frac{3\% \times 365\,\text{d}}{16\,\text{d}} = 68,44\%$$

Mathematik

Gewinnverteilung   *Bearbeitungszeit 5 Minuten*

Beantworten Sie bitte die folgenden Aufgaben, indem Sie jeweils den richtigen Buchstaben markieren.

221. Herr Mayer und zwei weitere Mitarbeiter haben einen Handelspreis in Höhe von 2.000 € gewonnen. Der Preis soll nun nach dem Engagement der einzelnen Personen aufgeteilt werden.
Insgesamt haben sie 20 Stunden in das Projekt investiert. Herr Mayer hat daran mit 10 Stunden doppelt so lange gearbeitet wie die beiden anderen Mitarbeiter. Wie viele Stunden haben die beiden anderen Mitarbeiter jeweils gearbeitet?

A. 3 Stunden
B. 4 Stunden
C. 5 Stunden
D. 6 Stunden
E. Keine Antwort ist richtig.

222. Die Auszubildenden der Mayer Bank sind teilweise an das Prämiensystem der Bank angeschlossen und erhalten für das Abschließen von Sparbüchern einen anteiligen Betrag als Prämie gutgeschrieben. Auszubildende Maria hat für den Abschluss von 60 Sparbüchern eine kleine Prämie von 6,60 € erhalten. Wie viele Sparbücher konnte Auszubildender Max abschließen, wenn er eine Prämie von 8,58 € erhalten hat?

A. 62
B. 64
C. 78
D. 83
E. Keine Antwort ist richtig.

223. Herr Müller erhält monatlich ein Fixgehalt von 5.000 € und eine Umsatzprovision von 4 %. Welchen Umsatz muss er erzielen, um ein Gesamteinkommen von 7.000 € zu erzielen?

A. 48.000 €
B. 50.000 €
C. 50.800 €
D. 51.000 €
E. Keine Antwort ist richtig.

224. Auszubildende Müller und Schöps haben einen Betrag in Höhe von 120 € beim Lottospiel gewonnen. Der Gewinn soll je nach Geldeinsatz aufgeteilt werden. Müller hat 7 € und Schöps 3 € bezahlt. Wie hoch ist der Betrag, den Auszubildender Schöps erhalten müsste?

A. 30 €
B. 32 €
C. 36 €
D. 38 €
E. Keine Antwort ist richtig.

225. Herr Müller möchte eine Prämie von 11.550 € für besondere Leistungen an drei Mitarbeiter ausschütten. Als Verteilungsschlüssel möchte er die Dauer der Betriebszugehörigkeit nutzen.
Mitarbeiter 1 ist mit 6 Jahren doppelt so lange wie Mitarbeiter 2, Mitarbeiter 3 nur halb so lange wie Mitarbeiter 2 im Betrieb tätig.
Wie hoch ist der Betrag, den Mitarbeiter 3 erhalten müsste?

A. 1.000 €

B. 1.500 €

C. 1.600 €

D. 1.650 €

E. Keine Antwort ist richtig.

Lösungen

Zu 221.

C. 5 Stunden

Jeder der beiden anderen Mitarbeiter hat 5 Stunden an dem Projekt gearbeitet.

$(20\,h - 10\,h) \div 2 = 5\,h$

Zu 222.

C. 78

Auszubildender Max hat 78 Sparbücher abgeschlossen.

$6,60\,€ \div 60 = 0,11\,€$

$8,58\,€ \div 0,11 = 78$ Sparbücher

Zu 223.

B. 50.000 €

Herr Müller muss einen Umsatz von 50.000 € erzielen.

$$Grundwert = \frac{Prozentwert \times 100}{Prozentsatz}$$

$$\frac{2.000\,€ \times 100}{4} = 50.000\,€$$

Zu 224.

C. 36 €

Auszubildender Schöps müsste anteilig 36 € vom Gesamtgewinn erhalten.

Gesamtanteile $= 7 + 3 = 10$

$$\frac{120\,€ \times 3}{10} = 36\,€$$

Zu 225.

D. 1.650 €

Mitarbeiter 3 müsste eine Prämie von 1.650 € erhalten.

Mitarbeiter 1 = 6 a

Mitarbeiter 2 = 6 ÷ 2 = 3 a

Mitarbeiter 3 = 3 ÷ 2 = 1,5 a

Gesamtzahl an Jahren = 10,5

$11.550\,€ \div 10,5 = 1.100\,€$

$1,5\,a \times 1.100\,€ = 1.650\,€$

Mathematik

Schätzaufgaben   *Bearbeitungszeit 5 Minuten*

Bei dieser Aufgabe zählen Ihre Kopfrechenkünste. Einen Taschenrechner dürfen Sie hier daher nicht benutzen.

Sie müssen die Aufgaben nicht vollständig ausrechnen – geschicktes Schätzen genügt, um die richtigen Ergebnisse zu finden.

Beantworten Sie bitte die folgenden Aufgaben, indem Sie jeweils den richtigen Buchstaben markieren.

226. 9,757 – 3,649 = ?

    A. 6,108

    B. 5,808

    C. 6,206

    D. 7,456

    E. Keine Antwort ist richtig.

227. 26,8 % von 480 = ?

    A. 98,44

    B. 210,02

    C. 118,98

    D. 128,64

    E. Keine Antwort ist richtig.

228. $\sqrt{48.400} = ?$

    A. 120

    B. 200

    C. 220

    D. 320

    E. 400

229. 1.645 × 3.987 = ?

    A. 3.661.196

    B. 6.558.615

    C. 111.965.515

    D. 987.435

    E. Keine Antwort ist richtig.

230. $^5/_{14} + {}^4/_{27} = ?$

    A. 0,992

    B. 1,202

    C. 0,848

    D. 0,505

    E. Keine Antwort ist richtig.

Lösungen

Zu 226.

A. 6,108

Die letzte Ziffer der Lösung lässt sich berechnen, indem man nur die Endziffern der einzelnen Werte betrachtet:

$57 - 49 = 8$

Die Endziffer des gesuchten Werts lautet also 8. Per Überschlag kann man sich außerdem dem gesuchten Wert annähern:

$9,7 - 3,6 = 6,1$

Beide dieser Bedingungen erfüllt nur Antwort A.

Zu 227.

D. 128,64

Für die Schätzung kann statt 26,8 ein handlicherer Wert von 25 % – das entspricht $\frac{1}{4}$ – angenommen werden. Ein Viertel von 480 ist 120. Das Endergebnis muss leicht darüber liegen.

Zu 228.

C. 220

Da $200 \times 200 = 40.000$ und $300 \times 300 = 90.000$ muss das Ergebnis zwischen 200 und 300 liegen, so dass nur Antwort C richtig sein kann.

Zu 229.

B. 6.558.615

Die letzte Ziffer der Lösung lässt sich berechnen, indem man nur die Endziffern der einzelnen Werte betrachtet:

$5 \times 7 = 35$

Die letzte Ziffer des Endergebnisses ist also 5. Da zwei vierstellige Zahlen multipliziert werden, muss der gesuchte Wert außerdem mindestens siebenstellig, kann aber höchstens achtstellig sein. Beide dieser Bedingungen erfüllt nur Antwort B.

Zu 230.

D. 0,505

Für die Schätzung kann statt $\frac{4}{27}$ der Wert $\frac{4}{28}$ – oder $\frac{2}{14}$ – verwendet werden. Als Annäherung erhält man so:

$\frac{5}{14} + \frac{2}{14} = \frac{7}{14} = 0,5$

Mathematik

Gemischte Textaufgaben   *Bearbeitungszeit 5 Minuten*

Beantworten Sie bitte die folgenden Aufgaben, indem Sie jeweils den richtigen Buchstaben markieren.

231. **Bei einer Bank zahlt Herr Hüllen für eine Mayer Bank-Aktie 52 €. Die Bearbeitungsgebühren betragen 1,5 % des Auftragsvolumens. Herr Hüllen möchte 18 Aktien der Mayer Bank erwerben. Wie hoch ist der Betrag, den Herr Hüllen zahlen muss?**

A. 795,64 €

B. 780,50 €

C. 936,32 €

D. 950,04 €

E. Keine Antwort ist richtig.

232. **Herr Mayer hat einen Sparplan aufgestellt und erwirbt jeden Monat für 100 € eine bestimmte Aktie. Im ersten Monat konnte er 15 Aktien erwerben. Im zweiten Monat konnte er 10 Aktien erwerben. Wie viel Euro hat Herr Mayer im Durchschnitt für eine Aktie gezahlt?**

A. 8 €

B. 10 €

C. 12 €

D. 15 €

E. Keine Antwort ist richtig.

233. **Herr Mayer hat einen Betrag von 3.360 € zur Verfügung. Zuvor hatte er eine bestimmte Anzahl an Aktien zu einem Kurs von 112 € gekauft. Wie viele Aktien kann er nachkaufen, wenn der Aktienkurs um 50 % gestiegen ist?**

A. 10 Aktien

B. 12 Aktien

C. 14 Aktien

D. 16 Aktien

E. Keine Antwort ist richtig.

234. **Herr Mayer hat eine Solaraktie zu einem bestimmten Kurs erworben. Nachdem die Aktie um 50 Prozent eingebrochen ist, hat sie einen aktuellen Kurs von 5 Euro. Um wie viel Prozent muss die Aktie wieder steigen, damit Herrn Mayers Einkaufskurs erreicht ist?**

A. 40 %

B. 50 %

C. 80 %

D. 100 %

E. Keine Antwort ist richtig.

235. **Beim Kauf von Fondsanteilen entstehen Verwaltungs- und Bearbeitungsgebühren in Höhe von zwei Prozent des Kaufwerts. Auszubildender Müller zahlt für 80 Anteile einen Gesamtbetrag von 408 €. Wie hoch sind die Verwaltungs- und Bearbeitungsgebühren?**

A. 6 €

B. 7 €

C. 8 €

D. 9 €

E. Keine Antwort ist richtig.

Lösungen

Zu 231.

D. 950,04 €

Herr Hüllen muss für 18 Aktien 950,04 € zahlen.

$18 \times 52\,€ = 936\,€$

$$\text{Prozentwert} = \frac{\text{Grundwert} \times \text{Prozentsatz}}{100}$$

$$\frac{936\,€ \times 1,5}{100} = 14,04\,€$$

$936\,€ + 14,04\,€ = 950,04\,€$

Zu 232.

A. 8 €

Herr Mayer hat im Durchschnitt 8 € pro Aktie gezahlt.

$100\,€ + 100\,€ = 200\,€$

$10 + 15 = 25$ Aktien

$200\,€ \div 25 = 8\,€$

Zu 233.

E. Keine Antwort ist richtig.

Herr Mayer kann 20 Aktien nachkaufen.

$$\text{Prozentwert} = \frac{\text{Grundwert} \times \text{Prozentsatz}}{100}$$

$$\text{Prozentwert} = \frac{112\,€ \times 150\,\%}{100} = 168\,€$$

$3.360\,€ \div 168\,€ = 20$ Aktien

Zu 234.

D. 100 %

Die Aktie müsste um 100 Prozent steigen.

$$\text{Grundwert} = \frac{\text{Prozentwert} \times 100}{\text{Prozentsatz}}$$

$$\text{Grundwert} = \frac{5\,€ \times 100}{50} = 10\,€$$

$10\,€ - 5\,€ = 5\,€$ Verlust

$$\text{Prozentsatz} = \frac{\text{Prozentwert} \times 100}{\text{Grundwert}}$$

$$\text{Prozentsatz} = \frac{5\,€ \times 100}{5\,€} = 100\,\%$$

Zu 235.

C. 8 €

Die Verwaltungs- und Bearbeitungsgebühren betragen 8 €.

$$\text{Grundwert} = \frac{\text{Prozentwert} \times 100}{\text{Prozentsatz}}$$

$$\text{Grundwert} = \frac{408\,€ \times 100}{102} = 400\,€$$

$408\,€ - 400\,€ = 8\,€$

Mathematik

Textaufgaben mit Diagramm   *Bearbeitungszeit 5 Minuten*

Welche Information liefert das Diagramm?

Bitte analysieren Sie das Schaubild und beantworten Sie die nachfolgenden Aufgaben, indem Sie jeweils den richtigen Buchstaben markieren.

Bundestagswahl 2017

Ergebnisse der Bundestagswahl am 24. September 2017, Zweitstimmenanteile in Prozent; wahlberechtigt waren rund 61,5 Millionen Menschen

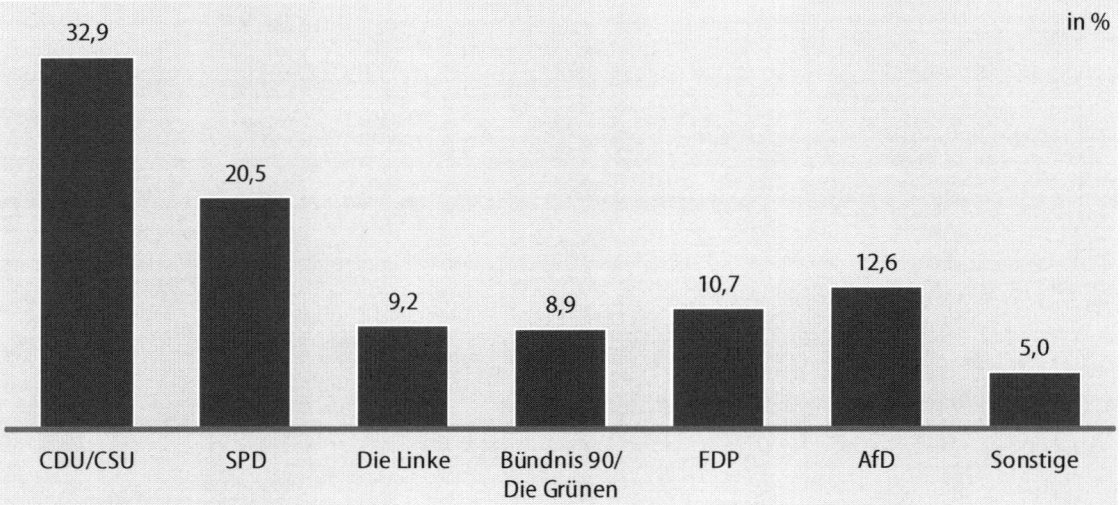

Quelle: Der Bundeswahlleiter

236. **Die Wahlbeteiligung lag bei rund 76,2 %. Wie viele Menschen haben demnach ihre Stimme abgegeben? Runden Sie das Ergebnis bitte auf zwei Nachkommastellen.**

A. 46,86 Mio.

B. 56,23 Mio.

C. 38,45 Mio.

D. 47,91 Mio.

E. Keine Antwort ist richtig.

237. **Wie viele Wahlberechtigte haben für eine Partei gestimmt, die den Sprung über die Fünf-Prozent-Hürde zum Einzug in den Bundestag nicht geschafft hat? Runden Sie das Ergebnis bitte auf zwei Nachkommastellen.**

A. 5,89 Mio.

B. 2,34 Mio.

C. 6,35 Mio.

D. 3,48 Mio.

E. Keine Antwort ist richtig.

238. Bei der Bundestagswahl 2013 erhielten CDU und CSU zusammen 41,5 % der abgegebenen Stimmen. Wahlberechtigt waren damals 61,9 Millionen Bundesbürger, die Wahlbeteiligung lag bei 71,5 %. Wie viele Wählerstimmen haben die beiden Unionsparteien im Vergleich von 2013 zu 2017 absolut verloren? Runden Sie das Ergebnis bitte auf zwei Nachkommastellen.

A. 0,68 Mio. Stimmen

B. 0,95 Mio. Stimmen

C. 2,95 Mio. Stimmen

D. 1,86 Mio. Stimmen

E. Keine Antwort ist richtig.

239. Die Unionsparteien CDU/CSU kamen gemeinsam auf einen Zweitstimmenanteil von 32,9 Prozent. Wie groß wäre der Anteil, wenn dieser nicht auf die Zahl der abgegebenen Stimmen, sondern auf die Gesamtzahl aller Wahlberechtigten bezogen würde? Runden Sie das Ergebnis bitte auf eine Nachkommastelle.

A. 14,6 %

B. 28,5 %

C. 19,4 %

D. 25,1 %

E. Keine Antwort ist richtig.

240. Inklusive Überhang- und Ausgleichsmandaten verfügt der Bundestag nach der Wahl 2017 über 709 Sitze. Wie viele Sitze entfallen dem Zweitstimmenanteil nach auf die SPD?

A. 173

B. 153

C. 85

D. 234

E. Keine Antwort ist richtig.

Lösungen

Zu 236.

A. 46,86 Mio.

Die Zahl der Wähler lässt sich nach folgender Rechnung bestimmen:

$$Prozentwert = \frac{Prozentsatz \times Grundwert}{100}$$

$$Prozentwert = \frac{76,2 \times 61,5\,Mio.}{100} = 46,86\,Mio.$$

Insgesamt haben bei der Bundestagswahl 2017 rund 46,86 Millionen Wahlberechtigte ihre Stimme abgegeben.

Zu 237.

B. 2,34 Mio.

Die nicht im Bundestag vertretenen Parteien werden unter „Sonstige" aufgeführt. Zu berechnen ist also, wie groß ein 5-%-Anteil an den 46,86 Millionen abgegebenen Stimmen ist:

$$Prozentwert = \frac{Prozentsatz \times Grundwert}{100}$$

$$Prozentwert = \frac{5 \times 46,86\,Mio.}{100} = 2,34\,Mio.$$

Etwa 2,34 Millionen Wahlberechtigte stimmten für Parteien, die nicht in den Bundestag einzogen.

Zu 238.

C. 2,95 Mio. Stimmen

Die Gesamtzahl der bei der Bundestagswahl 2013 abgegebenen Stimmen lässt sich nach folgender Rechnung bestimmen:

$$Prozentwert = \frac{Prozentsatz \times Grundwert}{100}$$

$$Prozentwert = \frac{71,5 \times 61,9\,Mio.}{100} = 44,26\,Mio.$$

Insgesamt haben 2013 44,26 Millionen Wahlberechtigte abgestimmt. Der CDU/CSU-Anteil von 41,5 % entspricht folgender Stimmenzahl:

$$Prozentwert = \frac{Prozentsatz \times Grundwert}{100}$$

$$Prozentwert = \frac{41,5 \times 44,26\,Mio.}{100} = 18,37\,Mio.$$

2013 gab es rund 18,37 Millionen CDU/CSU-Stimmen. Auf demselben Rechenweg erhält man für 2017 eine Zahl von 15,42 Millionen Stimmen. Die Differenz von 2013 zu 2017 beträgt:

15,42 Mio. − 18,37 Mio. = −2,95 Mio.

2017 stimmten rund 2,95 Millionen Wähler weniger für die CDU/CSU als noch 2013.

Zu 239.

D. 25,1 %

CDU/CSU haben 32,9 % von 46,86 Millionen abgegebenen Stimmen erhalten. Das entspricht einer Stimmenzahl, die sich wie folgt berechnen lässt:

$$Prozentwert = \frac{Prozentsatz \times Grundwert}{100}$$

$$Prozentwert = \frac{32,9 \times 46,86\,Mio.}{100} = 15,42\,Mio.$$

Wie hoch ist nun der prozentuale Anteil dieser 15,42 Millionen CDU/CSU-Wähler an 61,5 Millionen Wahlberechtigten?

$$Prozentsatz = \frac{Prozentwert \times 100}{Grundwert}$$

$$Prozentsatz = \frac{15,42\,Mio. \times 100}{61,5\,Mio.} = 25,1\%$$

Bezogen auf die Gesamtzahl aller Wahlberechtigten, kommen CDU/CSU auf einen Stimmanteil von 25,1 %. Anders formuliert: Die Unionsparteien erhielten bei der Bundestagswahl

2017 rund 25,1 % der Stimmen aller Wahlberechtigten.

Zu 240.

B. 153

Da die 5 % der „Sonstigen" für die Kräfteverteilung im Bundestag keine Rolle spielen – sie ziehen schließlich gar nicht erst ein – müssen nun die Verhältnisse der im Parlament vertretenen Parteien neu berechnet werden. Die ins Parlament eingezogenen Parteien repräsentieren 95 % aller Wählerstimmen, teilen jedoch 100 % der Sitze im Bundestag unter sich auf. Der 20,5-%-Anteil der SPD vergrößert sich dadurch leicht:

$$\text{Prozentsatz} = \frac{\text{Prozentwert} \times 100}{\text{Grundwert}}$$

$$\text{Prozentsatz} = \frac{20,5 \times 100}{95} = 21,58\,\%$$

21,58 % der Sitze im Bundestag entfallen demnach auf die SPD. Bezogen auf die Gesamtzahl von 709 Sitzen entspricht das:

$$\text{Prozentwert} = \frac{\text{Prozentsatz} \times \text{Grundwert}}{100}$$

$$\text{Prozentwert} = \frac{21,58 \times 709}{100} = 153\,\text{Sitze}$$

Die SPD ist im Bundestag mit 153 Sitzen vertreten.

Ein Wort zum Verteilungsverfahren: Die Prozedur ist hier vereinfacht dargestellt und in Wirklichkeit wesentlich komplexer. Regulär besteht der Bundestag nämlich nur aus 598 Sitzen. Wenn jedoch eine Partei sehr viele Wahlkreise über die Erststimmen (Direktkandidaten) gewinnt, erhält sie eventuell Überhangmandate. Das heißt, sie darf mehr Kandidaten in den Bundestag schicken, als ihr nach Zweitstimmenanteil zustehen würde. Diese Zugewinne werden dann durch Ausgleichsmandate bei anderen Parteien wieder ins Zweitstimmenverhältnis gesetzt – 2017 wuchs der Bundestag so auf 709 Sitze an.

Logisches Denkvermögen

Buchstabenreihe fortsetzen

In diesem Abschnitt haben Sie Buchstabenfolgen, die nach festen Regeln aufgestellt sind.

Ihre Aufgabe besteht darin, für jede Buchstabenreihe die Regel herauszufinden, um den unbekannten Buchstaben am Ende der Reihe zu ermitteln.

Hierzu ein Beispiel

Aufgabe

1.

   A. D
   B. E
   C. F
   D. G
   E. Keine Antwort ist richtig.

Antwort

  Ⓒ F

Bei dieser Buchstabenreihe wird jeder weitere Buchstabe alphabetisch fortgesetzt. Der gesuchte Buchstabe lautet somit F und die richtige Antwort ist C.

Buchstabenreihe fortsetzen   *Bearbeitungszeit 10 Minuten*

Beantworten Sie bitte die folgenden Aufgaben, indem Sie jeweils den richtigen Buchstaben markieren.

241.

| B | X | C | Y | D | ? |

A. E
B. F
C. V
D. Z
E. Keine Antwort ist richtig.

242.

| K | K | L | M | M | N | O | ? |

A. P
B. O
C. Q
D. J
E. Keine Antwort ist richtig.

243.

| F | G | O | P | I | J | O | P | L | ? |

A. O
B. P
C. M
D. K
E. Keine Antwort ist richtig.

244.

| Q | O | M | K | I | G | E | ? |

A. D
B. H
C. C
D. F
E. Keine Antwort ist richtig.

245.

| D | E | F | W | V | ? |

A. T
B. S
C. G
D. U
E. Keine Antwort ist richtig.

246.

| C | E | H | L | ? |

A. D
B. Q
C. M
D. U
E. Keine Antwort ist richtig.

247.

| M | N | O | O | N | M | P | Q | R | ? |

A. M
B. R
C. N
D. O
E. Keine Antwort ist richtig.

248.

A. Q
B. L
C. J
D. K
E. Keine Antwort ist richtig.

249.

A. I
B. L
C. J
D. K
E. Keine Antwort ist richtig.

250.

A. I
B. G
C. H
D. B
E. Keine Antwort ist richtig.

Lösungen

Zu 241.

D. Z

Von den Buchstaben B und X ausgehend wird jeweils abwechselnd ein Buchstabe aufwärts gezählt.

Zu 242.

B. O

Es wird ausgehend vom K im Alphabet aufwärts gezählt. Dabei wird jeder zweite Buchstabe ausgehend vom K doppelt aufgeführt.

Zu 243.

C. M

Die Buchstaben O und P sind mit einer vom F ausgehenden, im Alphabet aufwärts laufenden Buchstabenreihe verschachtelt. Die sich wiederholende Grundregel der von F ausgehenden, mit OP verschachtelten Buchstabenreihe lautet: Gehe einen Buchstaben im Alphabet weiter, füge O und P ein und gehe zwei Buchstaben weiter.

Bewegung in alphabetischer Reihenfolge:

+1 | O | P | +2 | +1 | O | P | +2 | +1

Zu 244.

C. C

Beginnend vom Buchstaben Q wird alphabetisch rückwärtsgehend jeweils ein Buchstabe übersprungen.

Bewegung in alphabetischer Reihenfolge:

−2 | −2 | −2 | −2 | −2 | −2 | −2

Zu 245.

D. U

Beginnend von den Buchstaben D und W werden eine vorwärts- und eine rückwärtslaufende Buchstabenreihe verschachtelt. Nach drei aufeinanderfolgenden Buchstaben wird jeweils in die andere Reihe gewechselt.

Bewegung in alphabetischer Reihenfolge:

D | D + 1 | D + 1 + 1 | W | W − 1 | W − 1− 1

Zu 246.

B. Q

Starten Sie mit dem Buchstaben C und gehen Sie dann in alphabetischer Reihenfolge zwei, drei, vier usw. Buchstaben voran.

Bewegung in alphabetischer Reihenfolge:

+2 | +3 | +4 | +5

Zu 247.

B. R

Ausgehend vom M wird zweimal ein Schritt im Alphabet vorwärtsgezählt, dann zweimal rückwärts, um dann drei Schritte vorwärts zu gehen. Dieses ist die Grundabfolge, die sich wiederholt.

Bewegung in alphabetischer Reihenfolge:

+1 | +1 | 0 | −1 | −1 | +3 | +1 | +1 | 0

Zu 248.

B. L

Gehe startend mit dem Buchstaben F abwechselnd alphabetisch fünf Buchstaben vorwärts und drei zurück.

Bewegung in alphabetischer Reihenfolge:

+5 | −3 | +5 | −3 | +5 | −3

Zu 249.

A. I

Gehe startend mit dem Buchstaben E abwechselnd alphabetisch drei Buchstaben vorwärts, zwei zurück und dann wieder einen vor.

Bewegung in alphabetischer Reihenfolge:

+3 | −2 | +1 | +3 | −2 | +1

Zu 250.

A. I

Starten Sie mit dem Buchstaben E und gehen Sie alphabetisch abwechselnd einen Buchstaben vorwärts, zwei zurück und dann wieder drei vor.

Bewegung in alphabetischer Reihenfolge:

+1 | −2 | +3 | +1 | −2 | +3

Logisches Denkvermögen

Symbolrechnen   *Aufgabenerklärung*

In jeder Aufgabe stehen gleiche Symbole für gleiche Zahlen. Ein Symbol repräsentiert eine Zahl von 0–9, zwei zusammengezogene Symbole entsprechen zweistelligen Zahlen.

Welche Zahl wird durch das gesuchte Symbol repräsentiert?

Hierzu ein Beispiel

Aufgabe

1. **Für welche Zahl steht das Symbol Ω?**
    $\Omega \times \Omega = \Omega$

    A. 4
    B. 3
    C. 2
    D. 1
    E. Keine Antwort ist richtig.

Antwort

 D. 1

Gesucht wird eine Zahl, die mit sich selbst multipliziert sich selbst zum Ergebnis hat – von den Auswahlmöglichkeiten kommt nur die Zahl 1 infrage: $1 \times 1 = 1$.

Symbolrechnen

Bearbeitungszeit 5 Minuten

Beantworten Sie bitte die folgenden Aufgaben, indem Sie jeweils den richtigen Buchstaben markieren.

251. Für welche Zahl steht das Symbol Δ?
$\Delta^2 = \Delta + \Delta + \Delta$

A. 1
B. 3
C. 9
D. 2
E. Keine Antwort ist richtig.

252. Für welche Zahl steht das Symbol Δ?
$\Delta 2 - 1\Delta = \Psi 8$

A. 1
B. 2
C. 4
D. 8
E. Keine Antwort ist richtig.

253. Für welche Zahl steht das Symbol Π?
$(\Omega + 1) \times \Pi = \Omega + 2 + \Omega$

A. 1
B. 9
C. 2
D. 3
E. Keine Antwort ist richtig.

254. Für welche Zahl steht das Symbol ¥?
$\partial ¥ - \partial = ¥\partial$

A. 3
B. 6
C. 8
D. 1
E. Keine Antwort ist richtig.

255. Für welche Zahl steht das Symbol Π?
$\Delta\Delta \times \Omega = \Omega\Pi + \Omega$

A. 0
B. 3
C. 6
D. 8
E. Keine Antwort ist richtig.

Lösungen

Zu 251.

B. 3

Die Quadratzahl der gesuchten Zahl ist zugleich das Dreifache des gesuchten Werts. Dies trifft nur auf Antwort B zu:

$3^2 = 3 \times 3 = 3 + 3 + 3$

Das Symbol Δ steht also für die Zahl 3.

Zu 252.

C. 4

Setzt man die möglichen Antworten für Δ in die Rechnung ein, erkennt man, dass die gesuchte Zahl 4 lauten muss. Denn nur so ergibt die zweite Ziffer des Ergebnisses 8. Die Rechnung lautet:

$42 - 14 = 28$

Zu 253.

C. 2

Die Multiplikation der Klammer (Ω + 1) mit dem gesuchten Wert Π ergibt:

$(\Omega + 1) \times \Pi = \Pi\Omega + \Pi$

Die Addition der Ω ergibt:

$\Omega + 2 + \Omega = 2\Omega + 2$

Setzt man nun die beiden Ergebnisse gleich, sieht man, dass Π eine 2 symbolisiert:

$\Pi\Omega + \Pi = 2\Omega + 2$

Zu 254.

C. 8

Die Rechnung lautet:

Beim Ergebnis sind erste und zweite Ziffer des Ausgangswerts ∂¥ vertauscht. Da der abgezogene Wert ∂ zwischen 0 und 9 liegt, kann die erste Ziffer des Ergebnisses nur um 1 geringer

sein als diejenige des Ausgangswerts, wenn beide nicht identisch sind:

$71 - 9 = 62$ (die erste Ziffer verringert sich von 7 auf 6)

$68 - 9 = 59$ (die erste Ziffer verringert sich von 6 auf 5)

Demnach liegen ∂ und ¥ genau um 1 auseinander. Die Differenz zwischen ∂¥ und ¥∂ beträgt daher für alle beliebigen Werte immer 9:

$32 - 23 = 9$

$54 - 45 = 9$

$87 - 78 = 9$

Das Symbol ∂ steht also für die Zahl 9. Die Rechnung lautet nun:

$9¥ - 9 = ¥9$

Das Symbol ¥ repräsentiert folgerichtig die Zahl 8:

$98 - 9 = 89$

Zu 255.

A. 0

Die rechte Gleichungsseite (ΩΠ + Ω) kann maximal den Wert 107 annehmen (98 + 9 = 107). Die linke Seite der Gleichung darf demnach nur zu einer zweistelligen Elferzahl (11, 22, 33…) im Zahlenraum bis 99 führen: Eine größere Zahl (z. B. 22 × 5 = 110) wäre auf der rechten Gleichungsseite nicht erreichbar.

Wenn die Multiplikation ΔΔ × Ω nun eine zweistellige Elferzahl darstellt, bei der Zehner- und Einerstelle identisch sind, gilt das auch für die Addition ΩΠ + Ω. Am einfachsten wäre es, wenn Π für 0 stünde – dann könnte Ω beliebige Werte von 1–9 annehmen, damit als Ergebnis die Elferzahl ΩΩ resultiert. Und tatsächlich bestätigt sich diese Annahme in Vorschlag A.

Logisches Denkvermögen

Logische Schlussfolgerung   *Bearbeitungszeit 5 Minuten*

In diesem Abschnitt wird Ihre Fähigkeit im Schlussfolgern geprüft.

Mit der Fragestellung der jeweiligen Aufgabe erhalten Sie Aussagen. Ihre Aufgabe besteht darin zu überprüfen, welche der Antworten eine gültige Schlussfolgerung daraus ist. Dabei geht es nicht darum, ob die Behauptungen einen sinnvollen Bezug zur Realität haben, sondern nur darum, welche Folgerung aufgrund der getroffenen Aussage logisch zwingend korrekt ist.

Beantworten Sie bitte die folgenden Aufgaben, indem Sie jeweils den richtigen Buchstaben markieren.

256. **Welche Schlussfolgerung ist logisch richtig, wenn die folgende Behauptung zugrunde gelegt wird? „Im Sommer werden nur montags Weihnachtsmänner verschenkt. Montags ist es immer kalt. Also ..."**

   A. werden Weihnachtsmänner verschenkt, wenn es kalt ist.

   B. werden jeden Montag Weihnachtsmänner verschenkt.

   C. werden im Sommer montags, wenn es kalt ist, Weihnachtsmänner verschenkt.

   D. werden Weihnachtsmänner nur im Sommer verschenkt.

   E. Keine Antwort ist richtig.

257. **Welche Schlussfolgerung ist logisch richtig, wenn die folgende Behauptung zugrunde gelegt wird? „Alle Löwen sind Fische. Alle Fische können schwimmen. Also ..."**

   A. können Löwen nicht schwimmen.

   B. können einige Löwen nicht schwimmen.

   C. können nur einige Löwen schwimmen.

   D. können alle Löwen schwimmen.

   E. Keine Antwort ist richtig.

258. **Welche Schlussfolgerung ist logisch richtig, wenn die folgende Behauptung zugrunde gelegt wird? „Peter arbeitet gerade oder liest ein Buch. Peter liest gerne Geschichtsbücher, aber heute liest er kein Buch."**

   A. Peter arbeitet nicht.

   B. Peter arbeitet.

   C. Peter liest ein Buch.

   D. Peter liest ein Buch, wenn er arbeitet.

   E. Keine Antwort ist richtig.

259. Welche Lampe leuchtet am hellsten?

¬ Lampe Mega ist heller als Lampe Solar.

¬ Lampe Beta ist etwas dunkler als Lampe Delta.

¬ Lampe Delta wird auch als Lampe Gamma bezeichnet.

¬ Lampe Gamma ist genauso hell wie Lampe Xenon.

¬ Lampe Xenon ist dunkler als Lampe Solar.

A. Lampe Delta

B. Lampe Gamma

C. Lampe Mega

D. Lampe Solar

E. Keine Antwort ist richtig.

260. Welche Person ist am größten?

¬ Bernd ist nicht die größte Person, jedoch größer als Alfred.

¬ Klaus ist kleiner als Bernd aber größer als Alfred.

¬ Silke ist das größte Mädchen und für eine Frau sehr groß.

¬ Klaus ist mindestens so groß wie Silke.

A. Alfred

B. Bernd

C. Klaus

D. Silke

E. Keine Antwort ist richtig.

Lösungen

Zu 256.

C. werden im Sommer montags, wenn es kalt ist, Weihnachtsmänner verschenkt.

„Im Sommer werden montags, wenn es kalt ist, Weihnachtsmänner verschenkt" ist die richtige Antwort. Antwort A ist nicht korrekt, da in den Prämissen nur bestimmt ist, dass Weihnachtsmänner im Sommer immer an kalten Montagen verschenkt werden. Die Temperaturen für andere Jahreszeiten sind jedoch nicht bestimmt. Antwort B stimmt nicht. Es werden zwar im Sommer nur montags Weihnachtsmänner verschenkt, das bedeutet aber nicht, dass dies jeden Montag geschieht. Zudem ist unklar, ob und an welchen Tagen in den anderen Jahreszeiten Weihnachtsmänner verschenkt werden. Antwort D ist nicht korrekt, da über die anderen Jahreszeiten keine Auskunft gegeben wird. So kann man nicht wissen, ob das Verschenken der Weihnachtsmänner auf den Sommer beschränkt ist.

Zu 257.

D. können alle Löwen schwimmen.

Wenn alle Löwen Fische sind und alle Fische schwimmen können, dann können alle Löwen schwimmen. Somit ist Antwort D korrekt. Die Antworten A und B sind falsch, da gerade festgestellt wurde, dass alle Löwen schwimmen können. Antwort D ist nicht korrekt, da nicht nur einige, sondern alle Löwen schwimmen können.

Zu 258.

B. Peter arbeitet.

Antwort B ist korrekt. Die Oder-Prämisse („Peter arbeitet gerade oder liest ein Buch") erfordert, dass wenigstens eine der beiden Sachverhalte besteht. Da er kein Buch liest, muss er also arbeiten.

Zu 259.

C. Lampe Mega

Lampe Mega leuchtet am hellsten. Da Lampe Solar dunkler als Lampe Mega ist, kann sie nicht die hellste sein. Lampe Xenon scheidet aus, da sie dunkler als Lampe Solar ist, und Lampe Delta bzw. Gamma, da sie genauso hell wie Lampe Xenon ist. Lampe Beta ist noch dunkler als Lampe Delta und kommt nicht als hellste Lampe infrage. Absteigend nach Helligkeit sortiert: Mega, Solar, Gamma/Delta und Xenon, Beta.

Zu 260.

E. Keine Antwort ist richtig.

Da alle kleiner sind als Bernd, Bernd aber laut den Prämissen nicht der Größte ist, gibt es keine richtige Antwort, sodass Antwort E zutrifft.

Visuelles Denkvermögen

Figuren ergänzen   *Aufgabenerklärung*

In diesem Abschnitt wird Ihr visuelles Denkvermögen getestet.

Sie sehen ein Rechteck mit acht Figuren. Ihre Aufgabe besteht darin, das Fragezeichen durch die entsprechende Figur sinnvoll nach einer bestimmten Regel zu ersetzen.

Hierzu ein Beispiel

Aufgabe

1. **Sie sehen ein Quadrat mit acht Figuren.**

Durch welche der fünf Figuren wird das Fragezeichen logisch ersetzt?

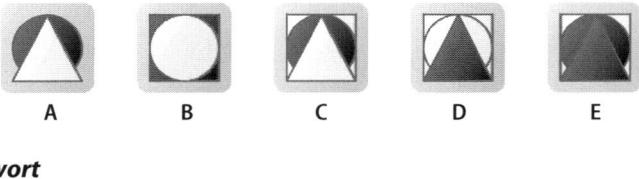

Antwort

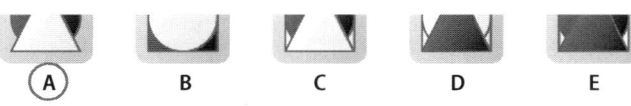

Die beiden linken Figuren einer Reihe werden rechts überlagert, wobei sie ihre Farben tauschen.

Figuren ergänzen

Beantworten Sie bitte die folgenden Aufgaben, indem Sie jeweils den richtigen Buchstaben markieren.

261. Sie sehen ein Rechteck mit acht Objekten. Das Fragezeichen soll sinnvoll nach einer bestimmten Regel ersetzt werden.

Durch welches der fünf Muster wird das Fragezeichen oben logisch ersetzt?

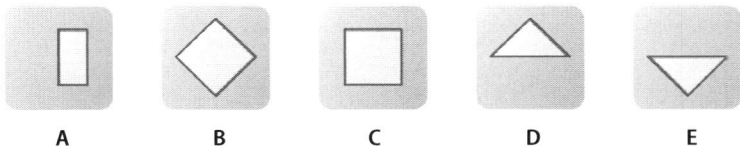

    A   B   C   D   E

262. Sie sehen ein Rechteck mit acht Mustern. Das Fragezeichen soll sinnvoll nach einer bestimmten Regel ersetzt werden.

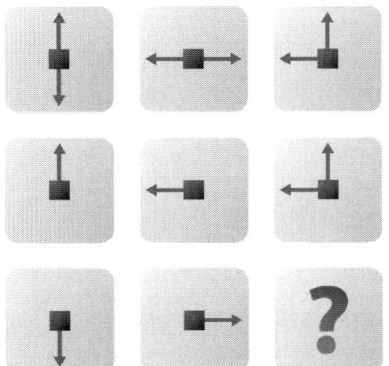

Durch welches der fünf Objekte wird das Fragezeichen oben logisch ersetzt?

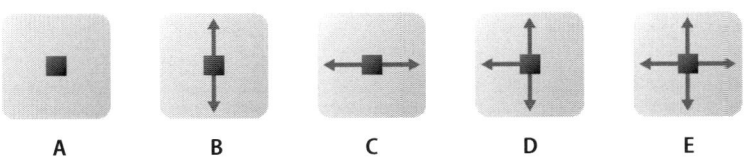

    A   B   C   D   E

263. Sie sehen ein Quadrat mit acht Mustern. Das neunte Muster soll sinnvoll nach einer bestimmten Regel ergänzt werden.

Durch welches der fünf Muster wird das Fragezeichen oben logisch ersetzt?

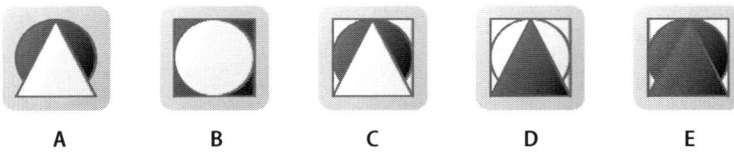

A   B   C   D   E

264. Sie sehen ein Quadrat mit acht Figuren.

Durch welche der fünf Figuren wird das Fragezeichen logisch ersetzt?

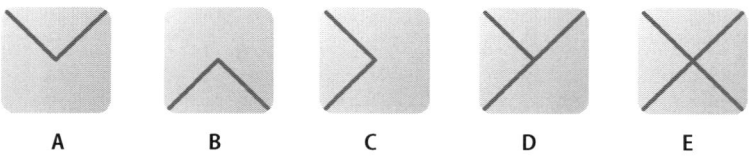

A   B   C   D   E

265. Sie sehen ein Quadrat mit acht Figuren. Das Fragezeichen soll sinnvoll nach einer ersichtlichen Regel ersetzt werden.

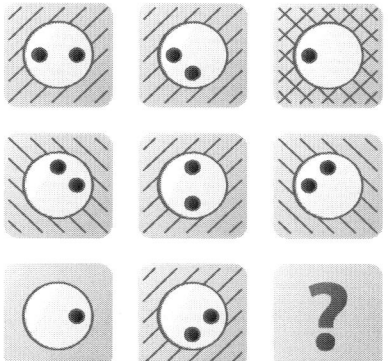

Durch welche der fünf Figuren wird das Fragezeichen logisch ersetzt?

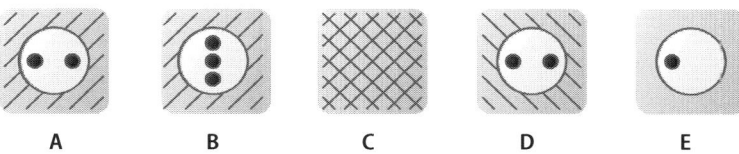

| A | B | C | D | E |

Lösungen

Zu 261.

C

Das Fragezeichen wird durch das Objekt C logisch ersetzt.

Gehen Sie von oben nach unten vor: Die beiden oberen Figuren einer Spalte ergeben aufeinandergelegt das jeweils untere Objekt

Zu 262.

A

Das Fragezeichen wird durch das Objekt A logisch ersetzt.

Gehen Sie von oben nach unten vor: Die beiden oberen Figuren einer Spalte ergeben aufeinandergelegt das jeweils untere Objekt, wobei die doppelt vorhandenen Pfeile entfernt werden müssen.

Zu 263.

A

Das Fragezeichen wird durch das Muster A logisch ersetzt.

Gehen Sie von links nach rechts vor: Die beiden linken Formen einer Spalte ergeben aufeinandergelegt die jeweils rechte Form, wobei die Farben vertauscht werden müssen.

Zu 264.

A

Das Fragezeichen wird durch das Objekt A logisch ersetzt.

Gehen Sie in den einzelnen Spalten von oben nach unten vor. Wird das jeweils oberste Objekt um 90° gegen den Uhrzeigersinn gedreht, erhält man das Objekt der zweiten Reihe. Wird dieses wiederum an einer waagerechten Achse gespiegelt, kommt man auf das jeweils unterste Objekt der Spalte.

Zu 265.

D

Das Fragezeichen wird durch das Objekt D logisch ersetzt.

Gehen Sie von oben nach unten vor.

Jedes Feld zeigt ein Objekt vor einem Hintergrund. Von oben nach unten betrachtet, besteht der Hintergrund des untersten Feldes nur aus demjenigen Muster, das in beiden darüber liegenden Feldern ebenfalls vorkommt. In der linken Spalte sind beispielsweise die obersten Felder vollkommen unterschiedlich gemustert, so dass im untersten Feld als gemeinsames Muster nur eine leere Fläche übrigbleibt. Das Objekt ist ein Kreis mit zwei schwarzen Punkten. Von Feld zu Feld wird nun stets ein Punkt in derselben Position wiederholt, wobei der zweite Punkt um 90° im Uhrzeigersinn gedreht wird.

Erinnerungsvermögen

Figuren und Zahlen einprägen   *Einprägezeit 10 Minuten*

In dieser Aufgabe wird Ihr Kurzzeitgedächtnis geprüft.

Prägen Sie sich bitte ein, welche Figur mit welcher Zahl versehen ist, und ordnen Sie anschließend den einzelnen Figuren wiederum die richtigen Zahlen zu.

Legen Sie bitte Ihre Schreibgeräte zur Seite, denn Notizen dürfen Sie sich in dieser Aufgabe nicht machen.

Zum Einprägen der Zahlen und Figuren haben Sie **10 Minuten** Zeit.

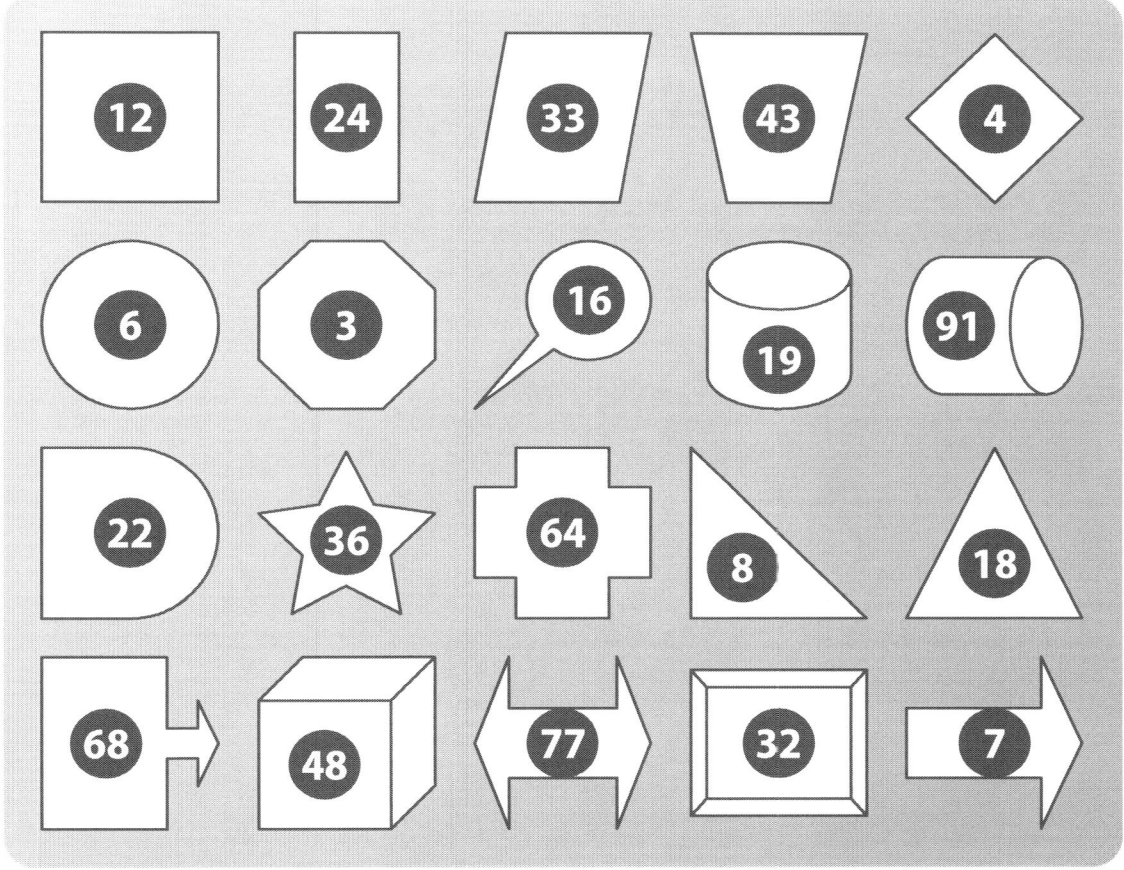

$(!)$ *Hinweis:*

Bei dieser Aufgabe ist keine Unterbrechung notwendig, bitte beginnen Sie direkt mit den Antworten!

Figuren und Zahlen einprägen

Nun wird getestet, wie gut Sie sich die Kombinationen aus Zahlen und Buchstaben eingeprägt haben.

266. Tragen Sie bitte in jede Figur die entsprechende Zahl ein.

Zum Lösen der Aufgabe haben Sie **10 Minuten** Zeit.

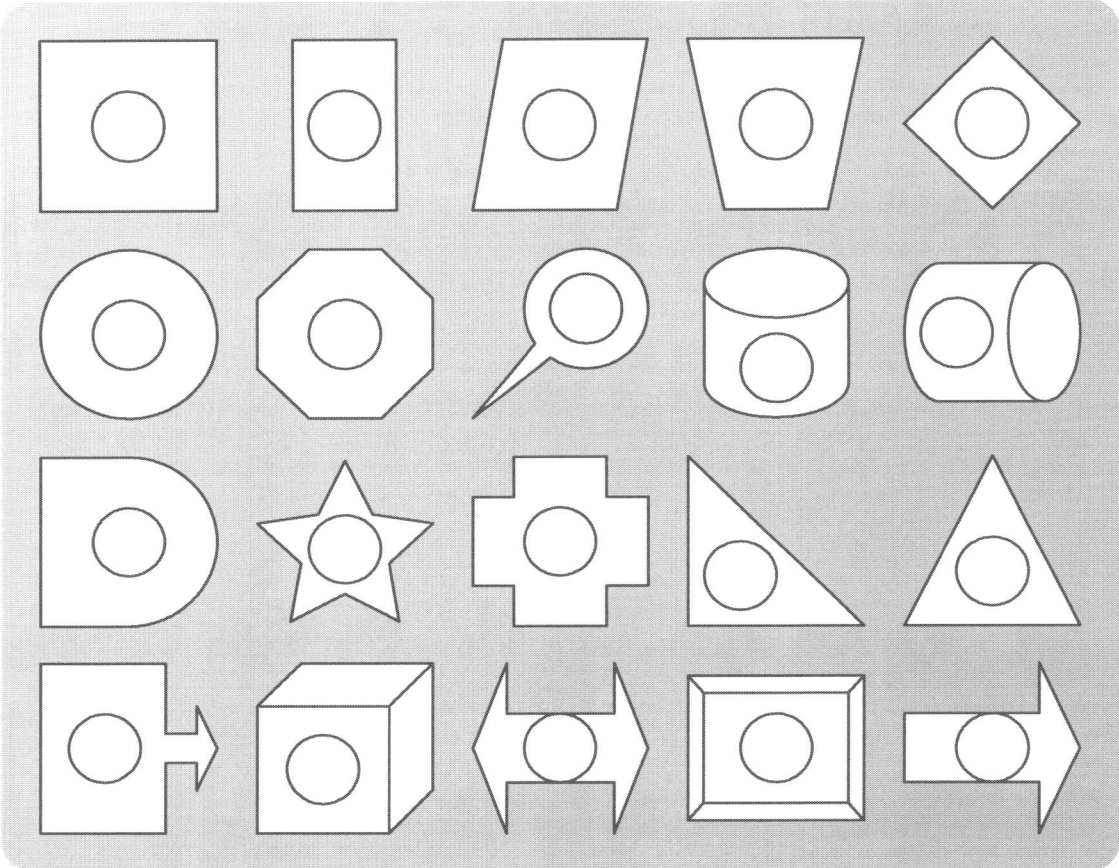

Konzentrationsvermögen

Rechenaufgaben mit doppeltem Hindernis   ***Aufgabenerklärung***

Bei dieser Aufgabe geht es darum, Namen in Zahlenwerte umzuwandeln und damit – je nach Ergebnis – bestimmte Rechenoperationen durchzuführen.

Für die Umrechnung der Namen gilt folgende Regel:

Jeder Konsonant:	1 Punkt
Jeder Vokal:	2 Punkte
Jeder Umlaut:	3 Punkte

Ist der Punktewert des oberen Namens größer als derjenige des unteren Namens, so muss der Wert des unteren Namens von dem des oberen Namens abgezogen werden.

Ist aber der Wert des unteren Namens größer oder gleich demjenigen des oberen Namens, so müssen beide Werte addiert werden.

Hierzu ein Beispiel

Fall 1: Oberer Zahlenwert größer als unterer Zahlenwert

Aufgabe

1. Martin:
    Hans:
    =

Antwort

1. Martin: 8
    Hans: 5
    = 3

Erklärung: 1 + 2 + 1 + 1 + 2 + 1 = 8 (Martin)

1 + 2 + 1 + 1 = 5 (Hans)

8 – 5 = 3 (großes Ergebnis - kleines Ergebnis)

Fall 2: Unterer Zahlenwert größer als oberer Zahlenwert

Aufgabe

2. Hans:
    Martin:
    =

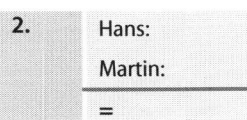

Antwort

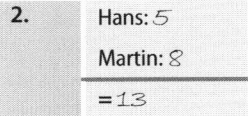

2.	Hans: 5
	Martin: 8
	= 13

Erklärung: 1 + 2 + 1 + 1 = 5 (Hans)

1 + 2 + 1 + 1 + 2 + 1 = 8 (Martin)

8 + 5 = 13 (großes Ergebnis + kleines Ergebnis)

Die Herausforderung dieses Aufgabenteils liegt nicht im mathematischen Anspruch, sondern in der Bewältigung des enormen Zeitdrucks: Gefragt ist hier weniger Ihre Rechenkompetenz als die Fähigkeit, sich auf den Punkt zu konzentrieren.

Behalten Sie die Ruhe, wenn Sie die eine oder andere Aufgabe aus zeitlichen Gründen nicht mehr lösen können. Kaum jemand schafft es, in der vorgesehenen Bearbeitungszeit alle Endergebnisse korrekt zu berechnen.

Rechenaufgaben mit doppeltem Hindernis

Bearbeitungszeit 5 Minuten

Beginnen Sie bitte jetzt mit den Aufgaben und tragen Sie Ihre Ergebnisse in die Zellen ein.

Die Bearbeitungszeit beträgt 5 Minuten.

267.	Theo: Bauer: =	268.	Lisa: Klaus: =	269.	Erika: Erika: =	270.	Lars: Meyer: =
271.	Eva: Wolf: =	272.	Mira: Mai: =	273.	Petra: Tai: =	274.	Klaus: Davor: =
275.	Olaf: Bruno: =	276.	Fritz: Ampel: =	277.	Meyer: Mike: =	278.	Tim: Wenz: =
279.	Karin: Hans: =	280.	Adam: Kraus: =	281.	Perle: Berge: =	282.	Lars: Lauf: =
283.	Ernst: Frank: =	284.	Erika: Timo: =	285.	Elfie: Alf: =	286.	Hans: Öder: =
287.	Dana: Klein: =	288.	Groß: Breit: =	289.	Ahle: Opfer: =	290.	Frank: Hügel: =
291.	Stoss: Mayer: =	292.	Klug: Karl: =	293.	Hary: Sand: =	294.	Ernst: Wald: =
295.	Arnold: Ahring: =	296.	Münch: Ingrid: =	297.	Helga: Mike: =	298.	Uli: Kempe: =

299. Mayer:

Maren:

=

300. Silke:

Sina:

=

301. Spott:

Theo:

=

302. Görtz:

Lehm:

=

303. Ute:

Peter:

=

304. Mahler:

Rohr:

=

305. Jose:

Josef:

=

306. Kai:

Haupt:

=

307. Hans:

Kai:

=

308. Alf:

Klaus:

=

309. Ivonne:

Tom:

=

310. Xenia:

Uli:

=

Lösungen

Zu 267	1+1+2+2=6 1+2+2+2+1=8 6 + 8 = **14**	Zu 268	1+2+1+2=6 1+1+2+2+1=7 6 + 7 = **13**	Zu 269	2+1+2+1+2=8 2+1+2+1+2=8 8 + 8 = **16**	Zu 270	1+2+1+1=5 1+2+1+2+1=7 5 + 7 = **12**
Zu 271	2+1+2=5 1+2+1+1=5 5 + 5 = **10**	Zu 272	1+2+1+2=6 1+2+2=5 6 - 5 = **1**	Zu 273	1+2+1+1+2=7 1+2+2=5 7 - 5 = **2**	Zu 274	1+1+2+2+1=7 1+2+1+2+1=7 7 + 7 = **14**
Zu 275	2+1+2+1=6 1+1+2+1+2=7 6 + 7 = **13**	Zu 276	1+1+2+1+1=6 2+1+1+2+1=7 6 + 7 = **13**	Zu 277	1+2+1+2+1=7 1+2+1+2=6 7 - 6 = **1**	Zu 278	1+2+1=4 1+2+1+1=5 4 + 5 = **9**
Zu 279	1+2+1+2+1=7 1+2+1+1=5 7 - 5 = **2**	Zu 280	2+1+2+1=6 1+1+2+2+1=7 6 + 7 = **13**	Zu 281	1+2+1+1+2=7 1+2+1+1+2=7 7 + 7 = **14**	Zu 282	1+2+1+1=5 1+2+2+1=6 5 + 6 = **11**
Zu 283	2+1+1+1+1=6 1+1+2+1+1=6 6 + 6 = **12**	Zu 284	2+1+2+1+2=8 1+2+1+2=6 8 - 6 = **2**	Zu 285	2+1+1+2+2=8 2+1+1=4 8 - 4 = **4**	Zu 286	1+2+1+1=5 3+1+2+1=7 5 + 7 = **12**
Zu 287	1+2+1+2=6 1+1+2+2+1=7 6 + 7 = **13**	Zu 288	1+1+2+1=5 1+1+2+2+1=7 5 + 7 = **12**	Zu 289	2+1+1+2=6 2+1+1+2+1=7 6 + 7 = **13**	Zu 290	1+1+2+1+1=6 1+3+1+2+1=8 6 + 8 = **14**
Zu 291	1+1+2+1+1=6 1+2+1+2+1=7 6 + 7 = **13**	Zu 292	1+1+2+1=5 1+2+1+1=5 5 + 5 = **10**	Zu 293	1+2+1+1=5 1+2+1+1=5 5 + 5 = **10**	Zu 294	2+1+1+1+1=6 1+2+1+1=5 6 - 5 = **1**
Zu 295	2+1+1+2+1+1=8 2+1+1+2+1+1=8 8 + 8 = **16**	Zu 296	1+3+1+1+1=7 2+1+1+1+2+1=8 7 + 8 = **15**	Zu 297	1+2+1+1-2=7 1+2+1+2=6 7 - 6 = **1**	Zu 298	2+1+2=5 1+2+1+1+2=7 5 + 7 = **12**
Zu 299	1+2+1+2+1=7 1+2+1+2+1=7 7 + 7 = **14**	Zu 300	1+2+1+1+2=7 1+2+1+2=6 7 - 6 = **1**	Zu 301	1+1+2+1+1=6 1+1+2+2=6 6 + 6 = **12**	Zu 302	1+3+1+1+1=7 1+2+1+1=5 7 - 5 = **2**
Zu 303	2+1+2=5 1+2+1+2+1=7 5 + 7 = **12**	Zu 304	1+2+1+1+2+1=8 1+2+1+1=5 8 - 5 = **3**	Zu 305	1+2+1+2=6 1+2+1+2+1=7 6 + 7 = **13**	Zu 306	1+2+2=5 1+2+2+1+1=7 5 + 7 = **12**
Zu 307	1+2+1+1=5 1+2+2=5 5 + 5 = **10**	Zu 308	2+1 +1=4 1+1+2+2+1=7 4 + 7 = **11**	Zu 309	2+1+2+1+1+2=9 1+2+1=4 9 - 4 = **5**	Zu 310	1+2+1+2+2=8 2+1+2=5 8 - 5 = **3**

Prüfung

Bankkaufmann/-frau

Allgemeinwissen

Verschiedene Themen   *Bearbeitungszeit 10 Minuten*

Die folgenden Aufgaben prüfen Ihr Allgemeinwissen.

Zu jeder Aufgabe werden verschiedene Lösungsmöglichkeiten angegeben.

Beantworten Sie bitte die folgenden Aufgaben, indem Sie jeweils den richtigen Buchstaben markieren.

311. Was wird unter dem Begriff „Marshallplan" verstanden?

A. Ein wirtschaftliches Wiederaufbauprogramm der USA, das Asien zugute kam

B. Ein wirtschaftliches Wiederaufbauprogramm der USA, das Westeuropa zugute kam

C. Ein wirtschaftliches Wiederaufbauprogramm der USA, das Südafrika zugute kam

D. Ein wirtschaftliches Wiederaufbauprogramm der USA, das Australien zugute kam

E. Keine Antwort ist richtig.

312. Wen meint man mit dem Begriff „Tigerstaaten"?

A. Afrikanische Staaten mit hohem Anteil an Savanne

B. Indien, Bangladesch, Pakistan

C. Wirtschaftlich schnell wachsende Staaten in Südostasien

D. Asiatische Staaten mit einem Tiger im Staatswappen

E. Keine Antwort ist richtig.

313. Was geschah am 3. Oktober 1990?

A. Deutsche Wiedervereinigung

B. Französische Revolution

C. Tag des Mauerfalls

D. Einführung des Euro

E. Keine Antwort ist richtig.

314. Bundeskanzler Willy Brandt drückte auf der Deutschen Funk-Ausstellung 1967 auf einen kleinen roten Knopf und startete damit …?

A. das Farbfernsehen.

B. die Datenfernübertragung per Telefax.

C. den ersten deutschen TV-Satelliten.

D. den Vorläufer des Internets.

E. Keine Antwort ist richtig.

315. Wer war der erste Mensch am Südpol?

A. Reinhold Messner

B. Roald Amundsen

C. Hjalmar Sudstrom

D. Thor Heyerdahl

E. Keine Antwort ist richtig.

316. Was entdeckte der Seefahrer Vasco da Gama?

A. Atlantis

B. Die Kanarischen Inseln

C. Hawaii

D. Den Seeweg nach Indien

E. Keine Antwort ist richtig.

317. Von wem stammt der Ausspruch „Ich denke, also bin ich"?

A. Baruch Spinoza

B. René Descartes

C. Friedrich Nietzsche

D. Immanuel Kant

E. Keine Antwort ist richtig.

318. Welcher deutsche Barockmusiker komponierte „Das Wohltemperierte Klavier"?

A. Gustav Mahler

B. Johann Sebastian Bach

C. Joseph Haydn

D. Ludwig van Beethoven

E. Keine Antwort ist richtig.

319. Unter welcher Bezeichnung ist die „Boeing 747" noch bekannt?

A. Antonow

B. Tupolew

C. Jumbo Jet

D. Airbus

E. Keine Antwort ist richtig.

320. Was wird mit einem Barometer gemessen?

- A. Temperatur
- B. Luftfeuchtigkeit
- C. Luftdruck
- D. Kohlendioxidgehalt
- E. Keine Antwort ist richtig.

Lösungen

Zu 311.

B. Ein wirtschaftliches Wiederaufbaupro-gramm der USA, das Westeuropa zugute kam

Unter dem Begriff „Marshallplan", benannt nach dem US-Außenminister George C. Mars-hall, versteht man das wirtschaftliche Aufbau-programm der USA für Westeuropa nach dem Zweiten Weltkrieg. Diese Hilfe bestand aus Krediten, Rohstoffen und Waren mit einem heutigen Gegenwert von 75 Milliarden €.

Zu 312.

C. Wirtschaftlich schnell wachsende Staaten in Südostasien

Der Begriff „Tigerstaaten" wurde in den 80er-Jahren für die damals schnell wachsenden Volkswirtschaften in Südkorea, Taiwan, Singa-pur und Hongkong geprägt. Sie schafften in dieser Zeit den Sprung von Entwicklungs- zu Industrieländern. Die Wirtschaftskrise in Asien 1997 zog auch diese Staaten in Mitleidenschaft. Ihre wirtschaftliche Entwicklung hat mittlerwei-le an Dynamik verloren, ist aber weitgehend stabil.

Zu 313.

A. Deutsche Wiedervereinigung

Am 3. Oktober 1990 trat die DDR dem Gel-tungsbereich des Grundgesetzes der Bundes-republik Deutschland bei. Wie im Einigungsver-trag festgelegt, gilt der 3. Oktober („Tag der Deutschen Einheit") seitdem als offizieller Nati-onalfeiertag.

Zu 314.

A. das Farbfernsehen.

Willy Brandt (1913–1992) gab durch den de-monstrativen Knopfdruck auf der 25. Großen

Deutschen Funk-Ausstellung 1967 das Signal zur Umstellung auf das Farbfernsehen. Durch ein Missgeschick stellten die Techniker jedoch schon einen kurzen Augenblick vor dem Knopfdruck des Kanzlers auf das Farbsignal um – dies wurde mit der hohen Empfindlichkeit des Schalters zu begründen versucht. Seit die-sem Tag werden in Deutschland Fernsehsen-dungen in Farbe ausgestrahlt.

Zu 315.

B. Roald Amundsen

Roald Amundsen (1872–1928) erreichte am 14. Dezember 1911 als erster Mensch mit den vier Begleitern seiner Expedition den Südpol. Damit kam er seinem britischen Rivalen Robert F. Scott um 35 Tage zuvor.

Zu 316.

D. Den Seeweg nach Indien

Der portugiesische Seefahrer Vasco da Gama (1469–1524) segelte von 1497 bis 1498 mit einer Flotte von vier Schiffen von Lissabon aus um das Kap der Guten Hoffnung nach Indien. Bis zu diesem Zeitpunkt war in Europa nur der Landweg zu dem Subkontinent bekannt.

Zu 317.

B. René Descartes

René Descartes lebte 1596 bis 1650 und war ein französischer Philosoph, Mathematiker und Naturwissenschaftler. Descartes gilt als der Begründer des modernen frühneuzeitlichen Rationalismus, der auch Cartesianismus ge-nannt wird. Er ist berühmt für das Diktum „co-gito ergo sum" („ich denke, also bin ich"), das die Grundlage seiner Metaphysik bildet. Descartes betrachtet Geist und Materie als zwei voneinander verschiedene und unabhängige

Substanzen, was heute als „Cartesianischer Dualismus" bezeichnet wird.

Zu 318.

B. Johann Sebastian Bach

Johann Sebastian Bach lebte 1685 bis 1750 und war ein deutscher Komponist des Barocks. Er gilt heute als einer der größten Tonschöpfer aller Zeiten, der die spätere Musik wesentlich beeinflusst hat und dessen Werke im Original und in zahllosen Bearbeitungen weltweit präsent sind. Besonders bekannte Werke sind die „Matthäus-Passion", die „Johannes-Passion", die „h-Moll-Messe", das „Weihnachtsoratorium", „Die Kunst der Fuge", die „Brandenburgischen Konzerte", das „Wohltemperierte Klavier", die „Goldberg-Variationen" und die Orchestersuiten.

Zu 319.

C. Jumbo Jet

Die „Boeing 747" ist – aufgrund ihrer Größe angelehnt an den Elefanten „Jumbo" – auch als „Jumbo-Jet" bekannt. Produziert wird das vierstrahlige Großraumflugzeug vom US-amerikanischen Flugzeughersteller „Boeing"; seit seinem Erstflug 1969 gehört es zu den bekanntesten und meistgenutzten Flugzeugen überhaupt.

Zu 320.

C. Luftdruck

Ein Barometer dient zur Bestimmung des Luftdrucks und findet in den unterschiedlichsten Formen und Typen vor allem in der Meteorologie Anwendung. Barometer gehören als Standardinstrumente zu nahezu jeder Wetterstation. Da der Luftdruck mit der Höhe abnimmt, dienen sie auch als Höhenmesser in Flugzeugen.

Fachbezogenes Wissen

Branche und Beruf   *Bearbeitungszeit 10 Minuten*

Mit den folgenden Aufgaben wird Ihr fachbezogenes Wissen geprüft.

Beantworten Sie bitte die folgenden Aufgaben, indem Sie jeweils den richtigen Buchstaben markieren.

321. Worauf zielt eine auf *Shareholder Value* fokussierte Unternehmenspolitik ab?

A. Effektives Krisenmanagement

B. Maximierung des Kurswerts der Unternehmensanteile (Aktien)

C. Kundenorientierte Produktentwicklung

D. Langfristigen Geschäftserfolg

E. Keine Antwort ist richtig.

322. Was ist eine Kreditlinie?

A. Die vertraglich vereinbarten Rückzahlungsmodalitäten

B. Die vertraglich vereinbarten Kreditkonditionen

C. Die vertraglich vereinbarte Laufzeit eines Kredites

D. Der finanzielle Rahmen, den eine Bank einem Kreditnehmer gewährt

E. Keine Antwort ist richtig.

323. Was wird unter „Goldparität" verstanden?

A. Der Wert einer Goldmünze

B. Der Wert eines Goldbarrens

C. Die Auflösung von Goldreserven in eine Währung

D. Der Wert einer Währungseinheit, ausgedrückt in Goldwert

E. Keine Antwort ist richtig.

324. Wie könnte sich eine tarifliche Lohnerhöhung auf den Konsum der privaten Haushalte auswirken?

A. Durch eine tarifliche Lohnerhöhung steigt das verfügbare Einkommen, was i. d. R. zu einer erhöhten Nachfrage der privaten Haushalte führt.

B. Durch eine tarifliche Lohnerhöhung verändert sich das Konsumverhalten der privaten Haushalte unwesentlich, da die Inflationsrate fällt.

C. Durch die gestiegenen Lohnkosten sinken gleichzeitig die Lohnnebenkosten für die Unternehmen.

D. Durch eine Erhöhung des verfügbaren Einkommens der privaten Haushalte sinken die Steuereinnahmen des Staates.

E. Keine Antwort ist richtig.

325. Was wird unter „Giralgeld" verstanden?

A. Devisen

B. Banknoten

C. Buchgeld

D. Münzen

E. Keine Antwort ist richtig.

326. Welche Auswirkung könnte eine Aufwertung des Dollars für die deutsche Wirtschaft haben?

A. Die Importe werden günstiger.

B. Es wird mehr importiert.

C. Der Urlaub in den USA wird günstiger.

D. Die Importe werden teurer.

E. Keine Antwort ist richtig.

327. Welche zählt zu den indirekten Steuern?

A. Die Einkommenssteuer

B. Die Vermögenssteuer

C. Die Lohnsteuer

D. Die Umsatzsteuer

E. Keine Antwort ist richtig.

328. **Was ist das Bruttonationaleinkommen?**

A. Die Summe aller Güter und Dienstleistungen, die von einer Volkswirtschaft in einem Jahr zur letzten Verwendung erbracht werden

B. Die Differenz aller Güter und Dienstleistungen, die eine Volkswirtschaft im Vergleich zum Vorjahr erbringt

C. Die Differenz aller Güter und Dienstleistungen, die die Weltwirtschaft im Vergleich zum Vorjahr erbringt

D. Die Summe aller Güter und Dienstleistungen, die von der Weltwirtschaft in einem Jahr zur letzten Verwendung erbracht werden

E. Keine Antwort ist richtig.

329. **Welche Aussage zum Marktanteil einer Industriehandelsgesellschaft ist richtig?**

A. Der Marktanteil der Industriehandelsgesellschaft nimmt automatisch zu, wenn der Verkaufspreis für ein Erzeugnis gesenkt wird.

B. Der Marktanteil der Industriehandelsgesellschaft lässt sich von der Qualität der hergestellten Erzeugnisse ableiten.

C. Der Marktanteil der Industriehandelsgesellschaft kann ermittelt werden, wenn der Umsatz und die Mengen des betreffenden Gesamtmarktes für ein Erzeugnis bekannt sind.

D. Der Marktanteil der Industriehandelsgesellschaft ist aussagekräftig für deren Gewinn.

E. Keine Antwort ist richtig.

330. **Wodurch wird in Deutschland das Eigenkapital von Banken festgelegt, das diese für Kredite hinterlegen müssen?**

A. Gar nicht – das liegt im Ermessen der Bank.

B. Durch die Ausfallwahrscheinlichkeit der Kredite

C. Durch den Gesamtumsatz der Bank

D. Nur durch die Anzahl der Kredite

E. Keine Antwort ist richtig.

Lösungen

Zu 321.

B. Maximierung des Kurswerts der Unternehmensanteile (Aktien)

Shareholder Value bezeichnet den Vermögenswert (engl. „value"), den ein Anteilseigner (engl. „shareholder") des Unternehmens besitzt. Dieser Wert ergibt sich aus der Anzahl der vom jeweiligen Eigner gehaltenen Aktien multipliziert mit dem Kurswert der Aktie. Eine auf *Shareholder Value* abzielende Unternehmenspolitik versucht, den Kurswert der Unternehmensanteile zu maximieren.

Zu 322.

D. Der finanzielle Rahmen, den eine Bank einem Kreditnehmer gewährt

Als Kreditlinie wird der finanzielle Rahmen bezeichnet, bis zu dem ein Kreditnehmer Kredit erhält. Eine Kreditlinie ist ein sogenannter revolvierender Kredit, der nach zwischenzeitlicher Rückführung bis zum Laufzeitende oder bis zur Kündigung immer wieder neu in Anspruch genommen werden kann. Da kein Ausschöpfungsgrad festgelegt ist, muss die Kreditlinie nicht zwingend bis zur gewährten Höhe in Anspruch genommen werden – eine nicht ausgenutzte Kreditlinie bezeichnet man als „offene Kreditlinie". Die Einräumung einer Kreditlinie an Privatkunden geschieht in der Regel als Dispositionskredit. Auch zwischen Staaten und im innerdeutschen Handel werden Kreditlinien im Rahmen gegenseitiger Verrechnungsabkommen eingeräumt.

Zu 323.

D. Der Wert einer Währungseinheit, ausgedrückt in Goldwert

Es handelt sich um einen Sonderfall der Wechselkursparität: Als Goldparität bezeichnet man das staatlich oder durch internationale Vereinbarungen festgelegte Wertverhältnis einer Währungseinheit gegenüber Gold – also diejenige Goldmenge, die man für eine Währungseinheit erhält. Der Währungswert wird demnach über den Goldwert festgelegt.

Zu 324.

A. Durch eine tarifliche Lohnerhöhung steigt das verfügbare Einkommen, was i. d. R. zu einer erhöhten Nachfrage der privaten Haushalte führt.

Die Konsumentennachfrage wird über den Preis, den Nutzen des Gutes und das zu Verfügung stehende Einkommen beeinflusst. Die Nachfrage der privaten Haushalte hängt also unter anderem vom Faktor Lohn ab, auch wenn erfahrungsgemäß nicht die gesamte Lohnerhöhung dem Konsum zugute kommt.

Zu 325.

C. Buchgeld

„Giralgeld" ist eine andere Bezeichnung für Buchgeld, womit das liquidierbare Bankguthaben auf dem Konto gemeint ist, im Gegensatz zu Bargeld, das in Form von Münzen und Scheinen physisch zur Verfügung steht. Buchgeld stellt neben dem sogenannten E-Geld eine Form des bargeldlosen Zahlungsverkehrs dar.

Zu 326.

D. Die Importe werden teurer.

Eine Dollaraufwertung bedeutet für Deutschland, dass sich Waren, die in Dollar bezahlt werden, verteuern.

Wechselkursveränderungen sind ein einflussreicher Faktor der gesamtwirtschaftlichen Entwicklung eines Landes und seiner Handelspartner. Die Auswirkungen sind sehr vielförmig, ihre volle Entwicklung erreichen sie erst über einen längeren Zeitraum. Eine Abwertung der inländischen oder Aufwertung einer ausländischen Währung bewirkt direkt einen Anstieg der Importpreise und somit des Konsumentenpreisindex. Mittelfristig bedeutet eine Aufwertung einen Verlust an Wettbewerbsfähigkeit der inländischen Unternehmer, da die exportierten Güter im Ausland teurer werden. Dagegen wirkt sich eine Abwertung stimulierend auf die Exportwirtschaft aus. Somit haben Wechselkursänderungen Auswirkungen auf die Inflationsentwicklung. Eine inländische Abwertung oder ausländische Aufwertung hat zur Folge, dass Inländer weniger Güter kaufen können, wodurch das real verfügbare Einkommen sinkt, da die Verbraucher mehr Geld für importierte Güter ausgeben müssen. Umgekehrt wirkt eine inländische Aufwertung oder ausländische Abwertung inflationsbremsend, da das real verfügbare Einkommen steigt.

Zu 327.

D. Die Umsatzsteuer

Bei der Erhebung von Steuern wird zwischen direkten und indirekten Steuern unterschieden. Bei direkten Steuern sind Steuerschuldner und Steuerträger personenidentisch, d. h. der Steuerpflichtige ist auch der wirtschaftlich Belastete. Direkte Steuern, z. B. die Einkommensteuer, werden unmittelbar bei dem Steuerschuldner festgesetzt und erhoben. Direkte Steuern werden auf das Einkommen und das Vermögen erhoben, wie Lohnsteuer, Körperschaftssteuer, Solidaritätszuschlag und Zinsabschlagssteuer, sowie auf den privaten Verbrauch, wie z. B. Kfz-Steuer und Hundesteuer.

Dagegen sind Steuerschuldner und Steuerträger bei den indirekten Steuern nicht identisch. Hier ist die Steuer auf einen Dritten übertragen, sodass sie nicht von der effektiv wirtschaftlich belasteten Person, sondern stellvertretend von

einer anderen Person an die Finanzbehörden abgeführt wird. Zu den indirekten Steuern zählen die Umsatz- und Verbrauchssteuern, wie z. B. Mehrwertsteuer, Energiesteuer, Tabaksteuer, Stromsteuer, Biersteuer, Branntweinsteuer und Lotteriesteuer.

Zu 328.

A. Die Summe aller Güter und Dienstleistungen, die von einer Volkswirtschaft in einem Jahr zur letzten Verwendung erbracht werden

Das Bruttonationaleinkommen (früher „Bruttosozialprodukt" genannt), ist der Wert der Endprodukte und Dienstleistungen, die in einer bestimmten Periode durch Produktionsfaktoren, die sich im Eigentum von Inländern befinden, produziert werden – unabhängig davon, ob sich die Produktion im In- oder Ausland befindet.

Zu 329.

C. Der Marktanteil der Industriehandelsgesellschaft kann ermittelt werden, wenn der Umsatz und die Mengen des betreffenden Gesamtmarktes für ein Erzeugnis bekannt sind.

Der Marktanteil eines Unternehmens ist der Absatz- oder Umsatzanteil gemessen am Absatz bzw. Umsatz der Branche. Zur Berechnung des Marktanteils benötigt das Unternehmen das eigene Absatzvolumen und das gesamte Marktvolumen. So kann entweder ein Mengen- oder ein Umsatzanteil berechnet werden.

Zu 330.

B. Durch die Ausfallwahrscheinlichkeit der Kredite

Das zur Absicherung ausfallender Kredite vorzuhaltende Eigenkapital richtet sich nach deren Ausfallwahrscheinlichkeit. Diese Regelung empfahl der Basler Ausschuss für Bankenaufsicht im Rahmen seiner Gesamtrichtlinien für den Finanzmarkt (Basel II); sie wurde als EU-Richtlinie zum Januar 2007 rechtskräftig.

Sprachbeherrschung

Kommasetzung   *Bearbeitungszeit 5 Minuten*

Bei diesen Aufgaben geht es darum, die richtige Kommasetzung zu erkennen.

Beantworten Sie bitte die folgenden Aufgaben, indem Sie jeweils den Lösungsbuchstaben des richtig interpunktierten Satzes markieren.

331.

A. Sie ging zu ihrem Ausbildungsplatz und sie war, sich sicher, dass sie eine gute Wahl getroffen hatte.

B. Sie ging zu ihrem Ausbildungsplatz und sie war sich sicher, dass sie eine gute Wahl getroffen hatte.

C. Sie ging zu ihrem Ausbildungsplatz, und sie war sich sicher, dass sie eine, gute Wahl getroffen hatte.

D. Sie ging zu ihrem Ausbildungsplatz, und sie war sich sicher dass sie eine gute Wahl getroffen hatte.

E. Keine Antwort ist richtig.

332.

A. Man kann davon ausgehen, dass das Bild, das man von sich selbst hat oft ein Wunschbild ist.

B. Man kann davon ausgehen, dass das Bild, das man von sich selbst hat, oft ein Wunschbild ist.

C. Man kann davon ausgehen dass das Bild, das man von sich selbst hat, oft ein Wunschbild ist.

D. Man kann davon ausgehen, dass das Bild das man von sich selbst hat, oft ein Wunschbild ist.

E. Keine Antwort ist richtig.

333.

A. Eine wichtige Entscheidung, die das weitere Leben maßgeblich bestimmen kann, ist eine gut überlegte, aktive Auswahl des Ausbildungsplatzes.

B. Eine wichtige Entscheidung, die das weitere Leben maßgeblich bestimmen kann, ist eine gut überlegte aktive Auswahl des Ausbildungsplatzes.

C. Eine wichtige Entscheidung, die das weitere Leben maßgeblich bestimmen kann ist eine gut überlegte aktive Auswahl des Ausbildungsplatzes.

D. Eine wichtige Entscheidung, die das weitere Leben maßgeblich bestimmen kann ist eine gut überlegte, aktive Auswahl des Ausbildungsplatzes.

E. Keine Antwort ist richtig.

334.

A. Nicht der Bewerber, der den größten Aufwand betreibt, ist ein vielversprechender Kandidat, sondern derjenige dem es gelingt sich zielgerichtet vorzubereiten.

B. Nicht der Bewerber, der den größten Aufwand betreibt, ist ein vielversprechender Kandidat, sondern derjenige, dem es gelingt, sich zielgerichtet vorzubereiten.

C. Nicht der Bewerber der den größten Aufwand betreibt ist ein vielversprechender Kandidat, sondern derjenige, dem es gelingt, sich zielgerichtet vorzubereiten.

D. Nicht der Bewerber der den größten Aufwand betreibt, ist ein vielversprechender Kandidat, sondern derjenige, dem es gelingt, sich zielgerichtet vorzubereiten.

E. Keine Antwort ist richtig.

335.

A. Menschen, die Vorurteile haben diese aber aufgrund objektiver Tatsachen ablegen, sind nur voreingenommen.

B. Menschen die Vorurteile haben diese aber aufgrund objektiver Tatsachen ablegen, sind nur voreingenommen.

C. Menschen die Vorurteile haben, diese aber aufgrund objektiver Tatsachen ablegen, sind nur voreingenommen.

D. Menschen, die Vorurteile haben, diese aber aufgrund objektiver Tatsachen ablegen, sind nur voreingenommen.

E. Keine Antwort ist richtig.

Lösungen

Zu 331.

B. Sie ging zu ihrem Ausbildungsplatz und sie war sich sicher, dass sie eine gute Wahl getroffen hatte.

Das Komma trennt einen Nebensatz vom Hauptsatz ab.

Zu 332.

B. Man kann davon ausgehen, dass das Bild, das man von sich selbst hat, oft ein Wunschbild ist.

Das erste Komma leitet einen Nebensatz ein, in den ein Relativnebensatz eingeschoben ist, was durch das zweite und dritte Komma gekennzeichnet ist.

Zu 333.

A. Eine wichtige Entscheidung, die das weitere Leben maßgeblich bestimmen kann, ist eine gut überlegte, aktive Auswahl des Ausbildungsplatzes.

Die ersten beiden Kommata grenzen einen eingeschobenen Relativsatz vom Hauptsatz ab. Das dritte Komma resultiert aus einer Aufzählung.

Zu 334.

B. Nicht der Bewerber, der den größten Aufwand betreibt, ist ein vielversprechender Kandidat, sondern derjenige, dem es gelingt, sich zielgerichtet vorzubereiten.

Die ersten beiden Kommata trennen den Hauptsatz von einem eingeschobenen Relativsatz. Mit dem dritten Komma und der Konjunktion „sondern" beginnt ein Konjunktionalnebensatz. Das vierte und fünfte Komma trennen einen eingeschobenen Relativnebensatz von dem Konjunktionalnebensatz ab.

Zu 335.

D. Menschen, die Vorurteile haben, diese aber aufgrund objektiver Tatsachen ablegen, sind nur voreingenommen.

Das erste Komma kennzeichnet den Beginn eines Relativnebensatzes. Mit dem zweiten Komma endet der Relativnebensatz, und es beginnt ein Konjunktionalnebensatz, der durch das dritte Komma beendet wird.

Sprachbeherrschung

Bedeutung von Sprichwörtern   *Bearbeitungszeit 5 Minuten*

Bei diesen Aufgaben geht es darum, für die jeweiligen Sprichwörter die richtige Bedeutung zu erkennen.

Beantworten Sie bitte die folgenden Aufgaben, indem Sie den Lösungsbuchstaben derjenigen Aussage markieren, die dem vorgestellten Sprichwort sinngemäß am nächsten kommt.

336. Der Krug geht so lange zum Brunnen, bis er bricht.

- A. Etwas geht meistens gut.
- B. Etwas geht nicht auf Dauer gut.
- C. Dinge sind ersetzbar.
- D. Etwas geht häufig gut.
- E. Keine Antwort ist richtig.

337. Eine Schlange am Busen nähren.

- A. Viele Menschen sind falsch.
- B. Falschen Freunden vertrauen
- C. Es ist gut, jemandem zu vertrauen.
- D. Ein krankes Tier aufziehen
- E. Keine Antwort ist richtig.

338. Lieber den Spatz in der Hand als die Taube auf dem Dach.

- A. Spatzen sind die wertvolleren Vögel.
- B. Nur das Risiko birgt auch einen großen Gewinn.
- C. Ein sicherer kleiner Nutzen ist einem unsicheren großen Nutzen vorzuziehen.
- D. Ein Risiko einzugehen lohnt sich oft nicht.
- E. Keine Antwort ist richtig.

339. Die Katze im Sack kaufen.

- A. Man erwirbt etwas, ohne es vorher geprüft zu haben.
- B. Risikobereitschaft lohnt sich nicht.
- C. Viele Leute scheitern aufgrund zu hoher Risikobereitschaft.
- D. Etwas Wertvolles bleibt oft unerkannt.
- E. Keine Antwort ist richtig.

340. Wo Rauch ist, ist auch Feuer.

- A. Vorwürfe sind oft berechtigt.
- B. Wenn es raucht, dann wird es schnell gefährlich.
- C. Es gibt keinen Rauch ohne Feuer.
- D. Anhand von Rauch lässt sich Feuer entdecken.
- E. Keine Antwort ist richtig.

Lösungen

Zu 336.

B. Etwas geht nicht auf Dauer gut.

Dieses Sprichwort kann verschieden ausgelegt werden. Allgemein bedeutet es, dass alles einmal zu Ende geht. Zugespitzt kann es bedeuten, dass etwas nicht auf Dauer gut geht oder jedes Unrecht irgendwann bestraft wird.

Zu 337.

B. Falschen Freunden vertrauen

„Eine Schlange am Busen nähren" bedeutet, unaufrichtigen Personen zu vertrauen, die nur so tun, als ob sie Freunde wären.

Zu 338.

C. Ein sicherer kleiner Nutzen ist einem unsicheren großen Nutzen vorzuziehen.

Diese Redensart empfiehlt, lieber einen kleinen Nutzen zu realisieren, als in Aussicht auf einen großen, aber unsicheren Nutzen am Ende leer auszugehen. Sicherheit vor Risiko also.

Zu 339.

A. Man erwirbt etwas, ohne es vorher geprüft zu haben.

„Die Katze im Sack zu kaufen" bedeutet, etwas zu kaufen, ohne es zuvor gesehen und/oder geprüft zu haben. Man lässt sich auf etwas Unbekanntes ein.

Zu 340.

A. Vorwürfe sind oft berechtigt.

Diese Redewendung soll besagen, dass Gerüchte oft etwas Wahres enthalten.

Sprachbeherrschung

Sätze puzzeln   ***Bearbeitungszeit 10 Minuten***

Bei dieser Aufgabe geht es darum, die vorgegebenen Satzstücke in die richtige Reihenfolge zu setzen, damit die einzelnen Satzstücke einen vollständigen Satz ergeben.

Tragen Sie hierzu jeweils die Zahlen 1 bis 5 in die leeren Kästchen ein.

Durch ein systematisches Vorgehen lassen sich die Aufgaben am schnellsten lösen. Gehen Sie die jeweiligen Satzfragmente beispielsweise danach durch, welches Prädikat zu welchem Subjekt gehört, wofür ein Relativpronomen („der", „die", „das") steht, worauf sich Adjektive und Adverbien beziehen, welche Prädikate möglicherweise bestimmte Objekte erfordern oder ob ein Verb mit einem Hilfsverb verbunden werden muss.

341.

    ☐   **A.**   polizeiliches Erscheinungsbild gewährleisten soll

    ☐   **B.**   grüne Uniformen durch blaue Dienstkleidung ersetzt

    ☐   **C.**   wurden in den vergangenen Jahren

    ☐   **D.**   die ein europaweit einheitliches

    ☐   **E.**   in vielen Bundesländern

342.

    ☐   **A.**   erreicht man nur im höheren Dienst

    ☐   **B.**   im mittleren Dienst der Polizei kann man

    ☐   **C.**   doch den höchsten Dienstgrad der Polizei

    ☐   **D.**   bis zum Polizeihauptmeister aufsteigen

    ☐   **E.**   vom Polizeimeister-Anwärter über den Polizeimeister

343.

☐ A. die innere Sicherheit

☐ B. ist der Auftrag

☐ C. des Landes

☐ D. aufrecht zu erhalten

☐ E. der deutschen Polizeien

344.

☐ A. der Staatsgewalt und übt in der Öffentlichkeit

☐ B. eine gepflegte Erscheinung und gute Umgangsformen

☐ C. es kommt daher an auf

☐ D. eine repräsentative Funktion aus

☐ E. als Polizeibeamter ist man Teil

345.

☐ A. wie auch das Bundeskriminalamt

☐ B. dem Bund und

☐ C. und die Polizei des Bundestags

☐ D. nicht den Ländern

☐ E. untersteht die Bundespolizei

Lösungen

Zu 341.

A5 | B3 | C2 | D4 | E1

In vielen Bundesländern wurden in den vergangenen Jahren grüne Uniformen durch blaue Dienstkleidung ersetzt, die ein europaweit einheitliches polizeiliches Erscheinungsbild gewährleisten soll.

Das Adjektiv „einheitliches" (Zeile 4) kann sich in der gegebenen Aufgabe nur auf das Substantiv „Erscheinungsbild" (Zeile 1) beziehen. Durch den Anschluss von Zeile 1 an Zeile 4 ergibt sich ein Relativsatz, der mit dem Relativpronomen „die" eingeleitet wird („die ein europaweit einheitliches polizeiliches Erscheinungsbild gewährleisten soll"). Grammatisch kann sich dieses Relativpronomen nur auf „blaue Dienstkleidung" (Zeile 2) beziehen, darüber hinaus ist das Verb „ersetzt" in derselben Zeile mit dem vorangehenden Hilfsverb „wurden" in Zeile 3 verknüpft. Das Satzgefüge ist somit klar. Als Satzanfang bleibt schließlich nur noch Zeile 5 übrig.

Zu 342.

A5 | B1 | C4 | D3 | E2

Im mittleren Dienst der Polizei kann man vom Polizeimeister-Anwärter über den Polizeimeister bis zum Polizeihauptmeister aufsteigen, doch den höchsten Dienstgrad der Polizei erreicht man nur im höheren Dienst.

Da das Verb „erreicht" (Zeile 1) ein Akkusativobjekt voraussetzt (wen oder was erreicht man nur im höheren Dienst?), lässt es sich an „den höchsten Dienstgrad der Polizei" (Zeile 3) anschließen. Damit ist der Nebensatz des Satzgefüges rekonstruiert. Der Hauptsatz besteht somit aus den Zeilen 2, 4 und 5. Durch das zusammengesetzte Prädikat („kann man", Zeile 2

und „aufsteigen", Zeile 4) ist der Rahmen vorgegeben, in den sich der Einschub in Zeile 5 – „vom Polizeimeister-Anwärter über den Polizeimeister" – einfügen muss.

Zu 343.

A1 | B4 | C2 | D3 | E5

Die innere Sicherheit des Landes aufrecht zu erhalten, ist der Auftrag der deutschen Polizeien.

Das Verb „aufrecht zu erhalten" (Zeile 4) erfordert ein Akkusativobjekt (wen oder was aufrecht zu erhalten?), das sich nur in Zeile 1 finden lässt: „die innere Sicherheit". Das Genitivobjekt in Zeile 3 („des Landes") kann sich grammatisch zwar auch auf „Auftrag" (Zeile 2) oder „Polizeien" (Zeile 5) beziehen, doch logisch sinnvoll ist nur der Bezug zur „Sicherheit" in Zeile 1. Die Rede ist schließlich von der „inneren Sicherheit des Landes", nicht von einem ominösen „Auftrag des Landes", und die Wendung „der deutschen Polizeien des Landes" wäre nicht nur umständlich, sondern auch bedeutungsarm. Was wären denn die nichtdeutschen Polizeien des Landes?

Somit erhält man das vorläufige Satzgebilde „die innere Sicherheit des Landes aufrecht zu erhalten". Die übrig bleibenden Zeilen 2 und 5 lassen sich ausschließlich auf eine Weise sinnvoll in den Satz fügen, denn das Genitivobjekt „der deutschen Polizeien" kann sich sinnvollerweise nur auf „Auftrag" beziehen.

Zu 344.

A2 | B5 | C4 | D3 | E1

Als Polizeibeamter ist man Teil der Staatsgewalt und übt in der Öffentlichkeit eine repräsentative Funktion aus, es kommt daher an auf eine gepflegte Erscheinung und gute Umgangsformen.

Aufschlussreich ist der Prädikatsteil „übt" in Zeile 1, der sich nur durch das „aus" in der 5. Zeile vervollständigen lässt. Wer oder was übt nun in der Öffentlichkeit eine repräsentative Funktion aus? Die Antwort kann nur in Zeile 5 stehen: „man". So erhält man aus den Zeilen 5, 1 und 4 einen funktionsfähigen Hauptsatz: „als Polizeibeamter ist man Teil der Staatsgewalt und übt in der Öffentlichkeit eine repräsentative Funktion aus". Die Konjunktion „daher" (Zeile 3) signalisiert, dass sich der dadurch eingeleitete Nebensatz logisch auf den vorangegangenen Sachverhalt des Hauptsatzes bezieht. Als Satzabschluss bleibt daher nur noch Zeile 2 übrig, die den in Zeile 3 eingeleiteten Gedanken fortführt.

Zu 345.
A1 | B4 | C2 | D5 | E3

Wie auch das Bundeskriminalamt und die Polizei des Bundestags, untersteht die Bundespolizei dem Bund und nicht den Ländern.

Der Satz enthält nur ein einziges Verb, das sich in Zeile 5 findet („untersteht"). Wem untersteht nun die Bundespolizei? Infrage kommen dafür sowohl „dem Bund" in Zeile 2, als auch „nicht den Ländern" in Zeile 4. Da in Zeile 2 die Konjunktion „und" steht, lässt sich vermuten, dass die Zeilen 2 und 4 zum Ausdruck „dem Bund und nicht den Ländern" zusammengezogen werden können. Dadurch ergibt sich vorläufig der Satzteil „untersteht die Bundespolizei dem Bund und nicht den Ländern". Die übrig bleibenden Glieder der Zeilen 1 und 3 lassen sich nur auf eine Weise sinnvoll in den entstandenen Satzteil einfügen, wobei die Konjunktion „und" in Zeile 3 den Anschluss an Zeile 1 signalisiert.

Fremdsprachenkenntnisse

Englisch: Zeitformen   *Bearbeitungszeit 10 Minuten*

In diesem Abschnitt werden Ihre Englischkenntnisse geprüft.

Setzen Sie bitte die Verben in die vorgegebene Zeitform, passend zur angegebenen Person.

Beantworten Sie bitte die folgenden Aufgaben, indem Sie jeweils den richtigen Buchstaben markieren.

346. Wie lautet die korrekte Zeitform:
Tina (ride)/simple past?

- A. Tina rode.
- B. Tina rides.
- C. Tina was riding.
- D. Tina has ridden.
- E. Tina rid.

347. Wie lautet die korrekte Zeitform:
I (go)/simple present?

- A. I went.
- B. I gone.
- C. I am going.
- D. I go.
- E. I goes.

348. Wie lautet die korrekte Zeitform:
We (think)/past perfect simple?

- A. We have been thinking.
- B. We have thought.
- C. We thought.
- D. We had thought.
- E. We were thinking.

349. Wie lautet die korrekte Zeitform:
I (carry)/past progressive?

- A. I am carrying.
- B. I was carrying.
- C. I were carrying.
- D. I have been carrying.
- E. I had been carrying.

350. Wie lautet die korrekte Zeitform:
It (burn)/future I simple?

- A. It will be burning.
- B. It burns.
- C. It will burn.
- D. It is burning.
- E. It would burn.

351. Wie lautet die korrekte Zeitform:
You (run)/present progressive?

- A. You run.
- B. I am running.
- C. You ran.
- D. You are running.
- E. You were running.

352. Wie lautet die korrekte Zeitform:
I (write)/present perfect progressive?

A. I wrote.
B. I was writing.
C. I have been writing.
D. I have written.
E. I had been writing.

353. Wie lautet die korrekte Zeitform:
You (drive)/past perfect progressive?

A. You had been driving.
B. You were being driven.
C. You drove.
D. You have driven.
E. You were driven.

354. Wie lautet die korrekte Zeitform:
You (meet)/present perfect progressive?

A. You had been meeting.
B. You have met.
C. You met.
D. You have been meeting.
E. You are meeting.

355. Wie lautet die korrekte Zeitform:
They (read)/future II progressive?

A. They will have been reading.
B. They would have been reading.
C. They have been reading.
D. They will read.
E. They will be reading.

Lösungen

Zu 346.
A. Tina rode.

Zu 347.
D. I go.

Zu 348.
D. We had thought.

Zu 349.
B. I was carrying.

Zu 350.
C. It will burn.

Zu 351.
D. You are running.

Zu 352.
C. I have been writing.

Zu 353.
A. You had been driving.

Zu 354.
D. You have been meeting.

Zu 355.
A. They will have been reading.

Mathematik

Kettenaufgaben ohne Punkt vor Strich   *Bearbeitungszeit 5 Minuten*

Bei dieser Aufgabe geht es darum, einfache Rechnungen im Kopf zu lösen.
Bitte benutzen Sie **keinen Taschenrechner**, die **Punkt- vor-Strich-Regel gilt hier nicht!**
Beantworten Sie bitte die folgenden Aufgaben, indem Sie jeweils den richtigen Buchstaben markieren.

356. $2 \times 2 + 2 \div 2 + 2 \times 2 - 2 + 22 \div 2 + 2 \times 2 - 2 \times 2 + 2 = ?$

    A. 58

    B. 66

    C. 28

    D. 39

    E. Keine Antwort ist richtig.

357. $84 + 14 \div 7 + 12 \div 2 \times 7 + 8 \div 3 - 5 \times 2 + 44 = ?$

    A. 75

    B. 63

    C. 100

    D. 56

    E. Keine Antwort ist richtig.

358. $24 + 17 \times 2 + 3 \div 5 + 4 \div 7 \times 2 + 19 \div 5 + 1 \times 8 + 7 = ?$

    A. 63

    B. 59

    C. 47

    D. 55

    E. Keine Antwort ist richtig.

359. $9 \times 2 + 9 \div 3 \times 9 - 3 \div 6 + 15 \div 4 \times 5 + 11 \div 2 - 5 \div 6 + 78 \div 9 = ?$

    A. 9

    B. 12

    C. 11

    D. 10

    E. Keine Antwort ist richtig.

360. $1.550 - 26 + 12 \div 3 \times 2 \div 4 - 156 - 20 \div 16 = ?$

   A. 125

   B. 86

   C. 10

   D. 5

   E. Keine Antwort ist richtig.

Lösungen

Zu 356.
B. 66

Zu 357.
C. 100

Zu 358.
D. 55

Zu 359.
A. 9

Zu 360.
D. 5

Mathematik

Bruchrechnen

In diesem Abschnitt werden die wesentlichen Zusammenhänge der Bruchrechnung überprüft, wobei der Bruchstrich nichts anderes als ein Geteiltzeichen darstellt.

Beantworten Sie bitte die folgenden Aufgaben, indem Sie jeweils den richtigen Buchstaben markieren.

361. $\dfrac{6}{8} - \dfrac{2}{6} = ?$

    A. $\dfrac{4}{2}$

    B. $\dfrac{5}{8}$

    C. $\dfrac{5}{12}$

    D. $\dfrac{4}{8}$

    E. Keine Antwort ist richtig.

362. $\dfrac{2}{4} - \dfrac{4}{6} = ?$

    A. $-\dfrac{1}{6}$

    B. $-\dfrac{2}{6}$

    C. $-\dfrac{2}{2}$

    D. $\dfrac{1}{6}$

    E. Keine Antwort ist richtig.

363. $\dfrac{4}{5} + \dfrac{7}{3} = ?$

    A. $\dfrac{11}{3}$

    B. $\dfrac{11}{5}$

    C. $\dfrac{11}{8}$

    D. $\dfrac{47}{15}$

    E. Keine Antwort ist richtig.

364. $3\dfrac{3}{4} + 2\dfrac{1}{3} = ?$

    A. 6,75

    B. 6,08

    C. 8,95

    D. 8,75

    E. Keine Antwort ist richtig.

365. $4\dfrac{2}{5} - 2\dfrac{1}{3} = ?$

    A. $6\dfrac{1}{3}$

    B. $\dfrac{14}{6}$

    C. 1,5

    D. $2\dfrac{1}{15}$

    E. Keine Antwort ist richtig.

Lösungen

Zu 361.

C. $\dfrac{5}{12}$

Brüche werden subtrahiert, indem man den gemeinsamen Nenner findet, diesen beibehält und die Zähler voneinander subtrahiert. Anschließend ist das Ergebnis so weit wie möglich zu kürzen.

$$\frac{6}{8}-\frac{2}{6}=\frac{3}{4}-\frac{1}{3}=\frac{9}{12}-\frac{4}{12}=\frac{5}{12}$$

Zu 362.

A. $-\dfrac{1}{6}$

Brüche werden subtrahiert, indem man den gemeinsamen Nenner findet, diesen beibehält und die Zähler voneinander subtrahiert. Anschließend ist das Ergebnis so weit wie möglich zu kürzen.

$$\frac{2}{4}-\frac{4}{6}=\frac{6}{12}-\frac{8}{12}=-\frac{2}{12}=-\frac{1}{6}$$

Zu 363.

D. $\dfrac{47}{15}$

Brüche werden addiert, indem man den gemeinsamen Nenner findet, die Zähler addiert und den Nenner beibehält. Anschließend muss

das Ergebnis so weit wie möglich gekürzt werden.

$$\frac{4}{5}+\frac{7}{3}=\frac{12}{15}+\frac{35}{15}=\frac{47}{15}$$

Zu 364.

B. 6,08

Gemischte Zahlen sollten zunächst in reine Brüche umgewandelt werden. Brüche werden addiert, indem man den gemeinsamen Nenner findet, die Zähler addiert und den Nenner beibehält. Anschließend muss das Ergebnis so weit wie möglich gekürzt werden.

$$3\frac{3}{4}+2\frac{1}{3}=\frac{15}{4}+\frac{7}{3}=\frac{45}{12}+\frac{28}{12}=\frac{73}{12}=6,08$$

Zu 365.

D. $2\dfrac{1}{15}$

Gemischte Zahlen sollten zunächst in reine Brüche umgewandelt werden. Brüche werden subtrahiert, indem man sie auf einen gemeinsamen Nenner bringt, ihre Zähler subtrahiert und den Nenner beibehält:

$$4\frac{2}{5}-2\frac{1}{3}=\frac{22}{5}-\frac{7}{3}=\frac{66}{15}-\frac{35}{15}=\frac{31}{15}=2\frac{1}{15}$$

Mathematik

Zinsrechnen   *Bearbeitungszeit 5 Minuten*

Bei der kaufmännischen Zinsrechnung werden dem Monat 30 Tage und dem Jahr 360 Tage zugrunde gelegt.

Beantworten Sie bitte die folgenden Aufgaben, indem Sie jeweils den richtigen Buchstaben markieren.

366. Herr Mayer erhält auf sein Tagesgeldkonto 5 % Zinsen pro Jahr. Wie hoch ist der Betrag, den Herr Mayer pro Monat an Zinsen erhält, wenn er 24.000 € angelegt hat?

A. 900 €

B. 999 €

C. 100 €

D. 1.200 €

E. Keine Antwort ist richtig.

367. Herr Mayer muss wegen Liquiditätsengpässen eine Anlage in Höhe von 45.000 € vorzeitig auflösen. Bei einem Jahreszins von acht Prozent hat er 2.400 € Zinsen erhalten. Wie lange war das Geld insgesamt angelegt?

A. 200 Tage

B. 220 Tage

C. 240 Tage

D. 260 Tage

E. Keine Antwort ist richtig.

368. Welches Kapital bringt nach 180 Tagen 400 € an Zinsen, bei einem Zinssatz von vier Prozent?

A. 16.000 €

B. 18.000 €

C. 20.000 €

D. 22.000 €

E. Keine Antwort ist richtig.

369. Herr Mayer möchte sich ein Auto für 45.000 € kaufen. Wenn er den Wagen über einen Kredit finanziert, müsste er nach drei Jahren 54.450 € zurückzahlen. Wie hoch ist der durchschnittliche Jahreszins, wenn man in der Berechnung von Zinseszinsen absieht?

A. 6 %

B. 7 %

C. 8 %

D. 9 %

E. Keine Antwort ist richtig.

370. Herr Mayer möchte eine neue Maschine zum Preis von 40.000 € kaufen. Er bekommt von der Bank einen Kredit zu einem Zinssatz von sechs Prozent. Herr Mayer möchte den Kredit nach 90 Tagen abzahlen. Wie viel Prozent des Anschaffungspreises machen die Zinsen für 90 Tage aus?

A. 1,0 %

B. 1,5 %

C. 2,0 %

D. 2,5 %

E. Keine Antwort ist richtig.

Lösungen

Zu 366.

C. 100 €

Herr Mayer erhält monatlich 100 € Zinsen auf 24.000 €.

$$\text{Zinsen} = \frac{\text{Kapital} \times \text{Zinssatz} \times \text{Tage}}{100 \times 360\,\text{d}}$$

$$\text{Zinsen} = \frac{24.000\,€ \times 5 \times 30\,\text{d}}{100 \times 360\,\text{d}} = 100\,€$$

Zu 367.

C. 240 Tage

Das Geld war insgesamt 240 Tage angelegt.

$$\text{Tage} = \frac{\text{Zinsen} \times 100 \times 360\,\text{d}}{\text{Kapital} \times \text{Zinssatz}}$$

$$\text{Tage} = \frac{2.400\,€ \times 100 \times 360\,\text{d}}{45.000\,€ \times 8\%} = 240\,\text{d}$$

Zu 368.

C. 20.000 €

Es ist ein Betrag von 20.000 € angelegt worden.

$$\text{Kapital} = \frac{\text{Zinsen} \times 100 \times 360\,\text{d}}{\text{Zinssatz} \times \text{Tage}}$$

$$\text{Kapital} = \frac{400\,€ \times 100 \times 360\,\text{d}}{4 \times 180\,\text{d}} = 20.000\,€$$

Zu 369.

B. 7 %

Herr Mayer hat einen Jahreszins von sieben Prozent erhalten.

$$\text{Zinssatz} = \frac{\text{Zinsen} \times 100 \times 360\,\text{d}}{\text{Kapital} \times \text{Tage}}$$

Zinsen = 54.450 € – 45.000 € = 9.450 €

$$\text{Zinssatz} = \frac{9.450\,€ \times 100 \times 360\,\text{d}}{45.000\,€ \times 1080\,\text{d}} = 7\%$$

Zu 370.

B. 1,5 %

Herr Mayer müsste 600 € Zinsen bezahlen, das sind 1,5 % von 40.000 €.

$$\text{Zinsen} = \frac{\text{Kapital} \times \text{Zinssatz} \times \text{Tage}}{100 \times 360\,\text{d}}$$

$$\text{Zinsen} = \frac{40.000 \times 6\% \times 90\,\text{d}}{100 \times 360\,\text{d}} = 600\,€$$

$$\text{Prozentsatz} = \frac{\text{Prozentwert} \times 100}{\text{Grundwert}}$$

$$\text{Prozentsatz} = \frac{600\,€ \times 100}{40.000\,€} = 1,5\%$$

Mathematik

Dreisatz

Beantworten Sie bitte die folgenden Aufgaben, indem Sie jeweils den richtigen Buchstaben markieren.

371. Herr Mayer möchte für einen Wochen-endurlaub in England einen Betrag von 260 € in Pfund tauschen. Der Wechselkurs liegt bei 1 GBP = 1,30 €. Wie viel ausländi-sches Geld erhält Herr Mayer?

- **A.** 160 GBP
- **B.** 180 GBP
- **C.** 200 GBP
- **D.** 220 GBP
- **E.** Keine Antwort ist richtig.

372. In einer Prüfung für Bankkaufleute neh-men 10 Prüflinge teil. Folgende Noten wurden erzielt:

- ¬ Note 1   2 Prüflinge
- ¬ Note 2   2 Prüflinge
- ¬ Note 3   5 Prüflinge
- ¬ Note 4   1 Prüfling

Wie lautet die Durchschnittsnote?

- **A.** 2
- **B.** 2,5
- **C.** 3
- **D.** 3,5
- **E.** Keine Antwort ist richtig.

373. In einer Kantine wird von der Belegschaft bestehend aus 120 Personen in 5 Tagen 216 kg Obst verzehrt. Wie viel Kilogramm Obst würden im gleichen Zeitraum ver-braucht, wenn die Belegschaft um 10 Per-sonen aufgestockt würde?

- **A.** 222 kg
- **B.** 230 kg
- **C.** 234 kg
- **D.** 242 kg
- **E.** Keine Antwort ist richtig.

374. Auszubildender Müller hat einen Internet-anschluss und zahlt bei einer Nutzungs-dauer von 320 Minuten eine Rechnung von 4,50 €. Da er im Folgemonat eine Hausar-beit geschrieben hat und im Internet re-cherchieren musste, ist die Nutzungsdauer auf 520 Minuten gestiegen. Wie hoch ist die Rechnung, wenn die ersten zwei Stun-den kostenlos sind und keine Grundge-bühren anfallen?

- **A.** 6,80 €
- **B.** 7,20 €
- **C.** Doppelt so hoch wie im Vormonat
- **D.** 8,60 €
- **E.** Keine Antwort ist richtig.

375. **Für die Produktion von 160 Maschinen benötigt Herr Mayer 20 Mitarbeiter und 20 Arbeitstage. Für einen weiteren Auftrag über 90 Maschinen stehen 15 Arbeitstage zur Verfügung.**
Wie viele Mitarbeiter muss Herr Mayer mindestens einsetzen, um den Auftrag fristgerecht zu erledigen?

  A. 5 Mitarbeiter

  B. 10 Mitarbeiter

  C. 15 Mitarbeiter

  D. 20 Mitarbeiter

  E. Keine Antwort ist richtig.

Lösungen

Zu 371.

C. 200 GBP

Herr Mayer erhält 200 GBP.

Wechselkurs von 1 GBP = 1,30 €

260 € ÷ 1,30 = 200 GBP

Zu 372.

B. 2,5

Die Durchschnittsnote lautet 2,5.

$1 \times 2 = 2$

$2 \times 2 = 4$

$3 \times 5 = 15$

$4 \times 1 = 4$

$2 + 4 + 15 + 4 = 25$

$25 \div 10 = 2,5$

Zu 373.

C. 234 kg

Es werden 234 kg Obst benötigt.

120 + 10 = 130 Personen

(216 kg ÷ 120) × 130 = 234 kg Obst

Zu 374.

C. Doppelt so hoch wie im Vormonat

Die Rechnung ist mit 9 € doppelt so hoch wie im Vormonat.

320 min – 120 min = 200 min

4,5 € ÷ 200 min = 0,0225 €

520 min – 120 min = 400 min

0,0225 € × 400 min = 9 €

Zu 375.

C. 15 Mitarbeiter

Herr Mayer müsste für den zweiten Auftrag 15 Mitarbeiter einsetzen.

160 Maschinen ÷ 20 d = 8 Maschinen pro Tag bei 20 Mitarbeitern

8 ÷ 20 = 0,4 Maschinen pro Mitarbeiter pro Tag

0,4 × 15 d = 6 Maschinen in 15 Tagen pro Mitarbeiter

90 Maschinen ÷ 6 = 15 Mitarbeiter

Mathematik

Funktionen und Gleichungen   *Bearbeitungszeit 5 Minuten*

Beantworten Sie bitte die folgenden Aufgaben, indem Sie jeweils den richtigen Buchstaben markieren.

376. Welche der Funktionen entspricht der Geraden im Koordinatensystem?

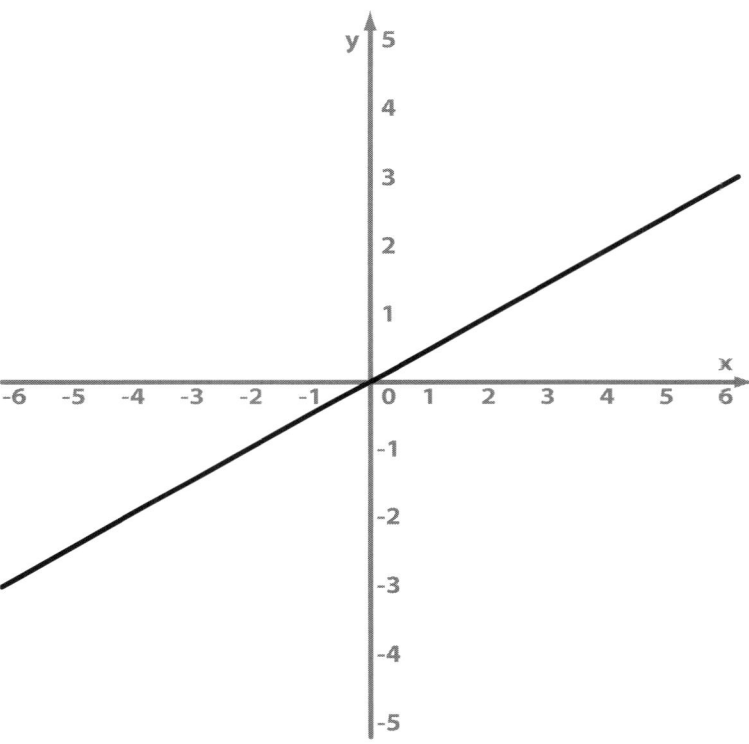

A. $y = 0{,}5x$

B. $y = -x$

C. $y = -2x$

D. $y = 2$

E. Keine Antwort ist richtig.

377. Welche der Funktionen entspricht der Geraden im Koordinatensystem?

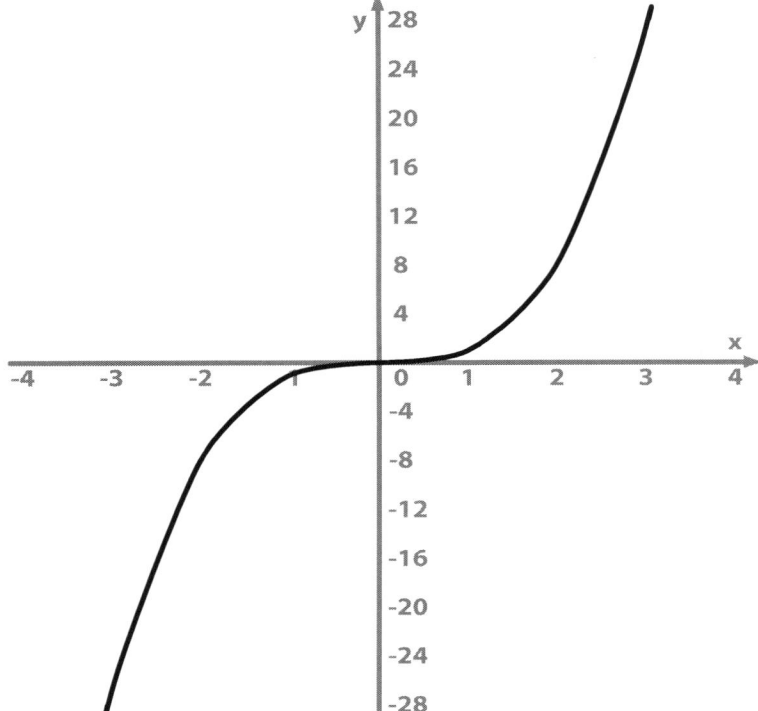

A. $y = 2x^2$

B. $y = x^2$

C. $y = -2x$

D. $y = x^3$

E. Keine Antwort ist richtig.

378. Zwischen den x- und y-Werten in der Tabelle besteht ein Zusammenhang. Durch welche Gleichung wird die Beziehung korrekt wiedergegeben?

x	1	2	3	4
y	1	4	9	16

A. $y = 1 + x^2$

B. $y = 2x$

C. $y = \dfrac{1}{x}$

D. $y = x^2$

E. Keine Antwort ist richtig.

379. **Berechnen Sie bitte die Variable x, indem Sie die Gleichung nach x auflösen.**
$6x - 12 = 8 + 2x$

A. 2

B. 3

C. 4

D. 5

E. Keine Antwort ist richtig.

380. **Gegeben sind zwei Gleichungen.**

Gleichung 1: $a = \dfrac{y}{b}$

Gleichung 2: $x = a \times y$

Wie muss eine Gleichung lauten, bei der man x durch die Größen a und b berechnen kann, ohne y zu kennen?

A. $x = a^2 \times b$

B. $x = a \times b^2$

C. $x = a^2 \times b^2$

D. $x = a \times b$

E. Keine Antwort ist richtig.

Lösungen

Zu 376.

A. $y = 0{,}5x$

Setzt man in die Formel $y = 0{,}5x$ für x probeweise die Werte 1, 2 und 3 ein, dann erhält man für y die Werte 0,5, 1 und 1,5. Dies entspricht dem Graphen im Koordinatensystem.

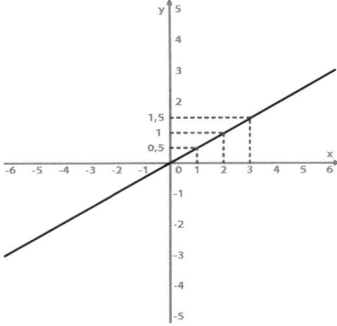

Zu 377.

D. $y = x^3$

Setzt man in die Formel $y = x^3$ für x probeweise die Werte 1, 2 und 3 ein, dann erhält man für y die Werte 1, 8 und 27. Dies entspricht dem Graphen im Koordinatensystem.

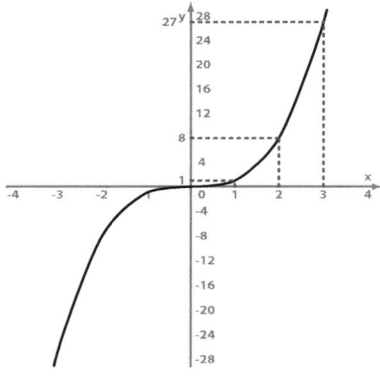

Zu 378.

D. $y = x^2$

Es handelt sich um die Funktionsgleichung für die Normalparabel.

Zu 379.

D. 5

Das Ergebnis für x lautet fünf.

$$6x - 12 = 8 + 2x \qquad | -2x \; | +12$$
$$4x = 20 \qquad | \div 4$$
$$x = 5$$

Zu 380.

A. $x = a^2 \times b$

Die Gleichung muss lauten: $x = a^2 \times b$

a)

Gleichung 1 nach y auflösen:

$y = a \times b$

b)

In Gleichung 2 das y durch den erhaltenen Rechenausdruck $a \times b$ ersetzen:

$x = a \times a \times b = a^2 \times b$

Mathematik

Gemischte Textaufgaben   *Bearbeitungszeit 5 Minuten*

Beantworten Sie bitte die folgenden Aufgaben, indem Sie jeweils den richtigen Buchstaben markieren.

Das Umtauschverhältnis verschiedener Währungen untereinander wird durch deren Wechselkurs bestimmt. Forderungen, die in ausländischer Währung lauten, nennt man Devisen. Hierzu zählen insbesondere Bankguthaben, Wechsel und Schecks. Ausländische Zahlungsmittel, wie beispielsweise Banknoten und Münzen, werden Sorten genannt. Bankkunden können Sorten bei Kreditinstituten kaufen oder verkaufen. In Deutschland werden Fremdwährungen von den Kreditinstituten zum Geldkurs verkauft und zum Briefkurs angekauft.

Währungsraum	Geldkurs / 1 € (EUR)	Briefkurs / 1 € (EUR)
USA US-$ (USD)	1,4706	1,6393
Japan ¥ (JPY)	156,2500	175,4386
Großbritannien £ (GBP)	0,7519	0,8333
Schweiz SFr. (CHF)	1,5798	1,6639

381. Herr Müller benötigt für weitere Auslandsreisen diverse Fremdwährungen. Für eine Reise nach Japan werden 25.000 Yen benötigt. Wie viel Euro muss Herr Müller beim Frankfurt Kreditinstitut dafür bezahlen?

A. 100 €

B. 120 €

C. 140 €

D. 160 €

E. Keine Antwort ist richtig.

382. Ein deutscher Exporteur möchte Sorten an seine Hausbank verkaufen. Wie viel Euro bekommt er von seiner Bank gutgeschrieben, wenn er 5.324,48 Schweizer Franken umtauschen möchte?

A. 2.100 €

B. 2.800 €

C. 3.200 €

D. 3.800 €

E. Keine Antwort ist richtig.

383. Ein Kunde aus Japan überweist einen Rechnungsbetrag von 1.947.495 ¥ (JPY). Der Wechselkurs liegt bei 175,45 JPY : 1 EUR. Wie viel € beträgt die Bankgutschrift?

A. 10.500 €

B. 11.000 €

C. 11.100 €

D. 12.500 €

E. Keine Antwort ist richtig.

384. Für eine Auslandsreise kauft Herr Müller bei seiner Hausbank 3.383,55 Britische Pfund (GBP) und 4.739,40 Schweizer Franken (CHF). Mit wie viel € wird sein Konto belastet?

A. 3.000 €

B. 4.500 €

C. 7.500 €

D. 8.000 €

E. Keine Antwort ist richtig.

385. **Für eine Maschine zahlt Herr Müller in der Schweiz 2.212 CHF. Die gleiche Maschine kostet in Italien 1.500 EUR. Der Wechselkurs beträgt 1,58 CHF : 1 EUR. Wie groß ist der Preisunterschied?**

   A. 85 €

   B. 90 €

   C. 100 €

   D. 110 €

   E. Keine Antwort ist richtig.

Lösungen

Zu 381.
D. 160 €

Herr Müller muss 160 Euro bezahlen.
156,25 JPY = 1 EUR (Geldkurs)
25.000 JPY ÷ 156,25 = 160 €

Zu 382.
C. 3.200 €

Er bekommt 3.200 € gutgeschrieben.
1,6639 CHF = 1 EUR (Briefkurs)
5.324,48 CHF ÷ 1,6639 = 3.200 €

Zu 383.
C. 11.100 €

Die Bankgutschrift beträgt 11.100 €.
175,45 JPY = 1 EUR
1.947.495 JPY ÷ 175,45 = 11.100 €

Zu 384.
C. 7.500 €

Sein Konto wird mit 7.500 € belastet.
0,7519 £ = 1 € (Geldkurs)
3.383,55 £ ÷ 0,7519 = 4.500 €
1,5798 SFr. = 1 € (Geldkurs)
4.739,4 SFr. ÷ 1,5798 = 3.000 €
4.500 € + 3000 € = 7.500 €

Zu 385.
C. 100 €

Der Preisunterschied beträgt 100 €.
1,58 CHF = 1 EUR
2.212 CHF ÷ 1,58 = 1.400 €
1.500 € – 1.400 € = 100 €

Logisches Denkvermögen

Zahlenreihen fortsetzen   *Aufgabenerklärung*

In diesem Abschnitt haben Sie Zahlenfolgen, die nach festen Regeln aufgestellt sind.

Bitte markieren Sie den zugehörigen Buchstaben der Zahl, von der Sie denken, dass sie die Reihe am sinnvollsten ergänzt.

Hierzu ein Beispiel

Aufgabe

1.

1	2	3	4	5	?

A. 6

B. 7

C. 8

D. 9

E. Keine Antwort ist richtig.

Antwort

 6

Bei dieser Zahlenreihe wird jede folgende Zahl um eins erhöht. Die gesuchte Zahl lautet somit 5 + 1 = 6 und die richtige Antwort lautet A.

Zahlenreihen fortsetzen   *Bearbeitungszeit 10 Minuten*

Beantworten Sie bitte die folgenden Aufgaben, indem Sie jeweils den richtigen Buchstaben markieren.

386.

| 40 | 6 | 30 | 8 | 20 | 10 | ? |

- A. 10
- B. 12
- C. 44
- D. 46
- E. Keine Antwort ist richtig.

387.

| 50 | 10 | 15 | 3 | ? |

- A. 7
- B. 6
- C. 12
- D. 8
- E. Keine Antwort ist richtig.

388.

| 1 | 4 | 12 | 6 | 24 | 72 | 36 | ? |

- A. 18
- B. 24
- C. 16
- D. 144
- E. Keine Antwort ist richtig.

389.

| $\frac{1}{4}$ | $\frac{1}{2}$ | $\frac{1}{8}$ | $\frac{1}{4}$ | $\frac{1}{16}$ | ? |

- **A.** $\frac{1}{4}$
- **B.** $\frac{1}{8}$
- **C.** $\frac{1}{32}$
- **D.** $\frac{1}{64}$
- **E.** Keine Antwort ist richtig.

390.

| 6 | 7 | 9 | 6 | 10 | 15 | 9 | ? |

- **A.** 3
- **B.** 16
- **C.** 14
- **D.** 8
- **E.** Keine Antwort ist richtig.

391.

| 2 | 3 | 5 | 7 | ? |

- **A.** 10
- **B.** 11
- **C.** 12
- **D.** 13
- **E.** Keine Antwort ist richtig.

392.

| 10 | 8 | 32 | 8 | 6 | 24 | 6 | ? |

- **A.** 16
- **B.** 32
- **C.** 24
- **D.** 4
- **E.** Keine Antwort ist richtig.

393.

13	17	19	23	?

A. 21

B. 29

C. 31

D. 33

E. Keine Antwort ist richtig.

394.

20	10	7	28	14	11	?

A. 22

B. 176

C. 44

D. 180

E. Keine Antwort ist richtig.

395.

47	40	240	235	940	?

A. 937

B. 823

C. 62

D. 1.500

E. Keine Antwort ist richtig.

Lösungen

Zu 386.

A. 10

x | y | x − 10 | y + 2 | x − 20 | y + 4 | x − 30

Zu 387.

D. 8

÷5 | +5 | ÷5 | +5

Zu 388.

D. 144

×4 | ×3 | ÷2 | ×4 | ×3 | ÷2 | ×4

Zu 389.

B. $^1/_8$

×2 | ÷4 | ×2 | ÷4 | ×2

Zu 390.

B. 16

+1 | +2 | −3 | +4 | +5 | −6 | +7

Zu 391.

B. 11

Es handelt sich um Primzahlen. Die nächst größere Primzahl ist 11. Primzahlen sind nur durch sich selbst und 1 teilbar.

Zu 392.

D. 4

−2 | ×4 | ÷4 | −2 | ×4 | ÷4 | −2

Zu 393.

B. 29

29 ist die auf 23 folgende Primzahl.

Zu 394.

C. 44

÷2 | −3 | ×4 | ÷2 | −3 | ×4

Zu 395.

A. 937

−7 | ×6 | −5 | ×4 | −3

Logisches Denkvermögen

Zahlenmatrizen und Zahlenpyramiden   *Aufgabenerklärung*

Die Zahlen in den folgenden Matrizen und Pyramiden sind nach festen Regeln zusammengestellt.
Ihre Aufgabe besteht darin, eine Zahl zu finden, die im sinnvollen Verhältnis zu den übrigen Zahlen steht.

Hierzu ein Beispiel

Aufgabe

1. **Durch welche Zahl muss das Fragezeichen ersetzt werden, damit die Zahlen in der Tabelle in einem sinnvollen Verhältnis zueinander stehen?**

1	2	2
3	2	?
3	4	12

A. 4
B. 2
C. 8
D. 6
E. Keine Antwort ist richtig.

Antwort

D. 6

Die beiden linken Zahlen jeder Reihe ergeben multipliziert die jeweils rechte Zahl. Die beiden oberen Zahlen jeder Spalte ergeben multipliziert die jeweils untere Zahl.

Zahlenmatrizen und Zahlenpyramiden

Bearbeitungszeit 5 Minuten

Beantworten Sie bitte die folgenden Aufgaben, indem Sie jeweils den richtigen Buchstaben markieren.

396. Durch welche Zahl muss das Fragezeichen ersetzt werden, damit die Zahlen in der Tabelle in einem sinnvollen Verhältnis zueinander stehen?

24	30	36
18	?	30
12	18	24

A. 12
B. 14
C. 20
D. 24
E. Keine Antwort ist richtig.

398. Durch welche Zahl muss das Fragezeichen ersetzt werden, damit die Zahlen in der Tabelle in einem sinnvollen Verhältnis zueinander stehen?

48	39	47
40	?	41
45	42	44

A. 54
B. 46
C. 36
D. 26
E. Keine Antwort ist richtig.

397. Durch welche Zahl muss das Fragezeichen ersetzt werden, damit die Pyramide sinnvoll aufgestellt ist?

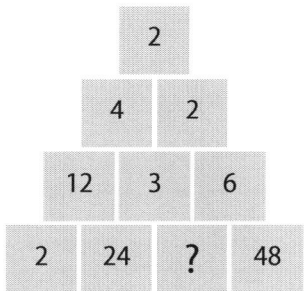

A. 3
B. 4
C. 8
D. 6
E. Keine Antwort ist richtig.

399. Durch welche Zahl muss das Fragezeichen ersetzt werden, damit die Zahlen in der Tabelle in einem sinnvollen Verhältnis zueinander stehen?

30	50	1	5
0,5	15	?	2
5	100	0,5	30
100	0,1	30	25

A. 5
B. 15
C. 100
D. 500
E. Keine Antwort ist richtig.

400. **Durch welche Zahl muss das Fragezeichen ersetzt werden, damit die Zahlen in der Tabelle in einem sinnvollen Verhältnis zueinander stehen?**

30	1	10	8
10	3	10	8
4	16	0,5	75
2	?	48	0,5

A. 24
B. 15
C. 50
D. 8
E. Keine Antwort ist richtig.

Lösungen

Zu 396.

D. 24

Das Fragezeichen wird durch die Zahl 24 sinnvoll ersetzt.

Waagerecht, senkrecht und diagonal werden Reihen in 6er-Schritten gebildet (aufsteigend von links nach rechts von unten nach oben sowie von links unten nach rechts oben).

Zu 397.

C. 8

Das Fragezeichen wird durch die Zahl 8 sinnvoll ersetzt. Die Pyramide ist nach folgendem Prinzip aufgebaut:

Der Wert einer Zelle ergibt sich, indem der größere von beiden Werten der darunter liegenden Zellen durch den kleineren geteilt wird.

1. Reihe: $2 = 4 \div 2$

2. Reihe: $4 = 12 \div 3; 2 = 6 \div 3$

3. Reihe: $12 = 24 \div 2; 3 = 24 \div 8; 6 = 48 \div 8$

Zu 398.

B. 46

Das Fragezeichen wird durch die Zahl 46 sinnvoll ersetzt. Die Reihen werden nach folgendem Prinzip gebildet:

Es wird abwechselnd subtrahiert und addiert, wobei die zu addierende bzw. subtrahierende Zahl stets um 1 geringer ist als die zuvor addierte bzw. subtrahierte Zahl. Begonnen wird links oben mit der Subtraktion von 9, die Schritte laufen über die Zeilengrenzen hinweg.

$-9 \mid +8$

$-7 \mid +6 \mid -5$

$+4 \mid -3 \mid +2$

Zu 399.

D. 500

Das Fragezeichen wird durch die Zahl 500 sinnvoll ersetzt. Sie erhalten bei Multiplikation der Zahlen einer Reihe oder Spalte immer das Ergebnis 7.500.

Zu 400.

C. 50

Das Fragezeichen wird durch die Zahl 50 sinnvoll ersetzt. Sie erhalten bei Multiplikation der Zahlen einer Reihe oder Spalte immer das Ergebnis 2.400.

Logisches Denkvermögen

Meinung oder Tatsache   *Aufgabenerklärung*

In diesem Abschnitt erhalten Sie verschiedene Aussagen, die Sie dahingehend überprüfen sollen, ob es sich um eine Meinung oder eine Tatsache handelt.

Handelt es sich um eine Meinung, so markieren Sie bitte „A".

Handelt es sich um eine Tatsache, so markieren Sie bitte „B".

Hierzu ein Beispiel

Aufgabe

1. **Alle Katzen sind schwarz.**

    A. Meinung
    B. Tatsache

Antwort

 A. Meinung

Es handelt sich um eine subjektive Annahme – noch dazu um eine falsche: Es gibt schließlich auch Katzen mit anderen Haarfarben.

Meinung oder Tatsache

Beantworten Sie bitte die folgenden Aufgaben, indem Sie jeweils den richtigen Buchstaben markieren.

401. Der menschliche Körper besteht zum größten Teil aus Wasser.

A. Meinung

B. Tatsache

402. Bohnen sind giftig.

A. Meinung

B. Tatsache

403. Die verschiedenen Richtungen der Naturheilkunde sind längst veraltet.

A. Meinung

B. Tatsache

404. Chlorophyll sorgt dafür, dass Pflanzen grün sind.

A. Meinung

B. Tatsache

405. Marie Curie erhielt 1908 den Literaturnobelpreis.

A. Meinung

B. Tatsache

Lösungen

Zu 401.

B. Tatsache

Diese Aussage ist korrekt, es handelt sich demnach um eine Tatsache.

Zu 402.

B. Tatsache

Rohe Bohnen enthalten ein Gift, das – je nach Sorte – schon bei geringen Mengen sehr gefährlich sein kann. Beim Kochen wird dieses Gift allerdings zerstört, so dass man gekochte Bohnen aller Art bedenkenlos essen kann. Diese Aussage ist also zutreffend.

Zu 403.

A. Meinung

Die Naturheilkunde hat neben der Schulmedizin durchaus ihre Berechtigung und ihren Platz, da sie andere Methoden verwendet und die Schulmedizin wertvoll ergänzen kann. Diese Aussage ist also eine Meinung, die zudem so pauschal nicht zutrifft.

Zu 404.

B. Tatsache

Als Chlorophyll oder Blattgrün bezeichnet man eine Klasse natürlicher Farbstoffe, die bei der Photosynthese eine wichtige Rolle spielen. Sie sind verantwortlich für die Grünfärbung der Pflanzen. Die Aussage trifft also zu.

Zu 405.

A. Meinung

Marie Curie bekam 1903 den Nobelpreis für Physik und 1911 den Nobelpreis für Chemie, aber niemals einen für Literatur. Hier handelt es sich also um eine – offensichtlich – falsche Meinung.

Visuelles Denkvermögen

Faltvorlagen   *Aufgabenerklärung*

In diesem Abschnitt wird Ihre räumliche Vorstellungskraft geprüft.

Sie sehen eine Faltvorlage. Finden Sie heraus, welche der fünf Figuren A bis E daraus hergestellt werden kann.

Hierzu ein Beispiel

Aufgabe

1. **Diese Faltvorlage ist die Außenseite eines Körpers.**

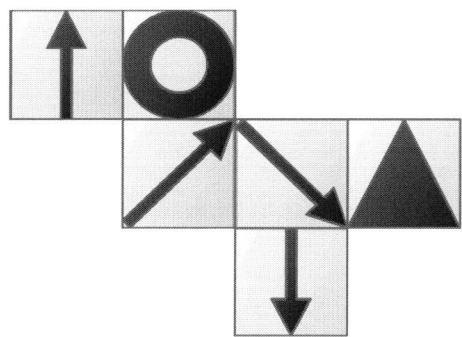

Welcher der Körper A bis E kann aus der Faltvorlage gebildet werden?

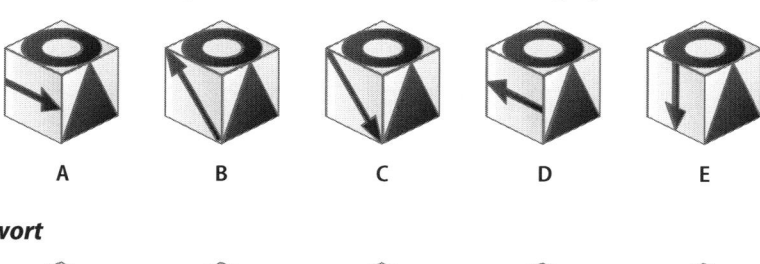

| A | B | C | D | E |

Antwort

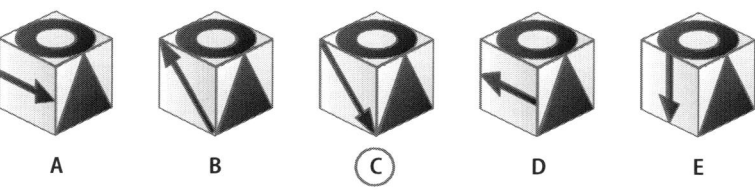

| A | B | Ⓒ | D | E |

Dreieck im Fokus behalten, Quadrat zusammenfalten und 45 Grad gegen den Uhrzeigersinn drehen.

Faltvorlagen   *Bearbeitungszeit 5 Minuten*

Beantworten Sie bitte die folgenden Aufgaben, indem Sie jeweils den richtigen Buchstaben markieren.

406. **Bei dieser Faltvorlage handelt es sich um die Außenseite eines Körpers.**

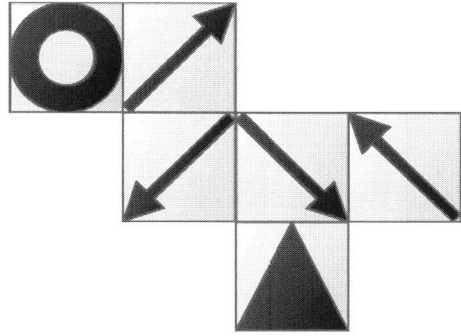

Welcher der Körper A bis E kann aus der Faltvorlage gebildet werden?

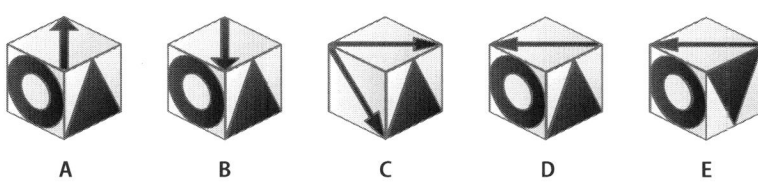

A   B   C   D   E

407. **Bei dieser Faltvorlage handelt es sich um die Außenseite eines Körpers.**

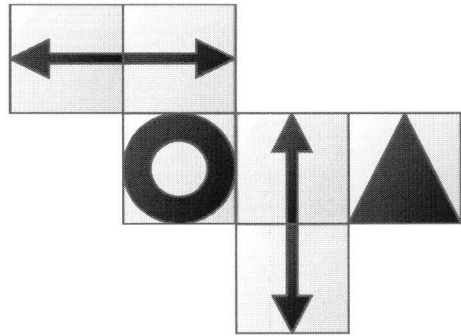

Welcher der Körper A bis E kann aus der Faltvorlage gebildet werden?

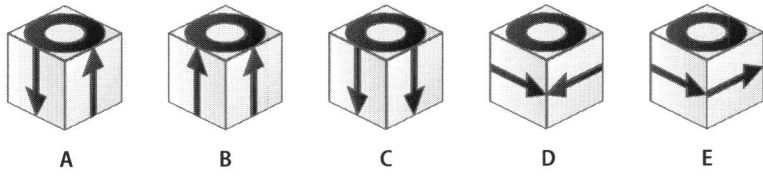

A   B   C   D   E

408. Bei dieser Faltvorlage handelt es sich um die Außenseite eines Körpers.

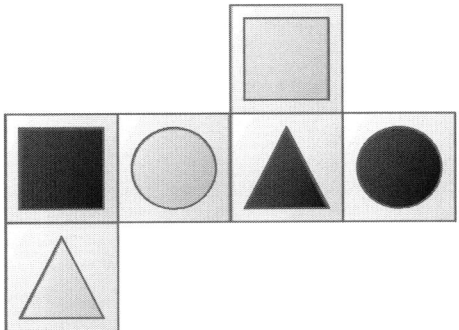

Welcher der Körper A bis E kann aus der Faltvorlage gebildet werden?

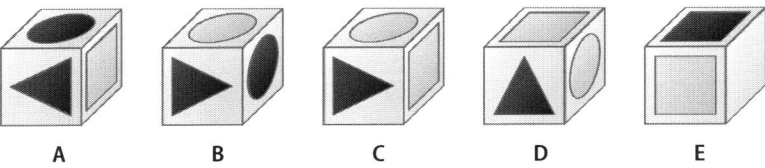

409. Bei dieser Faltvorlage handelt es sich um die Außenseite eines Körpers.

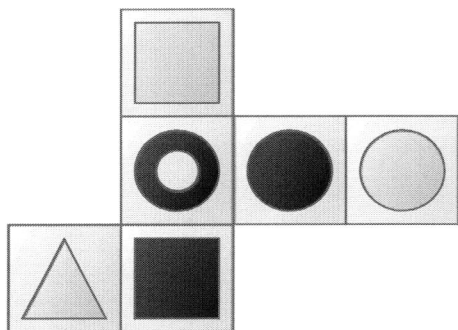

Welcher der Körper A bis E kann aus der Faltvorlage gebildet werden?

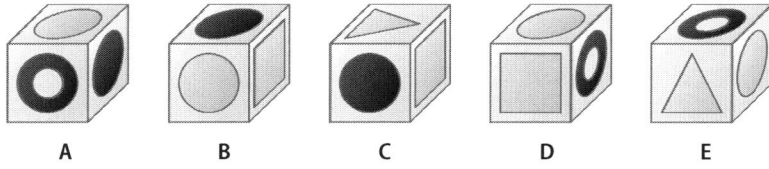

410. Bei dieser Faltvorlage handelt es sich um die Außenseite eines Körpers.

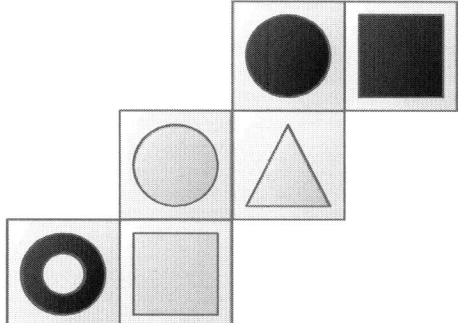

Welcher der Körper A bis E kann aus der Faltvorlage gebildet werden?

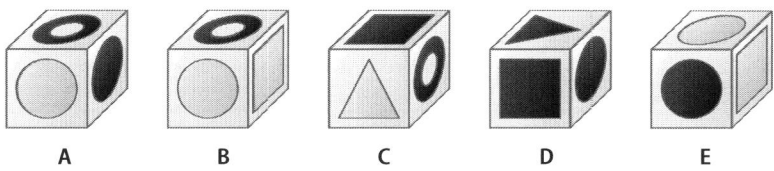

A   B   C   D   E

Lösungen

Zu 406.

C

Dreieck im Fokus behalten, Quadrat zusammenfalten und 45 Grad gegen den Uhrzeigersinn drehen.

Zu 407.

D

Kreis im Fokus behalten, Quadrat zusammenfalten, 1 mal nach hinten kippen und 45 Grad gegen den Uhrzeigersinn drehen.

Zu 408.

C

Schwarzes Dreieck im Fokus behalten, Würfel zusammenfalten, nach rechts kippen und 45 Grad im Uhrzeigersinn drehen.

Zu 409.

B

Hellen Kreis im Fokus behalten, Würfel zusammenfalten, nach rechts kippen und 45 Grad im Uhrzeigersinn drehen.

Zu 410.

A

Dreieck im Fokus behalten, Würfel zusammenfalten, nach vorne kippen und 45 Grad gegen den Uhrzeigersinn drehen.

Erinnerungsvermögen

Wörter einprägen   *Einprägezeit 10 Minuten*

In diesem Abschnitt wird Ihr Kurzzeitgedächtnis geprüft.

Prägen Sie sich dazu die folgenden Wörter so ein, dass Sie sie anschließend wiedergeben können. Legen Sie bitte Ihre Schreibgeräte zur Seite, denn Sie dürfen sich in dieser Aufgabe keine Notizen machen.

Hier nun die Wörterliste:

Zum Einprägen der Wörter haben Sie **10 Minuten** Zeit.

Faktor	Shampoo	Text	Garage
Taschentuch	Pinzette	Pullover	Annonce
Team	Motivation	Pubertät	Regel
Peripherie	Hut	Anarchie	Gabel
Komposition	Portmonee	Prozess	Mikrofon
Ball	Blamage	Trompete	Boutique
Service	Wortschatz	Popstar	Information
Friseur	Lexikon	Horoskop	Schlüssel
System	Zylinder	Kandidat	Shop
Schaufel	Rheuma	Vase	Kulisse

(!) *Hinweis:*

Bei dieser Aufgabe ist keine Unterbrechung notwendig, bitte beginnen Sie direkt mit den Antworten!

Wörter einprägen

Tragen Sie bitte alle Wörter der soeben vorgelegten Liste in die untenstehenden Felder ein.
Die Reihenfolge der Wörter spielt dabei keine Rolle.

411. Wörterliste

Konzentrationsvermögen

Original und Abschrift   *Aufgabenerklärung*

Bei dieser Aufgabe geht es darum, Zahlen- und/oder Buchstabenfolgen miteinander zu vergleichen.
Sie erhalten pro Aufgabe jeweils eine Originalreihe und eine Abschrift.
Überprüfen Sie die Abschriften bitte – Stelle für Stelle – auf Tippfehler und tragen Sie die Anzahl der in einer Zeile gefundenen Fehler in das rechte Kästchen ein.

	Original	Abschrift	Fehler		Original	Abschrift	Fehler
412.	2158318	2156316		432.	HGRFLED	HGRFLEB	
413.	6458482	6258284		433.	RAGSEFA	RAGBEEA	
414.	1859782	1869762		434.	JAHWERS	JAHVERS	
415.	3587197	3287187		435.	HATWRSD	HATWBSD	
416.	5784986	5789486		436.	ÖAJRSFAJ	OAJRSEAJ	
417.	2258791	2258797		437.	JAHWNMN	JAHVMNN	
418.	5478615	5478916		438.	MNMNNMM	MNNNMMM	
419.	7945874	7943874		439.	kjhdHJGG	kjhbHJgG	
420.	6487459	6481456		440.	lkjdsURT	lkjDsuRT	
421.	3124587	8124531		441.	ncHgsTG	ncHgStg	
422.	5487951	5487851		442.	jbdEF>E=	jdbEE>E=	
423.	6547894	6541894		443.	QoOqbpBD	QOOqdpbD	
424.	3249782	3248788		444.	JA54zR7CD	JJA54zR7C	
425.	3597874	3597824		445.	JY23BDQO	JYY23BDO	
426.	3549872	3649612		446.	GA+32BBD>	GA+82BDD>	
427.	0054862	0005486		447.	&%G?ARV	&%$%§RV	
428.	0010124	0010012		448.	FIE§§!5 668	FIE§$!5 868	
429.	1115482	1154822		449.	ÜüÖöOoUu	ÜüöÖoOUu	
430.	2211223	2221113		450.	ÖöÜüQqOo	ÖöÜüObOo	
431.	3344556	3344456					

Lösungen

	Original	Abschrift	Fehler		Original	Abschrift	Fehler
Zu 412.	2158318	2156316	2	Zu 432.	HGRFLED	HGRFLEB	1
Zu 413.	6458482	6258284	3	Zu 433.	RAGSEFA	RAGBEEA	2
Zu 414.	1859782	1869762	2	Zu 434.	JAHWERS	JAHVERS	1
Zu 415.	3587197	3287187	2	Zu 435.	HATWRSD	HATWBSD	1
Zu 416.	5784986	5789486	2	Zu 436.	ÖAJRSFAJ	OAJRSEAJ	2
Zu 417.	2258791	2258797	1	Zu 437.	JAHWNMN	JAHVMNN	3
Zu 418.	5478615	5478916	2	Zu 438.	MNMNNMM	MNNNMMM	2
Zu 419.	7945874	7943874	1	Zu 439.	kjhdHJGG	kjhbHJgG	2
Zu 420.	6487459	6481456	2	Zu 440.	lkjdsURT	lkjDsuRT	2
Zu 421.	3124587	8124531	3	Zu 441.	ncHgsTG	ncHgStg	3
Zu 422.	5487951	5487851	1	Zu 442.	jbdEF>E=	jdbEE>E=	3
Zu 423.	6547894	6541894	1	Zu 443.	QoOqbpBD	QOOqdpbD	3
Zu 424.	3249782	3248788	2	Zu 444.	JA54zR7CD	JJA54zR7C	8
Zu 425.	3597874	3597824	1	Zu 445.	JY23BDQO	JYY23BDO	5
Zu 426.	3549872	3649612	3	Zu 446.	GA+32BBD>	GA+82BDD>	2
Zu 427.	0054862	0005486	5	Zu 447.	&%G?ARV	&%$%§RV	3
Zu 428.	0010124	0010012	3	Zu 448.	FIE§§!5 668	FIE§$!5 868	2
Zu 429.	1115482	1154822	4	Zu 449.	ÜüÖöOoUu	ÜüöÖoOUu	4
Zu 430.	2211223	2221113	3	Zu 450.	ÖöÜüQqOo	ÖöÜüObOo	2
Zu 431.	3344556	3344456	1				

Konzentrationsvermögen

Zahlenkarten kategorisieren   *Aufgabenerklärung*

In dieser Aufgabe wird Ihr Leistungsvermögen unter hohem Zeitdruck geprüft.

Jeder Aufgabenblock konfrontiert Sie mit verschiedenen Zahlenkarten, auf denen jeweils zwei Zahlen angegeben sind. Entscheiden Sie anhand der angegebenen Bedingungen, in welche von drei Kategorien die Zahlenkarten einzusortieren sind.

Hierzu ein Beispiel

Kategorietabelle

Kategorie A	Obere Zahl > 200	Untere Zahl < 0,042
Kategorie B	Obere Zahl < 200	Untere Zahl > 0,042
Kategorie C	Alle anderen Zahlenkarten	

Aufgabe

Aufgabe	1.	2.	3.
Obere Zahl	202	120	202
Untere Zahl	0,011	0,082	0,089
Kategorie ?			

Antwort

Aufgabe	1.	2.	3.
Obere Zahl	202	120	202
Untere Zahl	0,011	0,082	0,089
Kategorie ?	A	B	C

Zahlenkarten kategorisieren

Bearbeitungszeit 5 Minuten

Ordnen Sie nun jede Zahlenkarte der richtigen Kategorie zu, indem Sie unter jede Karte den Buchstaben A, B oder C eintragen. Sie können in der vorgegebenen Zeit wahrscheinlich nicht alle Aufgaben lösen.

Die Bearbeitungszeit für die 40 Aufgaben beträgt **5 Minuten**.

Kategorietabelle

Kategorie A	Obere Zahl > 150	Untere Zahl < 0,087
Kategorie B	Obere Zahl < 150	Untere Zahl > 0,087
Kategorie C	Alle anderen Zahlenkarten	

Block A

Aufgabe	451.	452.	453.	454.	455.	456.	457.	458.
Obere Zahl	240	202	147	169	174	187	139	126
Untere Zahl	0,032	0,011	0,099	0,067	0,035	0,015	0,088	0,91
Kategorie ?								

Block B

Aufgabe	459.	460.	461.	462.	463.	464.	465.	466.
Obere Zahl	151	140	178	203	125	87	197	129
Untere Zahl	0,064	0,98	0,044	0,086	0,87	15	0,08	0,07
Kategorie ?								

Block C

Aufgabe	467.	468.	469.	470.	471.	472.	473.	474.
Obere Zahl	147,8	64	165	97	137	143	171	100
Untere Zahl	0,95	0,0087	0,049	0,97	0,0067	0,097	0,078	100
Kategorie ?								

Block D

Aufgabe	475.	476.	477.	478.	479.	480.	481.	482.
Obere Zahl	15	150,5	148	163	228	147	87	174
Untere Zahl	8,7	0,0088	0,048	0,08	0,054	0,0048	149,9	0,089
Kategorie ?								

Block E

Aufgabe	483.	484.	485.	486.	487.	488.	489.	490.
Obere Zahl	15,0	148,7	0,151	150,1	154,1	124	0,987	155,5
Untere Zahl	0,86	0,0086	0,807	0,009	0,095	0,064	138	0,099
Kategorie ?								

Lösungen

Block A

Aufgabe	Zu 451.	Zu 452.	Zu 453.	Zu 454.	Zu 455.	Zu 456.	Zu 457.	Zu 458.
Obere Zahl	240	202	147	169	174	187	139	126
Untere Zahl	0,032	0,011	0,099	0,067	0,035	0,015	0,088	0,91
Kategorie ?	A	A	B	A	A	A	B	B

Block B

Aufgabe	Zu 459.	Zu 460.	Zu 461.	Zu 462.	Zu 463.	Zu 464.	Zu 465.	Zu 466.
Obere Zahl	151	140	178	203	125	87	197	129
Untere Zahl	0,064	0,98	0,044	0,086	0,87	15	0,08	0,07
Kategorie ?	A	B	A	A	B	B	A	C

Block C

Aufgabe	Zu 467.	Zu 468.	Zu 469.	Zu 470.	Zu 471.	Zu 472.	Zu 473.	Zu 474.
Obere Zahl	147,8	64	165	97	137	143	171	100
Untere Zahl	0,95	0,0087	0,049	0,97	0,0067	0,097	0,078	100
Kategorie ?	B	C	A	B	C	B	A	B

Block D

Aufgabe	Zu 475.	Zu 476.	Zu 477.	Zu 478.	Zu 479.	Zu 480.	Zu 481.	Zu 482.
Obere Zahl	15	150,5	148	163	228	147	87	174
Untere Zahl	8,7	0,0088	0,048	0,08	0,054	0,0048	149,9	0,089
Kategorie ?	B	A	C	A	A	C	B	C

Block E

Aufgabe	Zu 483.	Zu 484.	Zu 485.	Zu 486.	Zu 487.	Zu 488.	Zu 489.	Zu 490.
Obere Zahl	15,0	148,7	0,151	150,1	154,1	124	0,987	155,5
Untere Zahl	0,86	0,0086	0,807	0,009	0,095	0,064	138	0,099
Kategorie ?	B	C	B	A	C	C	B	C

Prüfung

4

Kaufmann/-frau für Versicherungen und Finanzen

Allgemeinwissen

Verschiedene Themen   *Bearbeitungszeit 10 Minuten*

Die folgenden Aufgaben prüfen Ihr Allgemeinwissen.

Zu jeder Aufgabe werden verschiedene Lösungsmöglichkeiten angegeben.

Beantworten Sie bitte die folgenden Aufgaben, indem Sie jeweils den richtigen Buchstaben markieren.

491. **Der Ausgang einer Landtagswahl beeinflusst die Zusammensetzung welcher politischen Organe?**

   A. Europäisches Parlament und Bundesrat

   B. Bundesrat und Bundesversammlung

   C. Europarat und Bundesregierung

   D. Bundesregierung und Bundestag

   E. Bundesverfassungsgericht und Europäische Kommission

492. **Was war der Vorläufer der europäischen Gemeinschaftswährung Euro?**

   A. Euromark

   B. ECU

   C. ESD

   D. Euro-Pfund

   E. Keine Antwort ist richtig.

493. **Welche gehört nicht zu den Aufgaben der Europäischen Zentralbank?**

   A. Versorgung der Volkswirtschaft mit Geld

   B. Festlegung des Goldpreises

   C. Verwaltung der offiziellen Währungsreserven

   D. Devisengeschäfte

   E. Keine Antwort ist richtig.

494. **In welcher Stadt hat der Bundesfinanzhof seinen Sitz?**

   A. Karlsruhe

   B. Berlin

   C. München

   D. Frankfurt

   E. Keine Antwort ist richtig.

495. Was geschah am 24. Oktober 1929 an der New Yorker Börse?

A. Die Börsenkurse sind stark gestiegen.

B. Dieser Tag wird auch als „grüner Freitag" bezeichnet.

C. An diesem Tag wurde eine Weltwirtschaftskrise durch den Zusammenbruch der New Yorker Börse ausgelöst.

D. Die Börsenkurse sind leicht gefallen.

E. Keine Antwort ist richtig.

496. Wobei wurden die Machtverhältnisse in Europa nach dem Ende der Herrschaft Napoleons neu geordnet?

A. Wiener Kongress

B. Warschauer Pakt

C. Haager Konferenz

D. Westminster-Konvention

E. Keine Antwort ist richtig.

497. Welche Kulturpflanze wurde nicht aus Amerika nach Europa eingeführt?

A. Tomate

B. Kartoffel

C. Mais

D. Karotte

E. Keine Antwort ist richtig.

498. Welcher Teil der Zelle schützt sie vor der Umgebung?

A. Mitochondrien

B. Zellmembran

C. Ribosomen

D. Zellkern

E. Keine Antwort ist richtig.

499. Wofür steht der Begriff „Web 2.0"?

A. Das Web 2.0 ist stark zentralistisch organisiert.

B. Das Web 2.0 machen Interaktivität und Kooperation aus.

C. Im Web 2.0 zählt vor allem die professionelle Nutzung des Internet.

D. Web 2.0 ist der neueste Entwicklungsstand von Datenverbindungen.

E. Keine Antwort ist richtig.

500. Was bezeichnet man mit dem Begriff „open source"?

- A. Hardwarekomponenten, die sehr einfach gewartet werden können
- B. Nachrichten, die über Links einfach nachrecherchiert werden können
- C. Software, die kostenlos weiterentwickelt und -verteilt werden darf
- D. Hard- und Software, die nicht von einem Markenhersteller stammt
- E. Keine Antwort ist richtig.

Lösungen

Zu 491.

B. Bundesrat und Bundesversammlung

Eine Landtagswahl hat Konsequenzen für die Zusammensetzung des Bundesrats und der Bundesversammlung: Der Bundesrat besteht aus Vertretern der Landesregierungen und wirkt an der Gesetzgebung des Bundes mit, die Bundesversammlung umfasst die Mitglieder des Bundestags und Abgesandte der Länderparlamente. Auf die Zusammensetzung eines EU-Gremiums wirkt sich die Landtagswahl nicht aus.

Zu 492.

B. ECU

Die ECU – ausgeschrieben: „European Currency Unit" („Europäische Währungseinheit") – war von 1979 bis 1998 Rechnungseinheit zunächst der Europäischen Gemeinschaften, seit 1992 Rechnungseinheit der Europäischen Union. Der Wechselkurs der ECU ergab sich aus ihren Wechselkursen gegenüber den europäischen Währungen, die in einem speziellen Verhältnis gewichtet wurden. Banknoten in ECU wurden nicht ausgegeben. Die ECU wurde am 1. Januar 1999 in einem Umrechnungsverhältnis von 1:1 auf Euro umgestellt.

Zu 493.

B. Festlegung des Goldpreises

Die grundlegenden Aufgaben der Europäischen Zentralbank bestehen in der Festlegung und Durchführung der Geldpolitik, der Durchführung von Devisengeschäften, der Verwaltung der offiziellen Währungsreserven der Mitgliedsstaaten sowie der Versorgung der Volkswirtschaft mit Geld zur Gewährung eines reibungslosen Zahlungsverkehrs.

Der Goldpreis entsteht aus dem Zusammenspiel von Angebot und Nachfrage.

Zu 494.

C. München

Der Bundesfinanzhof (BFH) ist das oberste Gericht für Steuer- und Zollsachen mit Sitz in München. Er ist die höchste Instanz der Finanzgerichtsbarkeit. Neben dem Bundesgerichtshof, dem Bundessozialgericht, dem Bundesverwaltungsgericht und dem Bundesarbeitsgericht ist er einer der fünf obersten Gerichtshöfe des Bundes der Bundesrepublik Deutschland.

Zu 495.

C. An diesem Tag wurde eine Weltwirtschaftskrise durch den Zusammenbruch der New Yorker Börse ausgelöst.

Der 24. Oktober 1929 wird im Allgemeinen als „Schwarzer Donnerstag" bezeichnet, da damals der folgenreichste Börsencrash der Geschichte stattfand. In den Vorwochen war schon ein deutlicher Rückgang des jahrelang stark gestiegenen Dow-Jones-Index verzeichnet worden. Doch brachen die Börsenkurse erst an diesem Tag aufgrund von Panik unter den Anlegern ein. Dies wurde zum Auslöser der Weltwirtschaftskrise, die sich über Jahre hinzog und erst 1932 ihren endgültigen Tiefpunkt erreichte.

Zu 496.

A. Wiener Kongress

Nach dem Sturz Napoleon Bonapartes im Frühjahr 1814 begann im Herbst desselben Jahres unter der Leitung des österreichischen Außenministers Metternich der Wiener Kongress, auf dem eine dauerhafte Nachkriegsordnung für Europa ausgehandelt werden sollte. Dazu kamen politische Vertreter aus rund 200 europäischen Staaten zusammen. Nach der zwischenzeitlichen Rückkehr Napoleons und seiner endgültigen Niederlage in der Schlacht bei Waterloo (18. Juni 1815) wurde die politische Landkarte Europas schließlich umfassend neu gestaltet. Zu den Gewinnern des Kongresses zählten Österreich, Russland, Preußen und Großbritannien, Frankreich hingegen musste alle annektierten Gebiete wieder abtreten. Der polnische Staat wurde wie schon wenige Jahrzehnte zuvor zerschlagen und erneut zwischen Russland, Österreich und Preußen aufgeteilt.

Zu 497.

D. Karotte

Die Tomate wurde erstmals 1498 von Christoph Kolumbus aus der „neuen Welt" nach Europa gebracht, der Mais und die Kartoffel folgten im 16. Jh. Die heute bekannte Karotte bzw. Möhre ist eine Kreuzung mehrerer ursprünglicher Kulturformen aus dem Mittelmeerraum und Afghanistan.

Zu 498.

B. Zellmembran

Eine Zelle ist die elementare Einheit aller Lebewesen. Es gibt Einzeller, die aus nur einer einzigen Zelle bestehen, und Mehrzeller, bei denen mehrere Zellen zu einer funktionellen Einheit verbunden sind. Der menschliche Körper beispielsweise besteht aus rund 220 verschiedenen Zell- und Gewebetypen und mehreren Milliarden Zellen.

Jede Zelle ist durch eine Zellmembran umschlossen, die sie von der Umgebung abgrenzt und schützt. Sie besteht hauptsächlich aus einer Doppel-Lipidschicht, die den Austausch von Nährstoffen zwischen der Zelle und ihrer Umgebung ermöglicht.

Zu 499.

B. Das Web 2.0 machen Interaktivität und Kooperation aus.

Mit dem Schlagwort „Web 2.0" – angelehnt an die Zählung der Versionsnummern von Software – wird seit 2003 eine neue dezentrale Internet-Architektur mit höherer Aktivität der einzelnen Nutzer postuliert. Anstatt mit Inhalten beliefert zu werden, die von relativ wenigen Anbietern produziert werden, sollen die Nutzer im Web 2.0 selbst aktiv werden, eigene Inhalte entwickeln und sich mit anderen Nutzern vernetzen. Unter den Begriff „Web 2.0" lassen sich z. B. Blogs, Internet-Enzyklopädien wie Wikipedia oder Social Networks fassen.

Zu 500.

C. Software, die kostenlos weiterentwickelt und -verteilt werden darf

Mit dem Begriff „open source" (dt. „offene Quelle") wird eine Software bezeichnet, die folgende Bedingungen erfüllt: Der Quellcode – der in Programmiersprache geschriebene Text des Programms – darf kostenfrei heruntergeladen werden, die Software darf beliebig weiterverbreitet und genutzt werden, und sie darf beliebig weiterentwickelt und diese Weiterentwicklung kopiert werden.

Fachbezogenes Wissen

Branche und Beruf   *Bearbeitungszeit 10 Minuten*

Mit den folgenden Aufgaben wird Ihr fachbezogenes Wissen geprüft.

Beantworten Sie bitte die folgenden Aufgaben, indem Sie jeweils den richtigen Buchstaben markieren.

501. Welche Versicherung ist keine Sachversicherung?

- A. Glasversicherung
- B. Hausratsversicherung
- C. Feuerversicherung
- D. Berufsunfähigkeitsversicherung
- E. Keine Antwort ist richtig.

502. Was besagt im Versicherungswesen das „Gesetz der großen Zahl"?

- A. Wer hohe Schäden verursacht, hat eine höhere Prämie zu zahlen.
- B. Je mehr Versicherungsverträge, desto schlechter die Absicherung.
- C. Je höher die Versicherungsbeiträge, desto größer der Schutz.
- D. Je größer die beobachtete Grundgesamtheit, desto mehr wird der Zufall zu einer kalkulierbaren Größe.
- E. Keine Antwort ist richtig.

503. Welche Aussage zur Risikolebensversicherung ist falsch?

- A. Der Versicherungsfall tritt mit dem Tod des Versicherungsnehmers ein.
- B. Der Versicherungsbeitrag wird für das Versprechen des Versicherers gezahlt.
- C. Die Auszahlung erfolgt an die Hinterbliebenen des Versicherungsnehmers.
- D. Nach der Versicherungslaufzeit erhält der Versicherungsnehmer eine Auszahlung.
- E. Keine Antwort ist richtig.

504. Wie lautet die allgemeine Formel für die sogenannte „Schadenhäufigkeit"?

A. $\text{Schadenhäufigkeit} = \dfrac{\text{Gesamtschaden}}{\text{Anzahl der Schäden}}$

B. $\text{Schadenhäufigkeit} = \dfrac{\text{Anzahl der Schäden} \times 1000}{\text{Gesamtschaden}}$

C. $\text{Schadenhäufigkeit} = \dfrac{\text{Anzahl der Schäden} \times 1000}{\text{Anzahl der versicherten Risiken}}$

D. $\text{Schadenhäufigkeit} = \dfrac{\text{Anzahl der versicherten Risiken}}{\text{Anzahl der Schäden}}$

E. Keine Antwort ist richtig.

505. Was versteht man im Versicherungs- und Bankenwesen unter „Solvabilität"?

A. Die Zins- und Prämienpolitik eines Versicherers oder eines Kreditinstituts

B. Der Rang eines Versicherers oder eines Kreditinstituts

C. Die Ausstattung eines Versicherers oder eines Kreditinstituts mit Fremdkapital

D. Die Leistungsfähigkeit eines Unternehmens bezüglich seiner Vertragsverpflichtungen

E. Keine Antwort ist richtig.

506. Was bedeutet der Begriff „Fusion" im wirtschaftlichen Sinne?

A. Feindliche Übernahme eines Unternehmens

B. Freundliche Übernahme eines Unternehmens

C. Zusammenschluss von Unternehmen

D. Unternehmensfinanzierung

E. Keine Antwort ist richtig.

507. Was versteht man unter dem Begriff „Goldstandard"?

A. Einen Ratingwert für Kapitalanlagen

B. Die internationale Festlegung des Goldwertes

C. Einen festgelegten Umtauschkurs der Edelmetalle zueinander

D. Die Deckung einer Währung durch Goldreserven

E. Keine Antwort ist richtig.

508. Wie heißt der Index für die 30 größten und umsatzstärksten Unternehmen an der Frankfurter Wertpapierbörse?

A. TecDax

B. MDax

C. SDax

D. Dax

E. Keine Antwort ist richtig.

509. Was geschieht bei der Thesaurierung von Fondserträgen?

A. Die Erträge werden an die Anteilseigner ausgezahlt.

B. Die Erträge werden genutzt, um das Fondsvermögen zu erhöhen.

C. Die Erträge werden nach und nach ausgeschüttet.

D. Die Erträge werden für Krisenzeiten zurückgestellt.

E. Keine Antwort ist richtig.

510. Welchen Zweck hat ein wirtschaftlicher Stresstest?

A. Steigerung der Produktivität

B. Kleinanleger zur Überprüfung ihrer Geldanlagen zu veranlassen

C. Vorbereitung auf bestimmte wirtschaftliche Situationen, Krisenprävention

D. Schwächung konkurrierender Unternehmen

E. Keine Antwort ist richtig.

Lösungen

Zu 501.

D. Berufsunfähigkeitsversicherung

Sachversicherungen dienen dem Versicherungsschutz von Sachwerten sowie der Gefahrenabwehr von Haftungsrisiken: Darunter fallen beispielsweise die Autoversicherung, die Hausratsversicherung, die Feuerversicherung, die Kunstversicherung, die private Haftpflichtversicherung und die Gebäudeversicherung. Dagegen liegt das versicherte Risiko bei der Berufsunfähigkeitsversicherung in einer Person, weshalb sie zu den Personenversicherungen zählt.

Zu 502.

D. Je größer die beobachtete Grundgesamtheit, desto mehr wird der Zufall zu einer kalkulierbaren Größe.

Das Gesetz der großen Zahlen hat in der Versicherungsbranche eine wichtige praktische Bedeutung. Es handelt sich um einen mathematischen Satz aus der Wahrscheinlichkeitsrechnung. In seiner einfachsten Form besagt er, dass sich die relative Häufigkeit eines Zufallsergebnisses immer weiter an dessen Wahrscheinlichkeit annähert, je häufiger das Experiment wiederholt wird.

So erlaubt das Gesetz der großen Zahlen eine ungefähre Vorhersage über zukünftige Schadensverläufe: Je größer die Zahl der versicherten Personen, Güter und Sachwerte, die von der gleichen Gefahr bedroht sind, desto geringer der Einfluss des Zufalls. Das Gesetz der großen Zahlen sagt aber nichts darüber aus, wer im Einzelnen von einem Schaden getroffen wird. Großereignisse und Trends wie der Klimawandel, die die Berechnungsbasis von Durchschnittswerten verändern, können das Gesetz zumindest teilweise unbrauchbar machen.

Zu 503.

D. Nach der Versicherungslaufzeit erhält der Versicherungsnehmer eine Auszahlung.

Eine Risikolebensversicherung ist eine reine Todesfallversicherung, d. h. die Hinterbliebenen erhalten die Versicherungsleistung im Todesfall des Versicherten. Es ist ratsam, eine solche Versicherung bei größeren Baufinanzierungen abzuschließen, um die Hinterbliebenen in der Familie im Todesfall abzusichern. Ohne eine Risikolebensversicherung könnte im Todesfall des Hauptverdieners eine finanzielle Katastrophe für die Hinterbliebenen entstehen.

Zu 504.

Schadenhäufigkeit =

C. $= \dfrac{\text{Anzahl der Schäden} \times 1000}{\text{Anzahl der versicherten Risiken}}$

Die Schadenhäufigkeit ist ein rechnerischer Wert der Versicherer, welcher die Anzahl der jährlich anfallenden Schäden je tausend Risiken in Promille angibt.

Die Versicherungsprämie für die Deckung des einzelnen Risikos (Schadenbedarf) lässt sich durch die Multiplikation von Schadendurchschnitt und Schadenhäufigkeit errechnen.

Zu 505.

D. Die Leistungsfähigkeit eines Unternehmens bezüglich seiner Vertragsverpflichtungen

„Solvabilität" bezeichnet im Versicherungs- und Bankwesen die Ausstattung eines Versicherers oder eines Kreditinstituts mit Eigenmitteln. Die Eigenmittel dienen dazu, Risiken des Versicherungs- bzw. Kreditgeschäfts abzudecken und die Ansprüche der Versicherungsnehmer oder Gläubiger auch bei ungünstigen Entwicklungen abzusichern. Je höher die Solvabilität eines Unternehmens ist, desto besser sind die Ansprüche der Kunden gesichert. Die Höhe der Eigenmittel wird nach dem gesamten Geschäftsumfang des Unternehmens bemessen.

Zu 506.

C. Zusammenschluss von Unternehmen

Eine Fusion ist ein Zusammenschluss von Unternehmen und somit eine mögliche Ursache einer Marktkonzentration. Ursprünglich bezeichnete man so nur den rechtlichen Tatbestand einer Verschmelzung zweier Unternehmen. Im heutigen Sprachgebrauch bezieht sich der Begriff aber auf jeden Zusammenschluss zweier etwa gleichwertiger Unternehmen, unabhängig von der rechtlichen Ausgestaltung. Mittlerweile hat sich auch im deutschsprachigen Raum die englische Bezeichnung „Mergers & Acquisitions" („Zusammenschlüsse und Übernahmen"), kurz „M&A", eingebürgert. Fusionen können die Folgen feindlicher und freundlicher Übernahmen sein.

Zu 507.

D. Die Deckung einer Währung durch Goldreserven

Unter dem Begriff „Goldstandard" versteht man die Deckung einer Währung durch Goldreserven der Zentralbank. Das bedeutet, dass jeder Geldwert der betreffenden Währungseinheit ein bestimmtes Quantum an Gold repräsentiert. Nach dem Ende des Zweiten Weltkriegs verfügten nur noch die USA über ausreichende Goldreserven, um ihre Währung dadurch zu decken; es etablierte sich das sogenannte „Bretton-Woods-System", in dem der US-Dollar durch Gold gestützt wurde und alle übrigen Währungen durch feste Umrechnungskurse an den US-Dollar gebunden waren. Dieses System zerbrach schließlich Anfang der 70er-Jahre.

Zu 508.

D. Dax

Der Dax wurde gemeinsam von der Arbeitsgemeinschaft der deutschen Wertpapierbörsen, der Frankfurter Wertpapierbörse und der Börsen-Zeitung entwickelt und am 1. Juli 1988 eingeführt. Als Leitindex des deutschen Aktienmarkts ist er der wichtigste deutsche Aktienindex. Der Dax gibt Auskunft über den Stand und die Entwicklung der Aktienkurse der 30 größten und umsatzstärksten deutschen Unternehmen an der Frankfurter Wertpapierbörse.

Zu 509.

B. Die Erträge werden genutzt, um das Fondsvermögen zu erhöhen.

Thesaurierende Fonds lassen Fondserträge wieder ins Gesamtvermögen des Fonds rückfließen, wodurch auch der Eigenwert der Fondsanteile steigt. Das kann steuerliche Vorteile im Vergleich zu einer Wiederanlage bieten, bei der Erträge zuerst ausgeschüttet und dann in zusätzlichen Anteilen wiederangelegt werden.

Zu 510.

C. Vorbereitung auf bestimmte wirtschaftliche Situationen, Krisenprävention

Ein Stresstest simuliert eine veränderte, meist extreme Wirtschaftssituation, die beispielsweise durch steigende oder fallende Zinsen oder Aktienkurse, durch Veränderungen des Rohstoffpreises oder der wirtschaftlichen Nachfrage auftreten kann. Mittels Stresstests können z. B. Banken Risiken ihrer Portfolios ermitteln und geeignete Präventionsmaßnahmen entwickeln.

Sprachbeherrschung

Rechtschreibung   *Bearbeitungszeit 5 Minuten*

Der folgende Aufgabenteil prüft Ihre Rechtschreibkenntnisse.

Beantworten Sie bitte die folgenden Aufgaben, indem Sie jeweils den Lösungsbuchstaben des korrekt geschriebenen Antwortvorschlags markieren.

511.

- A. Thunfische ernähren sich von Krebstieren.
- B. Tuenfische ernähren sich von Krebstieren.
- C. Thunfische ernähren sich von Krebstiren.
- D. Tunfische ernähren sich von Krebstiren.
- E. Keine Antwort ist richtig.

512.

- A. Ein Pfund Kaffee sind exakt 500 Gramm.
- B. Ein Fund Kaffee sind exakt 500 Gramm.
- C. Ein Pfund Kafee sind exakt 500 Gramm.
- D. Ein Pfund Kafe sind exakt 500 Gramm.
- E. Keine Antwort ist richtig.

513.

- A. Der Manager appellierte an die Vernunft der Sekretärin.
- B. Der Manager apellierte an die Vernunft der Sekretärin.
- C. Der Manager appelierte an die Vernunft der Sekretärin.
- D. Der Manager appellierte an die Vernunft der Sekreterin.
- E. Keine Antwort ist richtig.

514.

- A. Rezept mit Remouladensose
- B. Rezept mit Remolladensoße
- C. Rezept mit Remouladensoße
- D. Rezept mit Remuladensoße
- E. Keine Antwort ist richtig.

515.

- A. Masseur und Physiotherapeut
- B. Maseur und Psychotherapeut
- C. Maseur und Physiotherapeut
- D. Masseur und Pysiotherapeut
- E. Keine Antwort ist richtig.

Lösungen

Zu 511.

A. Thunfische ernähren sich von Krebstieren.

Nur in Lösungsvorschlag A sind die Wörter „Thunfische" und „Krebstieren" richtig geschrieben.

Zu 512.

A. Ein Pfund Kaffee sind exakt 500 Gramm.

Nur in Lösungsvorschlag A sind die Wörter „Pfund" und „Kaffee" richtig geschrieben.

Zu 513.

A. Der Manager appellierte an die Vernunft der Sekretärin.

Nur in Lösungsvorschlag A sind die Wörter „appellierte" (von „Appell") und „Sekretärin" richtig geschrieben.

Zu 514.

C. Rezept mit Remouladensoße

Nur in Lösungsvorschlag C ist das Wort „Remouladensoße" richtig geschrieben.

Zu 515.

A. Masseur und Physiotherapeut

Nur in Lösungsvorschlag A sind die Wörter „Masseur" und „Physiotherapeut" richtig geschrieben. Den in Antwort B erwähnten Psychotheraupeuten gibt es zwar auch – er behandelt jedoch nicht den Körper, sondern die Psyche.

Sprachbeherrschung

Fremdwörter   *Bearbeitungszeit 5 Minuten*

Ordnen Sie den Fremdwörtern die richtige Bedeutung zu, indem Sie den entsprechenden Lösungsbuchstaben in das mittlere Kästchen eintragen.

Begriffe	A–E	Gegenteilige Begriffe
516. fokussieren		A. flink
517. Empathie		B. unbesetzt
518. vakant		C. feinsinnig
519. subtil		D. Einfühlungsvermögen
520. agil		E. scharf stellen

Lösungen

Zu 516. fokussieren

E. scharf stellen

Zu 517. Empathie

D. Einfühlungsvermögen

Zu 518. vakant

B. unbesetzt

Zu 519. subtil

C. feinsinnig

Zu 520. agil

A. flink

Sprachbeherrschung

Satzreihenfolge

Tragen Sie zu jedem Satz die entsprechende fortlaufende Nummer in das Leerfeld ein, sodass die einzelnen Sätze in sinnvoller Reihenfolge stehen und einen zusammenhängenden Text ergeben.

Hinweise zur Bearbeitung

Bei dieser Aufgabe wird Ihr Gefühl für Sprachlogik geprüft. Dabei sind die angegebenen Sätze so anzuordnen, dass sich eine inhaltlich und grammatisch schlüssige Geschichte ergibt. Prüfen Sie daher bei der Zusammenstellung des Texts zum einen, ob die Satzanschlüsse formal korrekt sind – verweist ein „dieser", „diese" oder „dieses" auch tatsächlich auf einen Bezugspunkt im vorherigen Satz? Zum anderen müssen Sie auf die inhaltliche Dimension achten: Setzt sich ein „aber" am Satzanfang auch wirklich vom Vorangegangenem ab, folgt auf ein „denn" tatsächlich eine Begründung des bereits Gesagten? Wird eine zeitliche Reihenfolge eingehalten?

Eine probate Vorgehensweise ist es, vom wahrscheinlichsten Anfangssatz auszugehen (der keinen Bezug zu einem vorhergehenden Inhalt nimmt) und sich anhand der Überprüfung von sprachlichen und inhaltlichen Bezügen Satz für Satz durch den Text zu hangeln. Sie können natürlich auch anders vorgehen.

521.

A. Zur ersten großen Eruption kam es dabei am 22. August 1883.

B. Krakatau ist der Name einer indonesischen Vulkaninsel.

C. Das entspricht der 10.000–100.000-fachen Sprengkraft der Hiroshima-Atombombe.

D. Diese war der Schauplatz einer der größten Vulkanausbrüche der Geschichte.

E. Die ausgelöste Flutwelle wurde sogar in noch größerer Distanz registriert – im Ärmelkanal betrug der Ausschlag immerhin zwei Zentimeter.

F. Die Explosionsgeräusche dieses gigantischen Ausbruchs waren in fast 5.000 Kilometern Entfernung zu hören.

G. Die größte Folge-Eruption fünf Tage darauf entwickelte eine Sprengkraft zwischen 200 und 2.000 Megatonnen TNT.

522.

□ **A.** In der Mehrzahl sind dies Männer – sie trifft es etwa zehnmal so häufig wie Frauen.

□ **B.** Mit ihnen bezeichnet man bestimmte Farbfehlsichtigkeiten.

□ **C.** Da Frauen zwei davon besitzen, kann die defekte Erbinformation bei ihnen ausgeglichen werden.

□ **D.** Rot-Grün-„Farbenblinde" können die Farben Rot und Grün nur sehr schwer unterscheiden.

□ **E.** Die Begriffe Rot-Grün-Blindheit und Rot-Grün-Sehschwäche sind wissenschaftliche Fachausdrücke.

□ **F.** Das liegt daran, dass die Fehlsichtigkeit auf dem X-Chromosom weitergegeben wird.

□ **G.** Ein umgangssprachlicher Name für diese Fehlsichtigkeiten lautet „Farbenblindheit".

523.

□ **A.** Bis zur Gründung der ersten Wetterdienste um 1900 dauerte es da noch mehr als 200 Jahre.

□ **B.** Nicht von ungefähr heißen daher frühe Versuche, die Wetterentwicklung zu bestimmen, auch „Bauernregeln".

□ **C.** Die Vorhersage des Wetters beschäftigt die Menschen seit Jahrtausenden.

□ **D.** Doch erst im 17. Jahrhundert erkannte man den Zusammenhang zwischen Luftdruck und Wetterlage.

□ **E.** Heute erreicht eine 24-Stunden-Vorhersage eine Treffsicherheit von 90 Prozent.

□ **F.** Einleuchtend: Die lebensnotwendige Landwirtschaft war (und ist) schließlich abhängig davon.

□ **G.** Für eine Drei-Tages-Prognose liegt dieser Wert immerhin noch bei 75 Prozent.

524.

☐ A. Der Sueskanal verbindet das Rote Meer mit dem Mittelmeer.

☐ B. Die Fahrtzeit zwischen Singapur und Rotterdam verringert sich beispielsweise auf gut acht Stunden.

☐ C. Diese verkürzt die Seewege zwischen dem Nordatlantik und Asien enorm.

☐ D. Der Weg um das Kap der Guten Hoffnung würde dagegen rund drei Stunden länger dauern.

☐ E. Doch eröffnet wurde der Suezkanal erst im November 1869.

☐ F. Noch größer wäre die Zeitersparnis im Altertum gewesen, als die ersten Pläne für eine Verbindung der Meere gemacht wurden.

☐ G. Er führt durch ägyptisches Territorium und stellt eine Wasserstraße von insgesamt 190 Kilometern Länge dar.

525.

☐ A. Er lebte ausschließlich auf zwei kleinen Inseln im Indischen Ozean.

☐ B. Von dort wegfliegen konnte er nicht – mit seinem massigen Rumpf und zwei kleinen Flügeln war er nicht flugfähig.

☐ C. Der Dodo war ein erstaunlicher Vogel.

☐ D. Das war kein Problem für ihn, da er kaum natürliche Feinde hatte.

☐ E. Außerdem kamen mit ihren Schiffen auch fremde Tierarten, die dasselbe mit den Eiern der Dodos taten.

☐ F. Schuld daran waren vermutlich die Seefahrer: Sie verspeisten die naiv-zutraulichen Vögel einfach.

☐ G. Ausgestorben ist der Dodo schließlich trotzdem. Die Forschung nimmt an, dass dies im 17. Jahrhundert geschah.

Lösungen

Zu 521.

A3 | B1 | C5 | D2 | E7 | F6 | G4

Krakatau ist der Name einer indonesischen Vulkaninsel. Diese war der Schauplatz einer der größten Vulkanausbrüche der Geschichte. Zur ersten großen Eruption kam es dabei am 22. August 1883. Die größte Folge-Eruption fünf Tage darauf entwickelte eine Sprengkraft zwischen 200 und 2.000 Megatonnen TNT. Das entspricht der 10.000-100.000-fachen Sprengkraft der Hiroshima-Atombombe. Die Explosionsgeräusche dieses gigantischen Ausbruchs waren in fast 5.000 Kilometern Entfernung zu hören. Die ausgelöste Flutwelle wurde sogar in noch größerer Distanz registriert – im Ärmelkanal betrug der Ausschlag immerhin zwei Zentimeter.

Zu 522.

A5 | B2 | C7 | D4 | E1 | F6 | G3

Die Begriffe Rot-Grün-Blindheit und Rot-Grün-Sehschwäche sind wissenschaftliche Fachausdrücke. Mit ihnen bezeichnet man bestimmte Farbfehlsichtigkeiten. Ein umgangssprachlicher Name für diese Fehlsichtigkeiten lautet „Farbenblindheit". Rot-Grün-„Farbenblinde" können die Farben Rot und Grün nur sehr schwer unterscheiden. In der Mehrzahl sind dies Männer – sie trifft es etwa zehnmal so häufig wie Frauen. Das liegt daran, dass die Fehlsichtigkeit auf dem X-Chromosom weitergegeben wird. Da Frauen zwei davon besitzen, kann die defekte Erbinformation bei ihnen ausgeglichen werden.

Zu 523.

A5 | B3 | C1 | D4 | E6 | F2 | G7

Die Vorhersage des Wetters beschäftigt die Menschen seit Jahrtausenden. Einleuchtend:

Die lebensnotwendige Landwirtschaft war (und ist) schließlich abhängig davon. Nicht von ungefähr heißen daher frühe Versuche, die Wetterentwicklung zu bestimmen, auch „Bauernregeln". Doch erst im 17. Jahrhundert erkannte man den Zusammenhang zwischen Luftdruck und Wetterlage. Bis zur Gründung der ersten Wetterdienste um 1900 dauerte es da noch mehr als 200 Jahre. Heute erreicht eine 24-Stunden-Vorhersage eine Treffsicherheit von 90 Prozent. Für eine Drei-Tages-Prognose liegt dieser Wert immerhin noch bei 75 Prozent.

Zu 524.

A1 | B4 | C3 | D5 | E7 | F6 | G2

Der Sueskanal verbindet das Rote Meer mit dem Mittelmeer. Er führt durch ägyptisches Territorium und stellt eine Wasserstraße von insgesamt 190 Kilometern Länge dar. Diese verkürzt die Seewege zwischen dem Nordatlantik und Asien enorm. Die Fahrtzeit zwischen Singapur und Rotterdam verringert sich beispielsweise auf gut acht Stunden. Der Weg um das Kap der Guten Hoffnung würde dagegen rund drei Stunden länger dauern. Noch größer wäre die Zeitersparnis im Altertum gewesen, als die ersten Pläne für eine Verbindung der Meere gemacht wurden. Doch eröffnet wurde der Suezkanal erst im November 1869.

Zu 525.

A2 | B3 | C1 | D4 | E7 | F6 | G5

Der Dodo war ein erstaunlicher Vogel. Er lebte ausschließlich auf zwei kleinen Inseln im Indischen Ozean. Von dort wegfliegen konnte er nicht – mit seinem massigen Rumpf und zwei kleinen Flügeln war er nicht flugfähig. Das war kein Problem für ihn, da er kaum natürliche Feinde hatte. Ausgestorben ist der Dodo schließlich trotzdem. Die Forschung nimmt an, dass dies im 17. Jahrhundert geschah. Schuld daran waren vermutlich die Seefahrer: Sie verspeisten die naiv-zutraulichen Vögel einfach. Außerdem kamen mit ihren Schiffen auch fremde Tierarten, die dasselbe mit den Eiern der Dodos taten.

Fremdsprachenkenntnisse

Englisch: Bedeutung von Wörtern

Bearbeitungszeit 10 Minuten

In diesem Abschnitt werden Ihre Englischkenntnisse geprüft.

Geben Sie die korrekte Bedeutung des englischen Wortes wieder, indem Sie den richtigen Buchstaben markieren.

526. fast

A. beinahe
B. schnell
C. kaum
D. ungefähr
E. sicher

527. to brake

A. stören
B. beugen
C. biegen
D. bremsen
E. brechen

528. responsible

A. aufnahmefähig
B. verantwortlich
C. fleißig
D. entschlossen
E. umstritten

529. law

A. Gesetz
B. Erniedrigung
C. Lüge
D. Liege
E. Rasen

530. to hide

A. verzögern
B. aufsteigen
C. abschwächen
D. verbergen
E. bemängeln

531. eventually

A. möglicherweise
B. schließlich
C. festlich
D. gelegentlich
E. unabhängig

532. conscience

A. Gewissen
B. Bewusstsein
C. Übereinstimmung
D. Selbstsicherheit
E. Wachsamkeit

533. ridiculous

A. ritterlich
B. extrem
C. lächerlich
D. herausragend
E. unsicher

534. incident

A. Entscheidung

B. Entzündung

C. Unentschlossenheit

D. Vorfall

E. Auffälligkeit

535. obvious

A. verdächtig

B. abwegig

C. offensichtlich

D. unentschlossen

E. absurd

Lösungen

Zu 526.
B. schnell

Zu 527.
D. bremsen

Zu 528.
B. verantwortlich

Zu 529.
A. Gesetz

Zu 530.
D. verbergen

Zu 531.
B. schließlich

Zu 532.
A. Gewissen

Zu 533.
C. lächerlich

Zu 534.
D. Vorfall

Zu 535.
C. offensichtlich

Mathematik

Bruchrechnen   *Bearbeitungszeit 5 Minuten*

In diesem Abschnitt werden die wesentlichen Zusammenhänge der Bruchrechnung überprüft, wobei der Bruchstrich nichts anderes als ein Geteiltzeichen darstellt.

Beantworten Sie bitte die folgenden Aufgaben, indem Sie jeweils den richtigen Buchstaben markieren.

536. $\dfrac{2}{6} + \dfrac{3}{4} = ?$

    A. $\dfrac{12}{14}$

    B. $\dfrac{13}{14}$

    C. $\dfrac{13}{12}$

    D. $\dfrac{11}{12}$

    E. Keine Antwort ist richtig.

539. $4\dfrac{1}{3} \times \dfrac{1}{4} = ?$

    A. $4\dfrac{1}{4}$

    B. $4\dfrac{1}{3}$

    C. $1\dfrac{1}{12}$

    D. $4\dfrac{1}{12}$

    E. Keine Antwort ist richtig.

537. $\dfrac{7}{2} - \dfrac{3}{3} = ?$

    A. $\dfrac{2}{3}$

    B. 3

    C. $\dfrac{5}{2}$

    D. $\dfrac{3}{2}$

    E. Keine Antwort ist richtig.

540. $\left(3\dfrac{1}{4} + \dfrac{1}{3}\right) \div \dfrac{1}{2} = ?$

    A. $8\dfrac{1}{3}$

    B. 7

    C. $6\dfrac{7}{12}$

    D. $7\dfrac{1}{6}$

    E. Keine Antwort ist richtig.

538. $5\dfrac{1}{2} \div 0{,}4 = ?$

    A. 20,8

    B. $10\dfrac{4}{5}$

    C. $13\dfrac{3}{4}$

    D. $11\dfrac{5}{6}$

    E. Keine Antwort ist richtig.

Lösungen

Zu 536.

C. $\dfrac{13}{12}$

Brüche werden addiert, indem man den gemeinsamen Nenner findet, diesen beibehält und die Zähler miteinander addiert. Anschließend ist das Ergebnis so weit wie möglich zu kürzen.

$$\frac{2}{6}+\frac{3}{4}=\frac{4}{12}+\frac{9}{12}=\frac{13}{12}$$

Zu 537.

C. $\dfrac{5}{2}$

Brüche werden subtrahiert, indem man einen gemeinsamen Nenner findet, die Zähler subtrahiert und den Nenner beibehält. Anschließend muss das Ergebnis so weit wie möglich gekürzt werden.

$$\frac{7}{2}-\frac{3}{3}=\frac{21}{6}-\frac{6}{6}=\frac{15}{6}=\frac{5}{2}$$

Zu 538.

C. $13\dfrac{3}{4}$

Gemischte Zahlen sollten zunächst in reine Brüche umgewandelt werden. Brüche werden dividiert, indem man den ersten Wert (Dividend) mit dem Kehrwert des zweiten Werts (des Divisors, durch den geteilt werden soll) multipliziert:

$$5\frac{1}{2}\div0,4=\frac{11}{2}\div\frac{2}{5}=\frac{11}{2}\times\frac{5}{2}=\frac{55}{4}=13\frac{3}{4}$$

Zu 539.

C. $1\dfrac{1}{12}$

Gemischte Zahlen sollten zunächst in reine Brüche umgewandelt werden. Brüche werden multipliziert, indem man jeweils ihre Zähler und Nenner miteinander malnimmt. Anschließend ist das Ergebnis so weit wie möglich zu kürzen:

$$4\frac{1}{3}\times\frac{1}{4}=\frac{13}{3}\times\frac{1}{4}=\frac{13}{12}=1\frac{1}{12}$$

Zu 540.

D. $7\dfrac{1}{6}$

Gemischte Zahlen sollten zunächst in reine Brüche umgewandelt werden. Brüche werden addiert, indem man sie auf einen gemeinsamen Nenner bringt, ihre Zähler addiert und den Nenner beibehält:

$$\left(3\frac{1}{4}+\frac{1}{3}\right)\div\frac{1}{2}=\left(\frac{13}{4}+\frac{1}{3}\right)\div\frac{1}{2}=\left(\frac{39}{12}+\frac{4}{12}\right)\div\frac{1}{2}=\frac{43}{12}\div\frac{1}{2}$$

Brüche werden multipliziert, indem man den ersten Wert (Dividend) mit dem Kehrwert des zweiten Werts (des Divisors, durch den geteilt werden soll) multipliziert. Anschließend muss das Ergebnis so weit wie möglich gekürzt werden:

$$\frac{43}{12}\div\frac{1}{2}=\frac{43}{12}\times\frac{2}{1}=\frac{86}{12}=\frac{43}{6}=7\frac{1}{6}$$

Mathematik

Prozentrechnen

Beantworten Sie bitte die folgenden Aufgaben, indem Sie jeweils den richtigen Buchstaben markieren.

541. Der Tarifbeitrag einer Versicherung wurde erst um 20 % und dann um 15 % erhöht. Um wie viel Prozent liegt der neue Jahrestarifbeitrag über dem ursprünglichen?

A. 30 %

B. 35 %

C. 38 %

D. 40 %

E. Keine Antwort ist richtig.

542. Ein Versicherungsunternehmen zahlt für einen Kredit in der Zeit vom 6. Januar bis 6. Juli inklusive fünf Prozent Zinsen einen Betrag in Höhe von 20.500 € zurück. Wie hoch ist der Zinsanteil davon?

A. 400 €

B. 450 €

C. 500 €

D. 550 €

E. Keine Antwort ist richtig.

543. Die Jahresprämie für die Kfz-Versicherung wurde um 10 Prozent und anschließend noch mal um 20 Prozent erhöht. Um wie viel Prozent höher liegt der neue Tarif über dem ursprünglichen Tarif?

A. 20 %

B. 24 %

C. 28 %

D. 32 %

E. Keine Antwort ist richtig.

544. Herr Mayer reicht nach seinem Urlaub in der Schweiz bei seiner Versicherung Arztrechnungen in Höhe von 3.000 CHF ein. Wie viel € bekommt Herr Mayer bei einem Wechselkurs von 1 CHF = 0,6 € zurückerstattet, wenn ein Selbstkostenanteil von 40 Prozent vereinbart ist?

A. 960 €

B. 1.000 €

C. 1.080 €

D. 3.000 €

E. Keine Antwort ist richtig.

545. Eine Versicherungsgesellschaft erwirbt für ihr Anlageportfolio ein Mietwohnhaus für 1 Mio. €. Die monatlichen Mieteinnahmen betragen 10.000 €. Von den jährlichen Mieteinnahmen werden 40 Prozent für die Gesamtaufwendungen abgeführt. Wie hoch ist der jährliche Effektivzins, wenn das Objekt durch Eigenkapital finanziert wurde?

A. 5,8 %

B. 6,2 %

C. 6,5 %

D. 7,2 %

E. Keine Antwort ist richtig.

546. Versicherungsmakler Mayer hat Beitragseinnahmen in Höhe von 16.500 € inkl. 10 Prozent Versicherungssteuer. Welchen Betrag muss er an das Versicherungsunternehmen abführen, wenn seine Courtage 15 Prozent auf die Beitragseinnahmen exkl. Versicherungssteuer beträgt?

A. 10.000 €

B. 12.000 €

C. 12.500 €

D. 14.250 €

E. Keine Antwort ist richtig.

547. Versicherungsnehmer Mayer bekommt nach Ablauf der Vertragslaufzeit eine Versicherungssumme von 150.000 € ausgezahlt. Hiervon möchte er eine Eigentumswohnung für 200.000 € erwerben. Den fehlenden Betrag möchte er durch eine Hypothek finanzieren, für die er monatlich für Zins und Tilgung 210 Euro an die Bank zahlt. Für sonstige Kosten entstehen monatlich 100 €. Wie hoch müssten die jährlichen Einnahmen durch die Eigentumswohnung sein, damit Herr Mayer eine Verzinsung von sechs Prozent für seinen Kapitaleinsatz erhält?

A. 10.000 €

B. 11.700 €

C. 12.720 €

D. 14.000 €

E. Keine Antwort ist richtig.

548. Versicherungsnehmer Mayer zahlt als Erstprämie einen Jahresbeitrag von 524 €. Im Beitrag sind die Versicherungssteuern und 4 € Grundgebühren enthalten. Bei der nächsten Prämienfälligkeit möchte er auf vierteljährliche Zahlungsweise umsteigen. Bei dieser Zahlungsweise ist ein Zuschlag von fünf Prozent zu berücksichtigen. Wie hoch ist der vierteljährliche Beitrag inklusive Versicherungssteuer, aber ohne die Grundgebühr?

A. 120,5 €

B. 130,5 €

C. 134,5 €

D. 136,5 €

E. Keine Antwort ist richtig.

549. Ein Versicherungsunternehmen kann eine Rechnung über 9.000 € innerhalb von 10 Tagen unter Abzug von zwei Prozent Skonto begleichen oder ohne Abzug mit einem Zahlungsziel von 20 Tagen. Für die Nutzung des Skonto müsste ein Kredit zu fünf Prozent Zins aufgenommen werden. Welche Ersparnis hätte das Unternehmen bei einer Skontonutzung?

A. 160 €

B. 167,5 €

C. 168,5 €

D. 169,5 €

E. Keine Antwort ist richtig.

550. **Bei der Beitragskalkulation muss Sachbearbeiter Mayer auf einen Versicherungsbeitrag von 100 Euro einen Risikozuschlag von 20 Prozent und einen Kundenrabatt von 10 Prozent berücksichtigen. Versehentlich rechnet er Zuschlag und Nachlass gegeneinander auf, indem er insgesamt 10 Prozent Zuschlag berechnet. Wie hoch ist der dadurch entstandene Mehrbetrag für den Kunden?**

   A. 2 €

   B. 10 €

   C. 12 €

   D. 20 €

   E. Keine Antwort ist richtig.

Lösungen

Zu 541.

C. 38 %

Der neue Jahrestarifbeitrag liegt 38 Prozent über dem ursprünglichen.

$$\text{Prozentwert} = \frac{\text{Grundwert} \times \text{Prozentsatz}}{100}$$

$$\text{Prozentwert} = \frac{100 \times 120}{100} = 120$$

$$\text{Prozentwert} = \frac{120 \times 115}{100} = 138$$

$$138 - 100 = 38 \%$$

Zu 542.

C. 500 €

Der Betrag für die Zinsen beträgt 500 €.

$$5 \% \div 2 = 2,5 \% \text{ Jahreszinssatz}$$

$$\text{Grundwert} = \frac{20.500\,€ \times 100}{102,5} = 20.000\,€$$

$$20.500\,€ - 20.000\,€ = 500\,€$$

Zu 543.

D. 32 %

Der neue Tarif liegt 32 Prozent über dem ursprünglichen.

$$\text{Prozentwert} = \frac{\text{Grundwert} \times \text{Prozentsatz}}{100}$$

$$\text{Prozentwert} = \frac{100 \times 110}{100} = 110$$

$$\text{Prozentwert} = \frac{110 \times 120}{100} = 132$$

$$132 - 100 = 32 \%$$

Zu 544.

C. 1.080 €

Herr Mayer bekommt von seiner Versicherung einen Betrag von 1.080 € erstattet.

$$3.000 \text{ CHF} \times 0,6 = 1.800\,€$$

$$\text{Prozentwert} = \frac{\text{Grundwert} \times \text{Prozentsatz}}{100}$$

$$\text{Prozentwert} = \frac{1.800\,€ \times 60}{100} = 1.080\,€$$

Zu 545.

D. 7,2 %

Der jährliche Effektivzins beträgt 7,2 Prozent.

$$10.000\,€ \times 12 = 120.000\,€ \text{ Jahresmiete}$$

$$\text{Prozentwert} = \frac{\text{Grundwert} \times \text{Prozentsatz}}{100}$$

$$\text{Prozentwert} = \frac{120.000\,€ \times 60}{100} = 72.000\,€$$

$$\text{Prozentsatz} = \frac{\text{Prozentwert} \times 100}{\text{Grundwert}}$$

$$\text{Prozentsatz} = \frac{72.000\,€ \times 100}{1.000.000\,€} = 7,2\%$$

Zu 546.

D. 14.250 €

Er muss einen Betrag in Höhe von 14.250 € an das Versicherungsunternehmen abführen.

$$\text{Grundwert} = \frac{\text{Prozentwert} \times 100}{\text{Prozentsatz}}$$

$$\text{Grundwert} = \frac{16.500\,€ \times 100}{110} = 15.000\,€$$

$$\text{Prozentwert} = \frac{15.000\,€ \times 15}{100} = 2.250\,€$$

$$16.500\,€ - 2.250\,€ = 14.250\,€$$

Zu 547.

C. 12.720 €

Die jährlichen Einnahmen müssten 12.720 € betragen.

$$210\,€ \times 12 = 2.520\,€ \text{ (Tilgung und Kreditzins p. a.)}$$

$$100\,€ \times 12 = 1.200\,€ \text{ (sonstige Kosten p. a.)}$$

$$\text{Prozentwert} = \frac{\text{Grundwert} \times \text{Prozentsatz}}{100}$$

$$\text{Prozentwert} = \frac{150.000\,€ \times 6}{100} = 9.000\,€$$

(Eigenkapitalzins p. a.)

9.000 € + 2.520 € + 1.200 € = 12.720 € (Jahres-einnahmen)

Zu 548.

D. 136,5 €

Herr Mayer müsste vierteljährlich eine Prämie in Höhe von 136,5 € zahlen.

524 € – 4 € = 520 €

520 € ÷ 4 = 130 €

$$\text{Prozentwert} = \frac{\text{Grundwert} \times \text{Prozentsatz}}{100}$$

$$\text{Prozentwert} = \frac{130\,€ \times 105}{100} = 136,5\,€$$

Zu 549.

B. 167,5 €

Das Versicherungsunternehmen hätte eine Ersparnis in Höhe von 167,50 €.

$$\text{Prozentwert} = \frac{\text{Grundwert} \times \text{Prozentsatz}}{100}$$

$$\text{Prozentwert} = \frac{9.000\,€ \times 2}{100} = 180\,€ \ \text{(Skonto)}$$

$$\text{Prozentwert} = \frac{9.000\,€ \times 5}{100} = 450\,€$$

(Zins für 1 Jahr)

(450 € ÷ 360 d) × 10 d = 12,5 € (Zins für 10 Tage)

180 € – 12,5 € = 167,50 €

Zu 550.

A. 2 €

Der Mehrbetrag beläuft sich auf 2 €.

$$\text{Prozentwert} = \frac{\text{Grundwert} \times \text{Prozentsatz}}{100}$$

$$\text{Prozentwert} = \frac{100\,€ \times 110}{100} = 110\,€$$

(falsche Kalkulation)

$$\text{Prozentwert} = \frac{100\,€ \times 120}{100} = 120\,€$$

(20 % Risikozuschlag)

$$\text{Prozentwert} = \frac{120\,€ \times 90}{100} = 108\,€$$

(10 % Kundenrabatt)

110 € – 108 € = 2 € (Differenzbetrag)

Mathematik

Schätzaufgaben   *Bearbeitungszeit 5 Minuten*

Bei dieser Aufgabe zählen Ihre Kopfrechenkünste. Einen Taschenrechner dürfen Sie hier daher nicht benutzen.

Sie müssen die Aufgaben nicht vollständig ausrechnen – geschicktes Schätzen genügt, um die richtigen Ergebnisse zu finden.

Beantworten Sie bitte die folgenden Aufgaben, indem Sie jeweils den richtigen Buchstaben markieren.

551. **151,23 × 21,44 = ?**
   A. 3.476,98
   B. 3.398,358
   C. 2.998,12
   D. 3.242,3712
   E. Keine Antwort ist richtig.

554. **824 × 886 = ?**
   A. 730.064
   B. 1.098.724
   C. 654.068
   D. 834.235
   E. Keine Antwort ist richtig.

552. **467,45 – 276,5 + 1.235,55 = ?**
   A. 1.508,65
   B. 1.492
   C. 1.426,5
   D. 1.284,5
   E. Keine Antwort ist richtig.

555. **11.249 + 22.336 + 908 = ?**
   A. 34.383
   B. 34.493
   C. 35.344
   D. 34.954
   E. Keine Antwort ist richtig.

553. **12.112 + 25.987 + 19.945 = ?**
   A. 60.035
   B. 56.384
   C. 56.034
   D. 58.044
   E. Keine Antwort ist richtig.

Lösungen

Zu 551.

D. 3.242,3712

Die letzte Ziffer der Lösung lässt sich berechnen, indem man nur die Endziffern der einzelnen Werte betrachtet:

$3 \times 4 = 12$

Die letzte Ziffer des Endergebnisses lautet also 2. Mit gerundeten Werten lässt sich das Ergebnis außerdem wie folgt überschlagen:

$150 \times 20 = 3.000$

Da die Lösung größer als 3.000 sein muss, erfüllt beide Bedingungen nur Antwort D.

Zu 552.

C. 1.426,5

Die Nachkommastellen lassen sich geschickt umgruppieren und gesondert berechnen:

$0,45 - 0,5 + 0,55 = 0,45 + 0,55 - 0,5 = 0,5$

Die Nachkommastelle der Lösung lautet also 0,5. Mit gerundeten Hunderterwerten lässt sich das Ergebnis außerdem wie folgt überschlagen:

$4,7 - 2,8 + 12,3 = 14,2$

Beide dieser Bedingungen erfüllt nur Antwort C.

Zu 553.

D. 58.044

Die letzte Ziffer der Lösung lässt sich berechnen, indem man nur die Endziffern der einzelnen Werte betrachtet:

$2 + 7 + 5 = 14$

Die letzte Ziffer des Endergebnisses lautet also 4. Mit gerundeten Tausenderwerten lässt sich der Wert außerdem wie folgt überschlagen:

$12 + 26 + 20 = 58$

Beide dieser Bedingungen erfüllt nur Antwort D.

Zu 554.

A. 730.064

Die letzte Ziffer der Lösung lässt sich berechnen, indem man nur die Endziffern der einzelnen Werte betrachtet:

$4 \times 6 = 24$

Die letzte Ziffer des Endergebnisses lautet also 4. Da zwei dreistellige Zahlen multipliziert werden, kann die Lösung außerdem höchstens sechsstellig sein. Beide dieser Bedingungen erfüllt nur Antwort A.

Zu 555.

B. 34.493

Die letzte Ziffer der Lösung lässt sich berechnen, indem man nur die Endziffern der einzelnen Werte betrachtet:

$9 + 6 + 8 = 23$

Die letzte Ziffer des Endergebnisses ist also 3. Per Überschlag mit gerundeten Tausenderwerten stellt man außerdem fest, dass die Lösung größer sein muss als 34,4 (11,2 + 22,3 + 0,9). Beide dieser Bedingungen erfüllt nur Antwort B.

Mathematik

Kniffelige Aufgaben

Bearbeitungszeit 5 Minuten

Beantworten Sie bitte die folgenden Aufgaben, indem Sie jeweils den richtigen Buchstaben markieren.

556. Wenn man zu der Zahl 3 „4" sagen würde und zu der Dezimalzahl 0,5 „1", was ergäbe dann 4 geteilt durch 1?

   A. 1,5

   B. 6

   C. 8

   D. 2

   E. Keine Antwort ist richtig.

557. Addiert man zu einer Zahl sechs und multipliziert die Summe daraus mit sechs, so erhält man die Zahl 60. Welche Zahl wird gesucht?

   A. 4

   B. 6

   C. 8

   D. 10

   E. Keine Antwort ist richtig.

558. Zu einer Zahl wird 1 addiert. Der so erhaltene Wert wird mit 3 multipliziert, daraufhin wird das Dreifache der gesuchten Zahl abgezogen. Das Ergebnis ist 3. Wie lautet die gesuchte Zahl?

   A. 3

   B. 5

   C. Jede Zahl ist möglich.

   D. 86

   E. Keine Antwort ist richtig.

559. Addiert man die Hälfte, ein Drittel und ein Viertel einer Zahl, so erhält man die Zahl 156. Wie lautet die gesuchte Zahl?

   A. 124

   B. 144

   C. 164

   D. 184

   E. Keine Antwort ist richtig.

560. Auszubildender Müller soll ein Stück Holz in zwei Teile zerlegen. Insgesamt hat das Holzstück eine Länge von 1 Meter. Dabei soll das kürzere Stück $1/4$ des größeren Stückes betragen. Wie lang ist das kürzere Stück?

   A. 25 cm

   B. 20 cm

   C. 15 cm

   D. 10 cm

   E. Keine Antwort ist richtig.

Lösungen

Zu 556.

B. 6

Das Ergebnis wäre 6.

$3 = 4$

$0,5 = 1$

$4 \div 1 = 3 \div 0,5 = 6$

Zu 557.

A. 4

Am besten lässt sich die Aufgabe rückwärts rechnen.

$60 \div 6 = 10$

$10 - 6 = 4$

Zu 558.

C. Jede Zahl ist möglich

Tatsächlich funktioniert diese Rechnung mit jeder Zahl. Was dabei passiert, kann man erkennen, wenn man aus den Angaben der Aufgabenstellung die entsprechende Gleichung erstellt:

$(y + 1) \times 3 - 3y = 3$

$3y + 3 - 3y = 3$

Man erkennt, dass diese Gleichung für jeden beliebigen Wert der unbekannten Zahl y stimmt. Durch die anfängliche Addition mit 1 ist der Wert, der sich aus der anschließenden Multiplikation mit 3 ergibt, immer um 3 größer als der lediglich mit 3 multiplizierte Wert. Da dieser zweite Wert zum Schluss vom ersten Wert abgezogen wird, lautet das Ergebnis immer 3.

Zu 559.

B. 144

Die gesuchte Zahl lautet 144.

$$\frac{1}{2}x + \frac{1}{3}x + \frac{1}{4}x = 156$$

$$\frac{6}{12}x + \frac{4}{12}x + \frac{3}{12}x = 156$$

$$\frac{13}{12}x = 156$$

$$x = 156 \times 12 \div 13 = 144$$

Zu 560.

B. 20 cm

Das kürzere Stück ist 20 cm lang.

Das längere Stück ist viermal so lang wie das kürzere Stück. Beide Stücke zusammen sind 1 Meter lang. Mathematisch ausgedrückt:

$x + 4x = 100$ cm

$5x = 100$ cm $\qquad | \div 5$

$x = 20$ cm

Mathematik

Textaufgaben mit Diagramm   *Bearbeitungszeit 5 Minuten*

Welche Information liefert das Diagramm?

Bitte analysieren Sie das Schaubild und beantworten Sie die nachfolgenden Aufgaben, indem Sie jeweils den richtigen Buchstaben markieren.

Eisenbahn-Güterverkehr in Deutschland

Hauptverkehrsverbindungen 2015 und 2016, Angaben in Kilotonnen/kt (1.000 Tonnen)

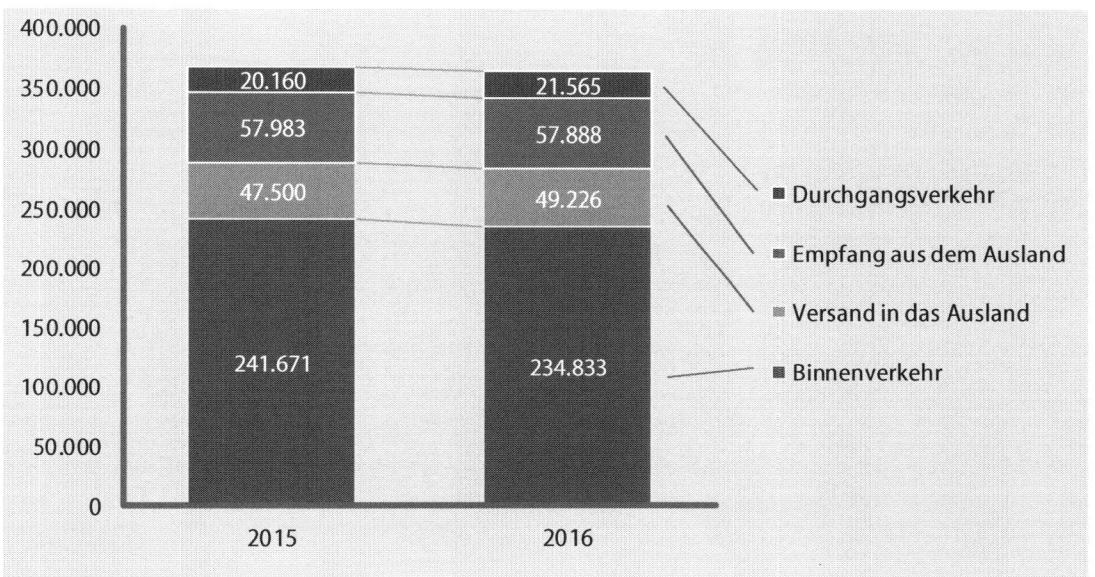

Quelle: Statistisches Bundesamt

561. Wie viel Kilotonnen Güter wurden 2016 auf dem deutschen Schienennetz insgesamt befördert?

A. 363.260

B. 361.332

C. 363.512

D. 352.300

E. Keine Antwort ist richtig.

562. Wie viel Kilotonnen Güter wurden 2015 auf dem deutschen Schienennetz durchschnittlich pro Monat befördert?

A. Rund 70.500 Kilotonnen

B. Rund 30.610 Kilotonnen

C. Rund 15.040 Kilotonnen

D. Rund 29.820 Kilotonnen

E. Keine Antwort ist richtig.

563. Um wie viel Prozent hat sich das Güteraufkommen 2016 gegenüber dem Vorjahr verändert?

A. Um +2,1 Prozent

B. Um −1,0 Prozent

C. Um −2,3 Prozent

D. Um +4,6 Prozent

E. Keine Antwort ist richtig.

564. Wo wurde 2016 das größte prozentuale Wachstum gegenüber dem Vorjahr erzielt?

A. Durchgangsverkehr

B. Versand in das Ausland

C. Empfang aus dem Ausland

D. Binnenverkehr

E. Keine Antwort ist richtig.

565. Im Binnenverkehr wurde 2015 eine Steigerung um 1,25 Prozent zum Vorjahr verzeichnet. Wie viel Kilotonnen Güter wurden 2014 befördert?

A. 238.452

B. 238.687

C. 239.366

D. 240.008

E. Keine Antwort ist richtig.

Lösungen

Zu 561.

C. 363.512

Auf dem deutschen Schienennetz wurden 2016 insgesamt 363.512 Kilotonnen Güter befördert.

234.833 kt + 49.226 kt + 57.888 kt + 21.565 kt = 363.512 kt

Zu 562.

B. Rund 30.610 Kilotonnen

Auf dem deutschen Schienennetz wurden 2015 durchschnittlich rund 30.610 Kilotonnen Güter pro Monat befördert.

Jahresmenge 2015: 241.671 kt + 47.500 kt + 57.983 kt + 20.160 kt = 367.314 kt

Durchschnittliche Monatsmenge: 367.314 kt ÷ 12 = 30.609,5 kt ≈ 30.610 kt

Zu 563.

B. Um −1,0 Prozent

Das Güteraufkommen ist von 2015 bis 2016 um ein Prozent gesunken.

Differenz: 367.314 − 363.512 = 3.802

$$\text{Prozentsatz} = \frac{\text{Prozentwert} \times 100}{\text{Grundwert}}$$

$$\text{Prozentsatz} = \frac{3.802 \times 100}{367.314} = 1,04\,\%$$

Zu 564.

A. Durchgangsverkehr

Das größte Wachstum wurde mit rund 7 % beim Durchgangsverkehr erzielt. Der Prozent-

anteil der Gütermenge von 2016, bezogen auf die Vorjahresmenge, berechnet sich wie folgt:

$$\text{Prozentsatz} = \frac{\text{Prozentwert} \times 100}{\text{Grundwert}}$$

Für die einzelnen Verkehrswege ergibt sich:

Durchgangsverkehr: $\dfrac{21.565 \times 100}{20.160} = 106,97\,\%$

Versand ins Ausland: $\dfrac{49.226 \times 100}{47.500} = 103,63\,\%$

Empfang aus dem Ausland:

$\dfrac{57.888 \times 100}{57.983} = 99,84\,\%$

Binnenverkehr: $\dfrac{234.833 \times 100}{241.671} = 97,17\,\%$

Zu 565.

B. 238.687

Im Jahr 2014 wurden 238.687 Kilotonnen Güter befördert.

Durch die Steigerung um 1,25 % entspricht die 2015 im Binnenverkehr beförderte Gütermenge 101,25 % der Vorjahresmenge. Diese berechnet sich wie folgt:

$$\text{Grundwert} = \frac{\text{Prozentwert} \times 100}{\text{Prozentsatz}}$$

$$\text{Grundwert} = \frac{241.671 \times 100}{101,25\,\%} = 238.687,4$$

Logisches Denkvermögen

Buchstabenreihen fortsetzen

In diesem Abschnitt haben Sie Buchstabenfolgen, die nach festen Regeln aufgestellt sind.
Ihre Aufgabe besteht darin, für jede Buchstabenreihe die Regel herauszufinden, um den unbekannten Buchstaben am Ende der Reihe zu ermitteln.

Hierzu ein Beispiel

Aufgabe

1.

| A | B | C | D | E | ? |

A. D
B. E
C. F
D. G
E. Keine Antwort ist richtig.

Antwort

Ⓒ F

Bei dieser Buchstabenreihe wird jeder weitere Buchstabe alphabetisch fortgesetzt. Der gesuchte Buchstabe lautet somit F und die richtige Antwort ist C.

Buchstabenreihen fortsetzen

Bearbeitungszeit 10 Minuten

Beantworten Sie bitte die folgenden Aufgaben, indem Sie jeweils den richtigen Buchstaben markieren.

566.

| A | Z | B | Y | C | ? |

A. D
B. X
C. F
D. W
E. Keine Antwort ist richtig.

567.

| P | Q | P | R | P | ? |

A. P
B. T
C. S
D. Z
E. Keine Antwort ist richtig.

568.

| E | F | C | D | I | J | G | ? |

A. C
B. D
C. E
D. H
E. Keine Antwort ist richtig.

569.

| F | E | D | I | H | G | L | K | J | ? |

A. M
B. N
C. O
D. P
E. Keine Antwort ist richtig.

570.

| C | D | X | W | E | F | V | U | G | ? |

A. H
B. S
C. T
D. G
E. Keine Antwort ist richtig.

571.

| C | F | I | L | O | ? |

A. N
B. M
C. Q
D. R
E. Keine Antwort ist richtig.

572.

| T | P | K | E | F | B | W | Q | ? |

A. M
B. L
C. K
D. R
E. Keine Antwort ist richtig.

573.

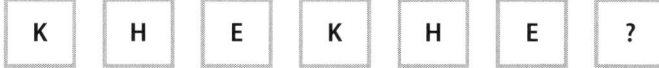

A. F
B. H
C. E
D. K
E. Keine Antwort ist richtig.

574.

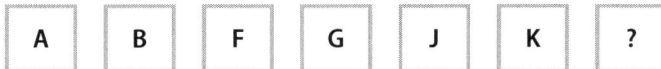

A. P
B. Q
C. N
D. M
E. Keine Antwort ist richtig.

575.

A. F
B. N
C. G
D. H
E. Keine Antwort ist richtig.

Lösungen

Zu 566.

B. X

Es ist eine vom A ausgehende aufwärtszählende Buchstabenreihe abwechselnd mit einer vom Z abwärts laufenden Buchstabenreihe verschachtelt.

Zu 567.

C. S

Das P ist abwechselnd mit einer vom Q ausgehenden, im Alphabet aufwärts laufenden Buchstabenreihe verschachtelt.

Zu 568.

D. H

Jeder zweite Buchstabe folgt im Alphabet dem vorherigen Buchstaben.

Bewegung in alphabetischer Reihenfolge:

$+1 \mid -3 \mid +1 \mid +5 \mid +1 \mid -3 \mid +1$

Zu 569.

C. O

Ausgehend vom F wird zweimal ein Schritt im Alphabet zurückgezählt, um dann fünf Schritte vorwärts zu gehen. Diese Abfolge wird dann zweimal wiederholt.

Bewegung in alphabetischer Reihenfolge:

$-1 \mid -1 \mid +5 \mid -1 \mid -1 \mid +5 \mid -1 \mid -1 \mid +5 \mid$

Zu 570.

A. H

Es ist eine vom C ausgehende aufwärtszählende Buchstabenreihe in Zweierschritten abwechselnd mit einer vom X abwärts laufenden Buchstabenreihe verschachtelt.

Bewegung in alphabetischer Reihenfolge:

$C \mid C + 1 \mid X \mid X - 1 \mid C + 2 \mid C + 3 \mid X - 2 \mid X - 3 \mid C + 4 \mid C + 5$

Zu 571.

D. R

Beginnend vom Buchstaben C wird jeweils der drittnächste in die Reihe aufgenommen.

Zu 572.

D. R

Starten Sie mit dem Buchstaben T und gehen Sie alphabetisch abwechselnd vier Buchstaben zurück, fünf Buchstaben zurück, sechs Buchstaben zurück und dann wieder einen vor. Bei A angekommen, setzen Sie die Bewegung bei Z fort.

Bewegung in alphabetischer Reihenfolge:

$-4 \mid -5 \mid -6 \mid +1 \mid -4 \mid -5 \mid -6 \mid +1$

Zu 573.

D. K

Starten Sie mit dem Buchstaben K, gehen Sie zweimal drei Buchstaben zurück und dann zurück auf die Ausgangsposition K.

Bewegung in alphabetischer Reihenfolge:

$-3 \mid -3 \mid +6 \mid -3 \mid -3 \mid +6$

Zu 574.

D. M

Startend mit dem Buchstaben A wechseln hier zwei Operationen einander ab: 1. Gehe zum nächsten Buchstaben. 2. Gehe startend mit vier Schritten im Alphabet voran und reduziere die Schrittweite mit jeder Ausführung um eins.

Bewegung in alphabetischer Reihenfolge:

$+1 \mid +4 \mid +1 \mid +3 \mid +1 \mid +2$

Zu 575.

c. G

Starten Sie mit dem Buchstaben E und gehen Sie alphabetisch abwechselnd zweimal fünf Buchstaben vorwärts und dann wieder neun zurück.

Bewegung in alphabetischer Reihenfolge:

+5 | +5 | −9 | +5 | +5 | −9

Logisches Denkvermögen

Symbolrechnen   *Aufgabenerklärung*

In jeder Aufgabe stehen gleiche Symbole für gleiche Zahlen. Ein Symbol repräsentiert eine Zahl von 0–9, zwei zusammengezogene Symbole entsprechen zweistelligen Zahlen.

Welche Zahl wird durch das gesuchte Symbol repräsentiert?

Hierzu ein Beispiel

Aufgabe

1. **Für welche Zahl steht das Symbol Ω?**
   $\Omega \times \Omega = \Omega$

   A. 4

   B. 3

   C. 2

   D. 1

   E. Keine Antwort ist richtig.

Antwort

 D. 1

Gesucht wird eine Zahl, die mit sich selbst multipliziert sich selbst zum Ergebnis hat – von den Auswahlmöglichkeiten kommt nur die Zahl 1 infrage: $1 \times 1 = 1$.

Symbolrechnen

Bearbeitungszeit 5 Minuten

Beantworten Sie bitte die folgenden Aufgaben, indem Sie jeweils den richtigen Buchstaben markieren.

576. Für welche Zahl steht das Symbol Δ?

$$\Delta^\Delta = \Delta + \Delta$$

- A. 2
- B. 1
- C. 3
- D. 4
- E. Keine Antwort ist richtig.

577. Für welche Zahl steht das Symbol Π?

$$\Pi 5 \times \Pi + \Pi = 5\Pi$$

- A. 3
- B. 1
- C. 6
- D. 2
- E. Keine Antwort ist richtig.

578. Für welche Zahl steht das Symbol Δ?

$$(2 + ¥) \times \Delta = \Delta$$

- A. 1
- B. 3
- C. 5
- D. 0
- E. Keine Antwort ist richtig.

579. Für welche Zahl steht das Symbol δ?

$$(¥ + \delta) \times (¥ - \delta) = ¥ \times ¥ - 64$$

- A. 9
- B. 7
- C. 8
- D. 6
- E. Keine Antwort ist richtig.

580. Für welche Zahl steht das Symbol Λ?

$$\sqrt{\Psi \Lambda \Lambda} = \Omega \Lambda$$

- A. 3
- B. 5
- C. 1
- D. 0
- E. Keine Antwort ist richtig.

Lösungen

Zu 576.

A. 2

Setzt man die möglichen Lösungen in die Rechnung ein, kommt man schnell zu dem Ergebnis, dass nur 2 die gesuchte Zahl sein kann:

$2^2 = 4$; $2 + 2 = 4$

$1^1 = 1$; $1 + 1 = 2$

$3^3 = 27$; $3 + 3 = 6$

$4^4 = 256$; $4 + 4 = 8$

Zu 577.

D. 2

Betrachtet man nur die zweite Ziffer der ersten Zahl (5), erkennt man, dass das Symbol Π für eine gerade Zahl stehen muss. Denn multipliziert man eine beliebige Zahl mit 5 (bzw. mit einer Zahl mit dem Einerwert 5) und addiert die gleiche Zahl nochmals hinzu, führt dies immer zu einem gradzahligen Ergebnis:

$5 \times 1 + 1 = 6$

$15 \times 2 + 2 = 32$

$25 \times 3 + 3 = 78$

Darüber hinaus läge das Ergebnis nicht mehr zwischen 50 und 59, wenn Π für eine Zahl größer als 2 stehen würde. Korrekt ist demnach Antwort D, das Symbol Π repräsentiert die Zahl 2.

Zu 578.

D. 0

Bei der Multiplikation zweier Faktoren entspricht das Produkt nur dann einem dieser beiden Faktoren, wenn einer der Faktoren 0 oder 1 lautet:

$1 \times 2 = 2$; $1 \times 4 = 4$ usw. (wenn ein Faktor 1 ist)

$1 \times 0 = 0$; $2 \times 0 = 0$ usw. (wenn ein Faktor 0 ist)

Da der erste Faktor durch die Addition gleich oder größer als 2 ist, entfällt die erste Möglichkeit. Somit kann nur Lösung D stimmen. Das Symbol Δ steht für 0.

Zu 579.

C. 8

Die Aufgabenstellung liegt in Form der dritten Binomischen Formel vor, für die gilt:

$(a + b) \times (a - b) = a^2 - b^2$

$(¥ + δ) \times (¥ - δ) = ¥ \times ¥ - 64$

64 lautet demnach die Quadratzahl von δ. Die Wurzel von 64 ist 8. Antwort C ist korrekt.

Zu 580.

D. 0

Die Einerzahl der zweistelligen Wurzel entspricht dem Zehner- und Einerwert der dreistelligen Quadratzahl. Dies ist nur dann möglich, wenn das Symbol Λ für die Zahl 0 steht:

$\sqrt{400} = 20$

$\sqrt{900} = 30$

Antwort D ist korrekt.

Logisches Denkvermögen

Wochentage

Bearbeitungszeit 5 Minuten

Beantworten Sie bitte die folgenden Aufgaben, indem Sie jeweils den richtigen Buchstaben markieren.

581. **Übermorgen ist 5 Tage nach Freitag. Welcher Tag war vor 3 Tagen?**

    A. Freitag
    B. Donnerstag
    C. Mittwoch
    D. Dienstag
    E. Keine Antwort ist richtig.

582. **Vorgestern war Freitag. Welcher Tag ist 4 Tage nach morgen?**

    A. Samstag
    B. Freitag
    C. Donnerstag
    D. Mittwoch
    E. Keine Antwort ist richtig.

583. **Übermorgen ist Dienstag. Welcher Tag war 1 Tag vor vorgestern?**

    A. Freitag
    B. Sonntag
    C. Donnerstag
    D. Dienstag
    E. Keine Antwort ist richtig.

584. **Vorgestern war 3 Tage vor Samstag. Welcher Tag ist 2 Tage nach übermorgen?**

    A. Montag
    B. Dienstag
    C. Mittwoch
    D. Samstag
    E. Keine Antwort ist richtig.

585. **Vorgestern war 4 Tage vor Sonntag. Welcher Tag ist 3 Tage nach morgen?**

    A. Dienstag
    B. Donnerstag
    C. Samstag
    D. Mittwoch
    E. Keine Antwort ist richtig.

Lösungen

Zu 581.

A. Freitag

Vor 3 Tagen war Freitag:

Übermorgen ist 5 Tage nach Freitag = übermorgen ist Mittwoch

Übermorgen ist Mittwoch = heute ist Montag

Heute ist Montag = vor 3 Tagen war Freitag

Zu 582.

B. Freitag

4 Tage nach morgen ist Freitag:

Vorgestern war Freitag = heute ist Sonntag

Heute ist Sonntag = morgen ist Montag

4 Tage nach Montag = Freitag

Zu 583.

C. Donnerstag

1 Tag vor vorgestern war Donnerstag:

Übermorgen ist Dienstag = heute ist Sonntag

Heute ist Sonntag = vorgestern war Freitag

Vorgestern war Freitag = 1 Tag vor vorgestern war Donnerstag

Zu 584.

B. Dienstag

2 Tage nach übermorgen ist Dienstag:

Vorgestern war 3 Tage vor Samstag = vorgestern war Mittwoch

Vorgestern war Mittwoch = heute ist Freitag

Heute ist Freitag = übermorgen ist Sonntag

Übermorgen ist Sonntag = 2 Tage nach übermorgen ist Dienstag

Zu 585.

A. Dienstag

3 Tage nach morgen ist Dienstag:

Vorgestern war 4 Tage vor Sonntag = vorgestern war Mittwoch

Vorgestern war Mittwoch = heute ist Freitag

Heute ist Freitag = morgen ist Samstag

3 Tage nach Samstag = Dienstag

Visuelles Denkvermögen

Visuelle Analogien   *Aufgabenerklärung*

In diesem Abschnitt wird Ihre Fähigkeit zu logischem Denken im visuellen Bereich geprüft.

Sie werden in jeder der folgenden Aufgaben zunächst mit zwei Figuren konfrontiert, die in einer bestimmten Beziehung zueinander stehen. Durch eine ähnliche Bez ehung ist auch eine dritte mit einer vierten Figur verknüpft – diese müssen Sie jedoch aus einer Menge mehrerer Antwortmöglichkeiten selbst ermitteln.

Hierzu ein Beispiel

Aufgabe

1. **Gegeben ist folgende Figurenrelation:**

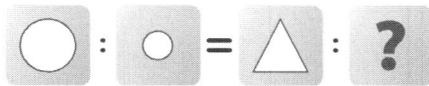

Durch welche Figur wird das Fragezeichen logisch ersetzt?

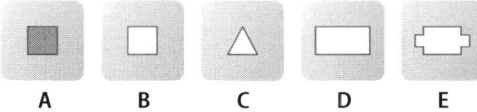

Antwort

Erklärung:

Das Objekt wird in verkleinerter Form wiederholt.

Visuelle Analogien

Bearbeitungszeit 5 Minuten

Beantworten Sie bitte die folgenden Aufgaben, indem Sie jeweils den richtigen Buchstaben markieren.

586. Gegeben ist folgende Figurenrelation:

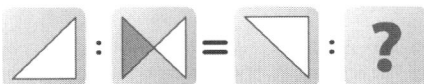

Durch welche Figur wird das
Fragezeichen logisch ersetzt?

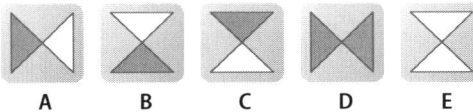

A   B   C   D   E

587. Gegeben ist folgende Figurenrelation:

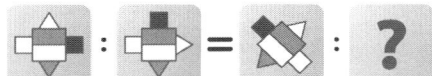

Durch welche Figur wird das
Fragezeichen logisch ersetzt?

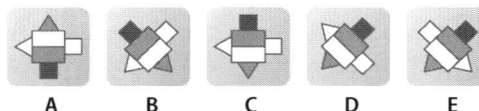

A   B   C   D   E

588. Gegeben ist folgende Figurenrelation:

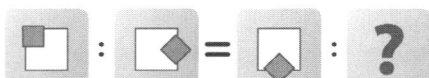

Durch welche Figur wird das
Fragezeichen logisch ersetzt?

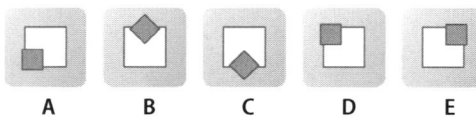

A   B   C   D   E

589. Gegeben ist folgende Figurenrelation:

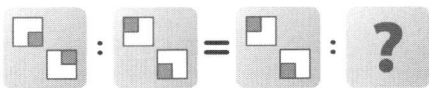

Durch welche Figur wird das
Fragezeichen logisch ersetzt?

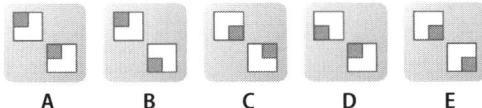

A   B   C   D   E

590. Gegeben ist folgende Figurenrelation:

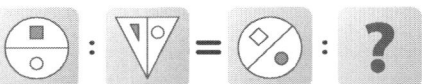

Durch welche Figur wird das
Fragezeichen logisch ersetzt?

A   B   C   D   E

Lösungen

Zu 586.

B

Das Fragezeichen wird sinnvoll durch die Figur B ersetzt.

Die Figuren werden 90 Grad gegen den Uhrzeigersinn gedreht.

Zu 587.

D

Das Fragezeichen wird sinnvoll durch die Figur D ersetzt.

Die Figuren werden an der senkrechten gespiegelt und 45 Grad im Uhrzeigersinn gedreht.

Zu 588.

D

Das Fragezeichen wird sinnvoll durch die Figur D ersetzt.

Das kleine graue Quadrat dreht sich um den Mittelpunkt des weißen Quaders im Uhrzeigersinn um 135 Grad.

Zu 589.

C

Das Fragezeichen wird sinnvoll durch die Figur C ersetzt.

Von der ersten Figur zur zweiten werden die kleinen grauen Quadrate innerhalb der weißen Rechtecke diagonal gespiegelt, dementsprechend müssen die kleinen Quadrate auch von der dritten zur vierten Figur diagonal gespiegelt werden.

Zu 590.

D

Die Kreisfigur dreht sich 45 Grad gegen den Uhrzeigersinn, wobei die kleinen Objekte innerhalb dieser Figur die Farben tauschen. Gleiches geschieht nun mit dem Dreieck.

Erinnerungsvermögen

Wortgruppen einprägen und erkennen   *Einprägezeit 10 Minuten*

In dieser Aufgabe wird Ihr Kurzzeitgedächtnis geprüft.

Prägen Sie sich die Wörter aus der folgenden Tabelle ein, so dass Sie sie anschließend in einer nach Kategorien geordneten Liste unter verschiedenen Wörtern wiederfinden können.

Hierbei dürfen Sie sich keine Notizen vermerken. Legen Sie daher bitte alle Schreibgeräte zur Seite.

Hier nun die Tabelle:

Für das Durchlesen und Einprägen der Tabelle haben Sie **10 Minuten** Zeit.

1. Nelke	6. Schröder	11. Polen	16. Brot
2. Bayern	7. Helium	12. Dreizehn	17. Ingenieur
3. Türkis	8. Peter	13. Löwe	18. Eiche
4. Motorrad	9. Donau	14. Forelle	19. Tennis
5. Stuttgart	10. Birkenfurnier	15. Musik	20. Saft

(!) *Hinweis:*

Bei dieser Aufgabe ist keine Unterbrechung notwendig, beginnen Sie direkt mit den Antworten!

Bitte decken Sie dafür diese Seite ab.

Wortgruppen einprägen und erkennen

Bearbeitungszeit 5 Minuten

Haben Sie sich die soeben vorgelegten Wörter gut eingeprägt, sollten Sie sie nun leicht finden können.

Beginnen Sie bitte jetzt mit den Aufgaben und kreuzen Sie den richtigen Buchstaben an.

Zum Lösen der Aufgaben haben Sie **5 Minuten** Zeit.

	A	**B**	**C**	**D**
591. Namen:	Werner	Burkhart	Bernhard	Schröder
592. Vornamen:	Dieter	Peter	Müller	Dennis
593. Berufe:	Ingenieur	Arzt	Polizist	Lehrer
594. Städte:	Jena	Bregenz	Frankfurt	Stuttgart
595. Bundesländer:	Berlin	Bremen	Bayern	Thüringen
596. Länder:	Polen	Türkei	Schweden	Russland
597. Flüsse:	Elbe	Donau	Weser	Ruhr
598. Blumen:	Geranie	Rose	Nelke	Tulpe
599. Bäume:	Eiche	Esche	Erle	Buche
600. Holzsorten:	Tannen-Spanplatte	Birkenfurnier	Fichte poliert	Eibe natur
601. Farben:	Türkis	Blau	Braun	Rot
602. Material:	Neon	Aluminium	Kupfer	Helium
603. Getränke:	Milch	Bier	Saft	Wein
604. Lebensmittel:	Butter	Brot	Käse	Schinken
605. Sportarten:	Golf	Tennis	Fußball	Schwimmen
606. Fahrzeuge:	Schiff	Auto	Mofa	Motorrad
607. Hobbys:	Angeln	Musik	Radfahren	Lesen
608. Fische:	Forelle	Lachs	Scholle	Flunder
609. Tiere:	Tiger	Mücke	Löwe	Nashorn
610. Zahlen:	Sieben	Elf	Dreizehn	Zwanzig

Lösungen

Zu 591.
D. Schröder

Zu 592.
B. Peter

Zu 593.
A. Ingenieur

Zu 594.
D. Stuttgart

Zu 595.
C. Bayern

Zu 596.
A. Polen

Zu 597.
B. Donau

Zu 598.
C. Nelke

Zu 599.
A. Eiche

Zu 600.
B. Birkenfurnier

Zu 601.
A. Türkis

Zu 602.
D. Helium

Zu 603.
C. Saft

Zu 604.
B. Brot

Zu 605.
B. Tennis

Zu 606.
D. Motorrad

Zu 607.
B. Musik

Zu 608.
A. Forelle

Zu 609.
C. Löwe

Zu 610.
C. Dreizehn

Konzentrationsvermögen

b, d, p und q-Test   *Aufgabenerklärung*

In diesem Abschnitt werden Ihre Schnelligkeit und Genauigkeit geprüft.

Sie erhalten in jeder Buchstabenzeile bis zu vier Buchstaben, nämlich „p", „b", „d" und „q".

Ihre Aufgabe besteht darin, in jeder Buchstabenzeile den Buchstaben „q" zu finden und die Anzahl gefundener „q"s in der rechten Spalte einzutragen.

Hierzu ein Beispiel

Aufgabe

Aufgabe	1	2	3	4	5	6	7	8	9	10	11	12	13	14	15	16	17	18	19	20	Anzahl
1.	p	b	d	q	p	b	d	q	p	b	d	q	p	b	d	q	p	b	d	q	
2.	q	d	b	p	q	d	b	p	q	d	b	p	q	d	b	p	q	d	b	p	
3.	d	q	p	b	d	q	p	b	d	q	p	b	d	q	p	b	d	q	p	b	

Antwort

Aufgabe	1	2	3	4	5	6	7	8	9	10	11	12	13	14	15	16	17	18	19	20	Anzahl
1.	p	b	d	q	p	b	d	q	p	b	d	q	p	b	d	q	p	b	d	q	5
2.	q	d	b	p	q	d	b	p	q	d	b	p	q	d	b	p	q	d	b	p	5
3.	d	q	p	b	d	q	p	b	d	q	p	b	d	q	p	b	d	q	p	b	5

b, d, p und q-Test

Bearbeitungszeit 3 Minuten

Bitte beginnen Sie nun mit der Aufgabe und notieren Sie die Zahl der pro Zeile gefundenen „q"s in der rechten Spalte.

Die Bearbeitungszeit für die Aufgaben beträgt 3 Minuten.

Aufgabe	1	2	3	4	5	6	7	8	9	10	11	12	13	14	15	16	17	18	19	20	Anzahl
611.	p	p	q	b	p	q	p	b	q	p	p	q	b	q	p	d	p	q	p	q	
612.	p	p	b	d	p	p	q	p	d	q	p	q	d	q	p	b	p	q	p	q	
613.	p	b	p	q	p	d	d	p	q	p	b	p	q	d	q	p	d	p	q	p	
614.	p	d	p	b	p	q	p	p	b	p	q	p	q	q	p	d	q	p	q	q	
615.	p	d	q	p	d	q	p	b	q	p	q	b	q	d	q	p	q	d	q	p	
616.	d	p	p	d	p	b	b	p	d	q	p	q	p	q	q	p	q	p	q	q	
617.	b	p	d	q	p	q	p	d	p	p	q	d	q	q	p	b	q	p	q	q	
618.	d	p	d	p	p	q	p	q	b	q	q	p	b	d	p	p	q	p	q	p	
619.	p	p	q	q	d	q	q	p	q	p	d	p	b	p	q	b	p	d	p	d	
620.	p	d	d	p	q	p	b	q	p	b	q	p	q	p	b	p	q	p	q	b	
621.	p	p	d	p	d	p	q	p	q	p	d	p	q	q	b	p	b	p	q	q	
622.	p	q	q	p	q	p	d	p	d	p	p	d	q	p	p	d	p	b	q	p	
623.	p	b	p	d	d	p	d	p	p	q	p	d	p	q	p	b	p	b	p	q	
624.	p	b	b	p	d	p	d	p	p	q	d	q	p	q	q	d	p	q	p	q	
625.	p	p	d	p	b	q	b	b	p	d	p	p	q	p	q	d	p	q	p	q	
626.	p	d	p	b	q	p	b	q	p	q	p	b	q	p	q	p	d	d	p	q	
627.	p	p	q	p	q	p	q	b	p	q	q	d	p	q	p	d	q	p	d	q	
628.	p	p	b	b	p	d	q	p	q	q	q	p	d	d	p	b	q	p	b	p	
629.	p	p	p	b	p	b	d	p	d	p	q	p	b	p	q	p	q	b	p	p	
630.	p	p	b	p	b	p	d	q	p	q	p	p	q	q	p	d	b	p	q	q	
631.	p	p	b	q	p	b	q	p	q	q	p	q	p	d	p	d	p	q	p	p	
632.	p	p	q	q	p	b	q	q	p	b	q	q	p	d	d	p	q	q	p	p	
633.	p	p	p	b	p	b	p	q	b	p	q	p	q	d	q	p	d	p	q	p	
634.	p	d	p	b	p	d	p	p	p	p	q	q	q	p	b	p	q	q	q	p	
635.	b	p	b	p	d	p	d	p	d	p	p	b	p	q	q	p	p	b	p	q	
636.	p	b	p	b	b	p	p	d	q	p	q	b	q	q	p	d	q	p	q	q	
637.	p	d	p	b	p	p	b	p	q	p	q	p	q	p	d	p	q	p	q	p	
638.	q	p	q	q	p	p	p	q	p	p	q	p	p	p	q	p	p	p	p	q	
639.	p	q	p	d	p	d	p	b	b	p	q	p	q	p	b	d	p	p	q	p	
640.	p	q	p	q	b	q	p	b	p	d	q	d	q	q	p	b	q	p	q	q	
641.	p	p	b	d	d	p	b	q	p	q	p	q	d	p	d	b	p	p	q	p	
642.	p	p	p	p	d	b	d	p	b	q	p	b	q	q	p	b	p	p	q	q	
643.	p	p	p	b	p	b	d	p	d	p	p	d	p	p	q	p	d	p	p	p	
644.	q	p	q	q	q	q	p	d	q	p	p	p	q	p	p	d	b	b	q		
645.	p	q	q	p	p	q	q	p	d	q	p	q	p	d	b	b	p	q	p	p	
646.	p	d	p	q	q	p	q	q	q	p	b	d	p	p	q	p	b	d	d	p	
647.	q	q	q	p	q	p	q	d	q	d	q	b	q	p	b	p	q	p	q	p	
648.	p	q	p	p	q	p	p	q	p	q	p	b	p	q	b	q	p	b	p	p	
649.	p	p	q	q	p	q	p	p	q	p	b	p	b	d	q	p	p	q	p	p	
650.	p	p	q	p	p	p	p	p	b	d	b	p	b	p	q	p	d	d	p	p	

Lösungen

Aufgabe	1	2	3	4	5	6	7	8	9	10	11	12	13	14	15	16	17	18	19	20	Anzahl
Zu 611.	p	p	q	b	p	q	p	b	q	p	p	q	b	q	p	d	p	q	p	q	7
Zu 612.	p	p	b	d	p	p	q	p	d	q	p	q	d	q	p	b	p	q	p	q	6
Zu 613.	p	b	p	q	p	d	d	p	q	p	b	p	q	d	q	p	d	p	q	p	5
Zu 614.	p	d	p	b	p	q	p	p	b	p	q	p	q	q	p	d	q	p	q	q	7
Zu 615.	p	d	q	p	d	q	p	b	q	p	q	b	q	d	q	p	q	d	q	p	8
Zu 616.	d	p	p	d	p	b	b	p	d	p	q	p	q	q	q	p	q	p	q	q	7
Zu 617.	b	p	d	q	p	q	p	d	p	p	q	d	q	q	p	b	q	p	q	q	8
Zu 618.	d	p	d	p	p	q	p	q	b	q	q	p	b	d	p	p	q	p	d	p	5
Zu 619.	p	p	q	q	d	q	q	p	q	p	d	p	b	p	q	b	p	d	p	d	6
Zu 620.	p	d	d	p	q	p	b	q	p	b	q	p	q	p	b	p	q	p	q	b	6
Zu 621.	p	p	d	p	d	p	q	p	q	p	d	p	q	q	p	b	b	p	q	q	6
Zu 622.	p	q	q	p	q	p	d	p	d	p	p	d	q	p	p	d	p	b	q	p	5
Zu 623.	p	b	p	d	d	p	d	p	p	q	p	d	p	q	p	b	p	b	p	q	3
Zu 624.	p	b	b	p	d	p	d	p	p	q	d	q	p	q	q	d	p	q	p	q	6
Zu 625.	p	p	d	p	b	p	b	b	p	d	p	p	q	q	p	d	d	p	q	q	4
Zu 626.	p	d	p	b	q	p	b	q	p	q	p	b	q	q	p	d	p	p	q	q	7
Zu 627.	p	p	q	p	q	p	p	b	p	q	q	d	q	p	q	p	d	p	q	p	9
Zu 628.	p	p	b	p	p	d	q	p	q	q	q	p	d	d	p	b	q	p	b	p	5
Zu 629.	p	p	p	b	p	b	d	p	d	p	q	p	b	p	q	p	q	b	p	p	3
Zu 630.	p	p	b	p	b	p	d	q	p	q	p	p	q	q	p	d	b	p	q	q	6
Zu 631.	p	p	b	q	p	b	q	p	q	q	p	q	p	d	p	d	p	q	p	p	6
Zu 632.	p	p	q	q	p	b	q	q	p	b	q	q	p	d	d	p	q	q	p	p	8
Zu 633.	p	p	p	b	p	b	p	q	b	q	p	q	d	q	p	d	p	q	p	q	6
Zu 634.	p	d	p	b	p	d	p	p	b	p	p	q	q	q	p	b	p	q	q	q	6
Zu 635.	b	p	b	p	d	p	d	p	d	p	p	b	p	q	p	p	b	d	p	p	3
Zu 636.	p	b	p	b	b	p	p	d	q	p	q	b	q	q	p	d	q	p	q	q	7
Zu 637.	p	d	p	b	p	p	b	p	q	p	q	p	q	p	d	p	q	p	q	p	5
Zu 638.	q	p	q	q	p	p	q	p	p	q	p	p	p	q	p	p	p	p	p	q	7
Zu 639.	p	q	p	d	p	d	p	b	b	p	q	p	q	p	b	d	q	p	q	p	5
Zu 640.	p	q	p	q	b	q	p	b	p	d	q	d	q	q	p	b	q	p	q	q	9
Zu 641.	p	p	b	d	d	q	b	q	p	q	p	d	q	p	d	b	p	p	q	p	5
Zu 642.	p	p	p	p	d	b	d	p	b	p	b	q	q	q	p	b	p	q	q	q	6
Zu 643.	p	p	p	b	p	b	p	d	p	p	d	p	p	q	p	d	p	p	p	p	1
Zu 644.	q	p	q	q	q	q	d	p	q	p	p	p	q	p	p	d	b	b	q		8
Zu 645.	p	q	q	p	p	q	q	p	d	q	p	q	p	d	b	b	p	q	p	p	7
Zu 646.	p	d	p	q	q	p	q	q	q	p	b	d	p	p	q	p	b	d	d	p	6
Zu 647.	q	q	q	p	q	p	q	d	q	d	q	b	q	p	b	p	q	p	q	p	10
Zu 648.	p	q	p	p	q	q	p	p	q	p	q	p	b	p	q	b	q	p	b	p	7
Zu 649.	p	p	q	q	q	p	p	p	b	p	b	d	d	q	p	p	d	p	p		5
Zu 650.	p	p	q	p	p	p	p	p	b	d	b	p	b	p	q	p	d	d	p	p	2

Prüfung

5

Finanzdienstleistung

Allgemeinwissen

Verschiedene Themen   *Bearbeitungszeit 5 Minuten*

Die folgenden Aufgaben prüfen Ihr Allgemeinwissen.

Zu jeder Aufgabe werden verschiedene Lösungsmöglichkeiten angegeben.

Beantworten Sie bitte die folgenden Aufgaben, indem Sie jeweils den richtigen Buchstaben markieren.

651. Wer ist der Gründer der modernen Türkei?

A. Osman I.

B. Orhan Pamuk

C. Recep Tayyip Erdoğan

D. Mustafa Kemal Atatürk

E. Keine Antwort ist richtig.

652. Großbritannien, Schweden, Spanien und Japan sind …?

A. Mitglieder der NATO.

B. Einparteiensysteme.

C. konstitutionelle Monarchien.

D. ständige Mitglieder des UN-Sicherheitsrats.

E. Keine Antwort ist richtig.

653. Ein Bit ist die kleinste Informationseinheit in der Computertechnik und kann …?

A. entweder den Wert 0 oder 1 annehmen.

B. entweder den Wert 0 oder 9 annehmen.

C. in einer eine Zahl zwischen 0 und 8 bestehen.

D. aus 8 Bytes bestehen.

E. Keine Antwort ist richtig.

654. Was ist ein Coprozessor?

A. Der Prozessor-Sockel auf dem Motherboard

B. Der Controller, von dem aus der Prozessor gesteuert wird

C. Ein Interface zur externen Steuerung eines Prozessors

D. Der zweite Mikroprozessor eines Computers

E. Keine Antwort ist richtig.

655. **In welchem Code werden Informationen auf dem PC verarbeitet?**

   A. In Radianten
   B. Im alphanumerischen Code
   C. Im Binärcode
   D. Im Hexadezimalcode
   E. Keine Antwort ist richtig.

Lösungen

Zu 651.

D. Mustafa Kemal Atatürk

Die Türkei ging nach dem Ersten Weltkrieg aus dem Osmanischen Reich hervor. Ihr Staatsgründer Mustafa Kemal Atatürk war bestrebt, die Türkei durch zahlreiche gesellschaftliche Reformen nach dem Vorbild europäischer Nationalstaaten zu modernisieren. Zunächst wurde im Jahre 1922 das Sultanat, 1924 dann das Kalifat beseitigt. Im Folgenden schaffte die Türkei die Scharia ab und verbot in einer umfassenden Kleiderreform neben dem Fez – einer männlichen Kopfbedeckung – auch den Schleier für die Frau. Zudem wurde die Gemeinschaftserziehung von Jungen und Mädchen eingeführt.

Zu 652.

C. konstitutionelle Monarchien.

Die konstitutionelle Monarchie ist eine Staats- und Regierungsform, in der die Macht eines Monarchen durch eine Verfassung beschränkt und reguliert wird. Weltweit sind gut ein Dutzend Staaten konstitutionell-monarchisch verfasst – darunter Großbritannien, Schweden, Spanien und Japan. Schweden und Japan sind keine Mitglieder der NATO, und nur Großbritannien hat einen ständigen Sitz im UN-Sicherheitsrat inne.

Zu 653.

A. entweder den Wert 0 oder 1 annehmen.

Ein Bit ist die kleinste und grundlegende Informationseinheit in der Computertechnik. Es kann sich genau in einem von zwei Zuständen befinden und so entweder den Wert 0 oder 1 annehmen. Die nächst größere Informationseinheit ist ein Byte, das aus acht Bits besteht. Das Bit ist vergleichbar mit der Stellung eines Schalters mit zwei Zuständen. So kann ein Lichtschalter entweder ein- oder ausgeschaltet sein.

Zu 654.

D. Der zweite Mikroprozessor eines Computers

Der Coprozessor (CP) ist ein zweiter Mikroprozessor eines Computers, der den Hauptprozessor (CPU) entlastet. Er führt spezielle Berechnungen für die CPU aus, um deren Rechenoperationen zu beschleunigen. Der Coprozessor kann selbst Anwendungen abarbeiten. Häufig werden spezielle Coprozessoren zur Unterstützung bei grafischen Berechnungen im Computer Aided Design (CAD) oder für aufwändige Computerspiele eingesetzt.

Zu 655.

C. Im Binärcode

Der Binärcode ist grundlegend für die digitale Verarbeitung von Informationen. In ihm besteht jeder Code aus den Binärzeichen 1 = wahr oder 0 = falsch. Die dafür grundlegende Informationseinheit ist das Bit. Es kann sich genau in einem von zwei Zuständen befinden und so entweder den Wert 0 oder 1 annehmen. Das Bit ist vergleichbar mit der Stellung eines Schalters mit zwei Zuständen. So kann ein Lichtschalter entweder ein- oder ausgeschaltet sein.

Fachbezogenes Wissen

Branche und Beruf   *Bearbeitungszeit 15 Minuten*

Mit den folgenden Aufgaben wird Ihr fachbezogenes Wissen geprüft.

Beantworten Sie bitte die folgenden Aufgaben, indem Sie jeweils den richtigen Buchstaben markieren.

656. **Welche Aussage zum Generationenvertrag ist richtig?**

A. Er beruht auf dem Umlageverfahren.

B. Die heutigen Beitragszahler erhalten im Rentenalter die gleichen Beiträge zurück.

C. Die gesetzliche Rentenversicherung muss von der Industrie gestützt werden.

D. Die gesetzliche Rentenversicherung muss von privaten Investoren gestützt werden.

E. Keine Antwort ist richtig.

657. **Was wird bei der Beitragskalkulation einer Lebensversicherung nicht berücksichtigt?**

A. Gesundheitszustand

B. Beruf

C. Lebensalter

D. Politische Neigung

E. Keine Antwort ist richtig.

658. **Durch die höhere Lebenserwartung und die geringere Geburtenrate …?**

A. gibt es in Zukunft immer mehr Rentenbeitragszahler.

B. steigt in Zukunft der finanzielle Spielraum für die Rentenversicherung.

C. ist eine höhere Rentenauszahlung möglich.

D. stehen den Rentnern immer weniger Beitragszahler gegenüber.

E. Keine Antwort ist richtig.

659. **Was gehört nicht zu den drei Teilfunktionen des Versicherungsgeschäftes?**

A. Risikogeschäft

B. Spar- und Entspargeschäft

C. Dienstleistungsgeschäft

D. Gesamtwirtschaftliches Gleichgewicht

E. Keine Antwort ist richtig.

660. Welche Aussage zur kapitalbildenden Lebensversicherung ist falsch?

A. Der Versicherungsbeitrag kann durch eine Einmalzahlung erbracht werden.

B. Zur garantierten Leistung können Überschussbeteiligungen dazukommen.

C. Sie ist eine reine Hinterbliebenenversicherung.

D. Sie kann dazu dienen, Versicherungslücken des Versicherten zu schließen.

E. Keine Antwort ist richtig.

661. Was gehört nicht zu den drei Säulen der heutigen Altersvorsorge?

A. Gesetzliche Rentenversicherung

B. Nationale Altersvorsorge

C. Private Altersvorsorge

D. Betriebliche Altersvorsorge

E. Keine Antwort ist richtig.

662. Die sogenannte „Riester-Rente" …?

A. ist eine obligatorische Zusatzrentenversicherung.

B. wird durch die gesetzliche Rentenversicherung gewährleistet.

C. richtet sich primär an Selbstständige.

D. ist eine staatlich geförderte Vorsorge.

E. Keine Antwort ist richtig.

663. Welche Aussage zum Solvabilitätssystem im Versicherungswesen ist falsch?

A. Es soll als eine Art Frühwarnsystem dienen.

B. Der Fortbestand des Unternehmens soll auch bei Unternehmensverlusten gewährleistet werden.

C. Es soll für die Gläubiger als Bewertungsmaßstab dienen.

D. Es soll die Ansprüche der Gläubiger gegen das Unternehmen sichern.

E. Keine Antwort ist richtig.

664. Es ist zu erwarten, dass bei der gesetzlichen Rente im Jahr 2040 …?

A. einem Rentner fünf Beitragszahler gegenüberstehen werden.

B. einem Rentner vier Beitragszahler gegenüberstehen werden.

C. zwei Arbeitnehmer einen Rentner finanzieren müssen.

D. ein Arbeitnehmer etwa einen Rentner finanzieren muss.

E. Keine Antwort ist richtig.

665. Wie lautet die allgemeine Formel für den sogenannten „Schadendurchschnitt"?

A. $\text{Schadendurchschnitt} = \dfrac{\text{Summe aller Schäden}}{\text{Anzahl der Schäden}}$

B. $\text{Schadendurchschnitt} = \dfrac{\text{Anzahl der Schäden}}{\text{Summe aller Schäden}}$

C. $\text{Schadendurchschnitt} = \dfrac{\text{Anzahl der Schäden}}{\text{Anzahl der versicherten Risiken}}$

D. $\text{Schadendurchschnitt} = \dfrac{\text{Anzahl der versicherten Risiken}}{\text{Anzahl der Schäden}}$

E. Keine Antwort ist richtig.

666. Welcher der genannten Punkte gehört nicht zu den wirtschaftspolitischen Zielen der Bundesrepublik Deutschland?

A. Preisniveaustabilität

B. Hoher Beschäftigungsstand

C. Außenwirtschaftliches Gleichgewicht

D. Verstaatlichung privater Unternehmen

E. Keine Antwort ist richtig.

667. Eine Industriehandelsgesellschaft steht bei einem Exportgeschäft vor der Entscheidung, eine Rechnung in Euro oder US-Dollar auszustellen. Welche Aussage hierzu ist richtig?

A. Bei einer Fakturierung in Euro tritt bei einem Kursanstieg des US-Dollars ein Währungsgewinn ein.

B. Bei einer Fakturierung in US-Dollar tritt bei einem Kurseinbruch des Euros gegenüber dem US-Dollar ein Währungsgewinn ein.

C. Bei einer Fakturierung in US-Dollar tritt bei einem Kursabsturz des US-Dollars ein Währungsgewinn ein.

D. Ein Währungsgewinn oder -verlust kann nur eintreten, wenn der Wechselkurs von Euro zu US-Dollar sich nicht verändert.

E. Keine Antwort ist richtig.

668. Wann ist an der Börse vom „Bullenmarkt" die Rede?

A. Bei anhaltend fallenden Kursen

B. Bei anhaltend stark steigenden Kursen

C. Wenn Papiere aus dem Landwirtschaftssektor stark anziehen

D. Wenn die Kurse sehr lange stabil bleiben

E. Keine Antwort ist richtig.

669. Was zählt nicht zu den Vorteilen flexibler Wechselkurse auf dem Devisenmarkt?

A. Stabilität

B. Erhalt der Eigenständigkeit staatlicher Geldpolitik

C. Kontrolle über die Geldmenge im Inland

D. Möglichkeit, schnell auf Krisen zu reagieren

E. Keine Antwort ist richtig.

670. Woraus setzt sich die Gesamtnachfrage eines Wirtschaftsraums zusammen?

A. Aus Staats- und Investitionsgüternachfrage

B. Aus Konsumgüternachfrage und Exportnachfrage

C. Aus Konsumgüter- und Staatsnachfrage

D. Aus Binnen- und Exportnachfrage

E. Keine Antwort ist richtig.

Lösungen

Zu 656.

A. Er beruht auf dem Umlageverfahren.

Der Generationenvertrag ist ein Umlageverfahren zur Finanzierung der Renten. Die junge, arbeitende Generation finanziert durch ihre Beiträge die laufenden Renten der älteren Generation und erwartet, dass ihre Rente später durch die Beiträge der kommenden Generation bezahlt wird. Aufgrund der niedrigen Geburtenrate in Deutschland stehen die mit dem Generationenvertrag arbeitenden Rentenversicherungen vor einem zunehmenden Finanzierungsproblem.

Zu 657.

D. Politische Neigung

Die politische Neigung gehört zur Privatsphäre eines Menschen und darf nicht in die Beitragsbemessung einfließen.

Zu 658.

D. stehen den Rentnern immer weniger Beitragszahler gegenüber.

Die Finanzierung der Rente hängt wesentlich von der demografischen Entwicklung ab: Zum einen gibt es durch die höhere Lebenserwartung immer mehr Rentner. Zum anderen stehen diesen durch die geringere Geburtenrate immer weniger Einzahler gegenüber.

Zu 659.

D. Gesamtwirtschaftliches Gleichgewicht

Gegen eine Beitragszahlung übernimmt der Versicherer eine Wahrscheinlichkeitsverteilung von Risiken. Durch das Anlegen von Kapital und das Auszahlen von Leistungen entsteht ein planmäßiger Spar- und Entsparprozess. Die Beratungs- und Abwicklungsleistungen der Versicherer sind als Dienstleistungsgeschäft zu betrachten. Das gesamtwirtschaftliche Gleichgewicht ist ein übergeordnetes volkswirtschaftliches Ziel und gehört nicht zu den Teilfunktionen des Versicherungsgeschäftes.

Zu 660.

C. Sie ist eine reine Hinterbliebenenversicherung.

Kapitalbildende Lebensversicherungen verwenden die eingezahlten Beiträge teilweise zur Kapitalbildung. Sie bieten dem Versicherten damit sowohl einen Hinterbliebenenschutz für den Todesfall als auch eine Ansammlung von Versorgungskapital für den Erlebensfall. Beispiele sind gemischte Versicherungen, lebenslängliche Todesfallversicherungen und Rentenversicherungen.

Maßgeblich für die Höhe der Versicherungsleistung sind die Versicherungslaufzeit, die Beitragshöhe sowie das Geschlecht und das Eintrittsalter des Versicherten. Je nach Vereinbarung können neben bzw. statt Tod oder Erleben auch andere, direkt mit dem menschlichen Leben zusammenhängende Gefahren als leistungsauslösende Versicherungsfälle bestimmt sein: z. B. der Eintritt schwerer Krankheiten oder die Berufs- oder Erwerbsunfähigkeit. Kapitalbildende Versicherungen erfordern wegen der hohen Wahrscheinlichkeit der Leistungsfälligkeit einen wesentlichen Sparprozess beim Versicherer.

In Deutschland sind alle Lebensversicherungsverträge grundsätzlich überschussbeteiligt, soweit dies nicht ausdrücklich vertraglich ausgeschlossen wird.

Zu 661.

B. Nationale Altersvorsorge

Die heutige Altersvorsorge setzt sich aus den sogenannten „drei Säulen" zusammen.

Bei der ersten Säule handelt es sich um die gesetzliche Vorsorge. Hier werden Pflichtbeiträge in die gesetzliche Rentenversicherung während des gesamten Erwerbslebens geleistet.

Die zweite Säule ist die ergänzende erwerbsbasierte Alterssicherung, wozu die betriebliche Altersvorsorge und die Zusatzversorgung des Öffentlichen Dienstes zählen.

Die dritte Säule ist der Bereich der privaten Altersvorsorge. Hierzu zählen alle privaten Absicherungen wie Fondssparpläne, Lebensversicherungen und Immobilienbesitz, aber auch die staatlich geförderte Riester-Rente und Rürup-Rente.

Zu 662.

D. ist eine staatlich geförderte Vorsorge.

Die Riester-Rente wurde mit der Reform der gesetzlichen Rentenversicherung im Jahr 2000/2001 geschaffen. Sie soll dazu dienen, die Bereitschaft der Deutschen zur privaten Altersvorsorge durch ein umfangreiches Förderungskonzept zu erhöhen: Zum einen fördert der Staat die Riester-Rente durch Zulagen, zum anderen sind die Beiträge und Zulagen als Altersvorsorgeaufwendungen steuerlich abzugsfähig. Um die staatliche Förderung zu erhalten, ist die Einzahlung in einen zertifizierten Vertrag erforderlich: Dies kann ein Banksparplan, eine klassische bzw. fondsgebundene Rentenversicherung, ein Fondssparplan oder neuerdings auch ein Bausparvertrag sein. Riester-Verträge werden von Banken, Versicherungen, Fondsgesellschaften und Bausparkassen angeboten.

Zu 663.

C. Es soll für die Gläubiger als Bewertungsmaßstab dienen.

Die Solvabilität von Versicherern ist gesetzlich im Versicherungsaufsichtsgesetz geregelt und wird von der Bundesanstalt für Finanzdienstleistungsaufsicht (BaFin) überwacht. Versicherer sind hiernach zur Sicherstellung der dauernden Erfüllbarkeit von Verbindlichkeiten aus den Versicherungsverträgen verpflichtet. Dazu sind freie unbelastete Eigenmittel zu bilden, die sich nach dem gesamten Geschäftsumfang bemessen. Die Eigenmittel dienen dazu, Risiken abzudecken und die Ansprüche der Versicherungsnehmer oder Gläubiger auch bei ungünstigen Entwicklungen abzusichern. Die Gläubiger haben keinen Zugriff auf das Solvabilitätssystem der Unternehmen. Die BaFin überwacht die ausreichende Deckung mit Eigenmitteln und kann bei der Unterschreitung der Mindestausstattung mit Eigenmitteln schrittweise Sanktionen auferlegen.

Zu 664.

D. ein Arbeitnehmer etwa einen Rentner finanzieren muss.

Die Finanzierung der Rentenversicherung hängt wesentlich von der demografischen Entwicklung ab. Zurzeit gibt es ca. 34 Millionen Beitragszahler, die für etwa 19,5 Millionen Rentner aufkommen. Demnach finanzieren heute ungefähr zwei Beitragszahler die Bezüge von einem Rentner. Bei gleichbleibender Geburtenrate und einem mittleren Anstieg der Lebenserwartung wird prognostiziert, dass im Jahre 2040 etwa 30 Millionen Beitragszahler 27 Millionen Rentner zu finanzieren haben. Daraus ergibt sich in etwa eine Quote von einem Beitragszahler pro Rentner.

Zu 665.

A. $\text{Schadendurchschnitt} = \dfrac{\text{Summe aller Schäden}}{\text{Anzahl der Schäden}}$

Der Schadendurchschnitt errechnet sich aus dem Gesamtschaden dividiert durch die Anzahl der gemeldeten Schäden. Die Versicherungsprämie für die Deckung des einzelnen Risikos (Schadenbedarf) lässt sich durch die Multiplikation von Schadendurchschnitt und Schadenhäufigkeit bestimmen.

Zu 666.

D. Verstaatlichung privater Unternehmen

Von zentraler Bedeutung für das wirtschaftspolitische System der Bundesrepublik Deutschland ist das „Gesetz zur Förderung der Stabilität und des Wachstums der Wirtschaft" von 1967, kurz auch „Stabilitätsgesetz". Die darin enthaltenen Ziele werden in ihrer Gesamtheit als „Magisches Viereck" bezeichnet: bestimmt durch die Eckpunkte Preisniveaustabilität, hoher Beschäftigungsstand, außenwirtschaftliches Gleichgewicht sowie angemessenes und stetiges Wirtschaftswachstum.

Zu 667.

B. Bei einer Fakturierung in US-Dollar tritt bei einem Kurseinbruch des Euros gegenüber dem US-Dollar ein Währungsgewinn ein.

Bei einer Fakturierung in US-Dollar tritt bei einem Kurseinbruch des Euros gegenüber dem US-Dollar ein Währungsgewinn ein. Da die Rechnung in US-Dollar zu zahlen ist, wird durch den Kurseinbruch des Euros bei einem Geldumtausch ein höherer Eurobetrag erzielt als geplant.

Zu 668.

B. Bei anhaltend stark steigenden Kursen

Mit dem Ausdruck „Bullenmarkt" bezeichnet man an der Börse eine Phase, in der die Kurse stark anziehen. Das Gegenteil ist der Bärenmarkt: hier fallen die Kurse.

Zu 669.

A. Stabilität

Fixe Wechselkurse richten sich nach einem festen Leitkurs, der von den beteiligten Staaten festgelegt wird. Flexible Wechselkurse werden marktwirtschaftlich, d. h. über Angebot und Nachfrage auf dem Devisenmarkt bestimmt. Die Vorteile flexibler Wechselkurse liegen in der größeren Eigenständigkeit und Handlungsfreiheit der staatlichen Zentralbanken, die die Geldmenge im Inland besser kontrollieren und auf Krisen schneller reagieren können. Die Währungen sind dann jedoch auch tendenziell instabiler.

Zu 670.

D. Aus Binnen- und Exportnachfrage

Die Gesamtnachfrage setzt sich zusammen aus der Exportnachfrage – der Nachfrage aus dem Ausland – und der Binnennachfrage, die wiederum aus Konsumgüter-, Investitions- und Staatsnachfrage gebildet wird.

Sprachbeherrschung

Rechtschreibung: Lückentext   *Bearbeitungszeit 5 Minuten*

Bei diesen Aufgaben geht es darum, das Wort mit der richtigen Schreibweise zu erkennen, welches die Lücke sinnvoll ergänzt.

Beantworten Sie bitte die folgenden Aufgaben, indem Sie jeweils den richtigen Buchstaben markieren.

671. **Für viele Naturwissenschaftler und _____ ist praktische Verwertbarkeit elementarer Zweck der Wissenschaft.**

    A. Philosoph
    B. Psychologe
    C. Philosophen
    D. Seismografen
    E. Keine Antwort ist richtig.

672. **Es gibt Krankheiten, bei denen neben anderen Symptomen auch _____ auftreten können.**

    A. Grippe
    B. Grippen
    C. Halluzination
    D. Halluzinationen
    E. Keine Antwort ist richtig.

673. **Im Jahr 1836 gründeten die Dresdner Kaufleute Benjamin Schwenke und Friedrich Lange eine _____.**

    A. Dampfschifffahrtsgesellschaften
    B. Dampfschiffahrtsgesellschaften
    C. Dampfschiffahrtsgesellschaft
    D. Dampfschifffahrtsgesellschaft
    E. Keine Antwort ist richtig.

674. **Dieser Massagesessel ist genial! Die _____ der Massage lässt sich stufenlos regeln.**

    A. Intensivität
    B. Intenzität
    C. Intensität
    D. Indensität
    E. Keine Antwort ist richtig.

675. **Die Wissenschaftler führten eine _____ Studie durch.**

    A. empierische
    B. empirischen
    C. empierischer
    D. empirische
    E. Keine Antwort ist richtig.

Lösungen

Zu 671.

C. Philosophen

Das gesuchte Wort muss sich in die die Aufzählung „Naturwissenschaftler und …" einfügen und daher im Plural stehen, der nur in den Antworten C und D korrekt gebildet wird. Inhaltlich passen nur die „Philosophen": Seismografen sind Geräte, die Erdbeben messen.

Zu 672.

D. Halluzinationen

Da das Verb „auftreten können" im Plural steht, muss auch das gesuchte Subjekt im Plural sein, so kommen nur die Antworten B und D in Betracht. Da man aber nicht an mehreren Grippen gleichzeitig, sondern nur an einer Grippe leidet, ergibt Antwort B keinen Sinn. Antwort D „Halluzinationen" ist die einzige korrekte Antwort.

Zu 673.

D. Dampfschifffahrtsgesellschaft

Der Artikel „eine" erfordert die Nutzung des Singulars. Antwort C ist gramatisch falsch, da drei „f"s erhalten bleiben müssen, sodass nur Antwort D „Dampfschifffahrtsgesellschaft" richtig ist.

Zu 674.

C. Intensität

Die richtige Antwort ist C „Intensität", alle anderen sind falsch geschrieben.

Zu 675.

D. empirische

Die Antwort muss im Nominativ Singular stehen, Antwort A fällt wegen eines Rechtschreibfehlers weg. Die einzige mögliche Lösung ist also D „empirische".

Sprachbeherrschung

Gegenteilige Begriffe   *Bearbeitungszeit 5 Minuten*

Ordnen Sie bitte den Begriffen die gegenteilige Bedeutung zu, indem Sie den entsprechenden Lösungsbuchstaben in das zugehörige Kästchen eintragen.

Begriffe	A–E	Gegenteilige Begriffe
676. Synonym	☐	A. Gefrierpunkt
677. Freiheit	☐	B. unambitioniert
678. Opportunismus	☐	C. Dogmatismus
679. ehrgeizig	☐	D. Antonym
680. Siedepunkt	☐	E. Gefangenschaft

Lösungen

Zu 676.
D. Antonym

Zu 677.
E. Gefangenschaft

Zu 678.
C. Dogmatismus

Zu 679.
B. unambitioniert

Zu 680.
A. Gefrierpunkt

Lösungshinweis:

Bei dieser Aufgabe wird die sprachliche Grundfähigkeit geprüft. Gehen Sie dabei sehr konzentriert vor, da ein Fehler eine ganze Reihe anderer Fehler nach sich ziehen kann.

Beginnen Sie systematisch mit dem ersten Wort in der linken Spalte und überprüfen Sie die rechte Spalte Wort für Wort, bis Sie das Wort mit der gegenteiligen Bedeutung gefunden haben. Tragen Sie dann den Buchstaben in das leere Kästchen in der mittleren Spalte ein. Wenn Sie sich nicht ganz sicher sind, dann verschieben Sie Ihre Entscheidung – vielleicht löst sich das Problem am Ende der Aufgabe, da nur noch eine Möglichkeit übrig bleibt.

Wenn nach dem ersten Durchgang noch Lücken in der rechten Spalte übrig geblieben sind, dann hilft eventuell eine Umkehr des Verfahrens weiter: Man nehme sich das Wort aus der rechten Spalte vor und suche dazu aus der linken Spalte das Wort mit der gegenteiligen Bedeutung.

Zum Schluss sollte geprüft werden, ob alle Buchstaben einmal eingetragen sind.

Sprachbeherrschung

Satzgrammatik   *Bearbeitungszeit 5 Minuten*

Die folgenden Fragen testen Ihr grammatisches Basiswissen.

Beantworten Sie bitte die folgenden Aufgaben, indem Sie jeweils den richtigen Buchstaben markieren.

681. Welcher Ausdruck steht nicht im Dativ?

- A. der Hilfe
- B. dem Opfer
- C. einer Explosion
- D. einen Eimer
- E. einem Kind

684. Welches Wort ist eine Präposition?

- A. unter
- B. welche
- C. oder
- D. aber
- E. doch

682. Welcher Ausdruck steht im Passiv?

- A. Er wusch das Auto.
- B. Die Entscheidung ist gefallen.
- C. Der Kuchen war gut.
- D. Die Suppe wird gekocht.
- E. Wir wollen ihn fragen.

685. Welcher Satz steht im Futur II?

- A. Er wird essen.
- B. Sie wird essen gehen.
- C. Wir gehen morgen essen.
- D. Ihr werdet gegessen haben.
- E. Du hast gegessen.

683. Welcher Ausdruck steht im Plusquamperfekt?

- A. habe gefragt
- B. hast gefragt
- C. wollten fragen
- D. fragtet
- E. hatte gefragt

Lösungen

Zu 681.

D. einen Eimer

Der Dativ ist der dritte Fall. Man kann danach mit „wem?" fragen. „Einen Eimer" steht hier als einziger Ausdruck im Akkusativ.

Zu 682.

D. Die Suppe wird gekocht.

Das Passiv bildet man mit dem Hilfsverb „werden". Es drückt aus, dass mit dem Subjekt etwas geschieht.

Zu 683.

E. hatte gefragt

Das Plusquamperfekt wird auch „Vorvergangenheit" genannt. Damit kann man ausdrücken, dass eine Handlung vor einem Zeitpunkt in der Vergangenheit geschehen ist, d. h. dass sie zu diesem Zeitpunkt in der Vergangenheit bereits abgeschlossen war.

Zu 684.

A. unter

Präpositionen werden auch „Verhältniswörter" genannt. Sie drücken das Verhältnis oder die Beziehung zwischen Dingen, Personen oder Tatsachen aus. Präpositionen können zum Beispiel lokale („in", „auf", „unter") oder temporale („während", „nach") Beziehungen ausdrücken.

Zu 685.

D. Ihr werdet gegessen haben.

Das Futur II bezieht sich auf die Zukunft. Es drückt aus, was zu einem Zeitpunkt in der Zukunft bereits geschehen sein wird.

Fremdsprachenkenntnisse

Englisch: Lückentext   *Bearbeitungszeit 10 Minuten*

In diesem Abschnitt werden Ihre Englischkenntnisse geprüft.

Finden Sie heraus, welche Wörter in die Leerstellen eingesetzt werden müssen, damit sich ein sinnvoller Satz ergibt.

Beantworten Sie bitte die folgenden Aufgaben, indem Sie den Lösungsbuchstaben des in die Lücke einzusetzenden Ausdrucks markieren.

686. I arrived _____ the railway station.

   A. by
   B. in
   C. on
   D. into
   E. at

687. The knife _____ the table.

   A. is of
   B. are at
   C. lays on
   D. lies to
   E. lies on

688. The pleasure is all _____.

   A. on me
   B. for my
   C. on my side
   D. for me
   E. mine

689. She can't understand how Tom could have made _____.

   A. such a big mistake
   B. such big the mistake
   C. so big mistake
   D. so a big mistake
   E. Keine Antwort ist richtig

690. There aren't _____ cups in the cupboard.

   A. some
   B. any
   C. the
   D. a
   E. Keine Antwort ist richtig

691. Sara told her mother that she didn't have _____ today.

   A. many homeworks
   B. much homeworks
   C. much homework
   D. many homework
   E. Keine Antwort ist richtig

692. A few of _____ are going to the club later.

   A. mens
   B. us men
   C. we mans
   D. ours men
   E. we men

693. _____ you like to visit us, since your husband isn't at home this weekend?

   A. will

   B. won't

   C. wouldn't

   D. want

   E. does

694. **She would have paid** _____ **for her new dress.**

   A. as much twice

   B. times two

   C. much twice

   D. twice as much

   E. Keine Antwort ist richtig

695. _____ a cat on the chair.

   A. He's

   B. They're

   C. Theirs

   D. There's

   E. Keine Antwort ist richtig

Lösungen

Zu 686.

E. at

„I arrived at the railway station."

Mit „arrive by" würde man ausdrücken, dass man mit einem bestimmten Verkehrsmittel angekommen ist („I arrived by train"); „arrive in" könnte sich auf eine Zeitangabe beziehen („I arrived in twenty minutes"), die hier jedoch nicht gegeben ist. „Auf" dem Bahnhof anzukommen, wie es Möglichkeit C („on") besagen würde, wäre sehr ungewöhnlich, und auch „into" ist falsch gewählt. „Ich kam am Bahnhof an" wird korrekt mithilfe von „at" übersetzt.

Zu 687.

E. lies on

„The knife lies on the table."

„Of the table" (Vorschlag A) bedeutet nicht etwa „auf dem Tisch", sondern „des Tischs" und würde hier keinen besonders sinnvollen Satz ergeben. Die Mehrzahlform „are" ist bei nur einem Messer ebenfalls unangebracht. „Lay" in Antwort C steht nicht für „liegen", sondern für „legen", sodass in diesem Fall das Messer selbst etwas legen müsste – auch diese Antwort scheidet somit aus. In Möglichkeit D ist sogar von einem ganz anderen Wort die Rede: „Lie to" bedeutet „jemandem anlügen". Als korrekte Antwort bleibt schließlich nur E übrig.

Zu 688.

E. mine

„The pleasure is all mine."

„Die Freude ist ganz auf meiner Seite" kann nicht wörtlich ins Englische übersetzt werden, wie es Antwort C versucht. Man sagt stattdessen „die Freude ist voll und ganz meine" – „the pleasure is all mine".

Zu 689.

A. such a big mistake

„She can't understand how Tom could have made such a big mistake."

Übersetzt bedeutet dieser Satz: „Sie kann nicht verstehen, wie Tom so einen großen Fehler hat machen können." Das in den Antworten C und D verwendete „so" entspricht nicht dem vergleichenden deutschen „so", sondern bedeutet „also", „damit", „dermaßen". Abgesehen davon ist die Wortstellung beide Male nicht korrekt. Vorschlag B benutzt fälschlicherweise den bestimmten Artikel „the" statt des unbestimmten „a". Somit kommt nur Möglichkeit A infrage.

Zu 690.

B. any

„There aren't any cups in the cupboard."

Übersetzt: „Es sind keine Tassen im Geschirrschrank." Das Wort „keine" ist hier der Schlüssel zur Lösung: Im Englischen verwendet man „any" zur Angabe unbestimmter Stückzahlen in Fragesätzen oder bei Verneinungen – im vorliegenden Fall handelt es sich um Letzteres. „Some" kommt bei normalen Aussagesätzen zum Zuge. Die Artikel „the" (bestimmt) bzw. „a" (unbestimmt) sind hier völlig fehl am Platz.

Zu 691.

C. much homework

„Sara told her mother that she didn't have much homework today."

Übersetzt bedeutet der Satz: „Sara sagte ihrer Mutter, dass sie heute nicht viele Hausaufgaben habe." Da „homework" bereits im Plural steht – das Wort ist überhaupt nur in der Mehrzahl gebräuchlich – stimmen die Pluralkonstruktionen der Antworten A und B mit angehängtem „s" nicht. Ob nun „much" oder „many" zu verwenden ist, richtet sich nach der Zählbarkeit des Bezugsworts: Zählbare Substantive können eine Mehrzahl bilden („friend" – „friends") und werden mit „many" verwendet; nicht zählbare Substantive wie „homework" verlangen nach „much".

Zu 692.

B. us men

„A few of us men are going to the club later."

Die Übersetzung diese Satzes lautet: „Einige von uns Männern gehen später noch in den Club." Antwort A bildet den Plural fälschlicherweise mit angehängtem „s", die Möglichkeiten C und E ziehen außerdem noch das falsche Personalpronomen „we" hinzu. Antwort D ist mit „ours" nicht viel besser. Somit kommt nur B infrage.

Zu 693.

C. wouldn't

„Wouldn't you like to visit us, since your husband isn't at home this weekend?"

Auf Deutsch: „Hättest du nicht Lust uns zu besuchen, da dein Mann am Wochenende nicht zuhause ist?" Antwort E entfällt bereits aufgrund der falschen Zeit- und Personalform (3. Person Singular Präsens, richtig wäre 2. Person Singular Futur). „Want" („wollen") passt weder

grammatisch noch inhaltlich in die Satzkonstruktion. „Will you" (Antwort A) bedeutet „wirst du", „won't" heißt übersetzt „wirst du nicht" – beides etwas zu forsch für eine englische Frage, die höflicherweise mit „würde" („would") gebildet wird.

Zu 694.

D. twice as much

„She would have paid twice as much for her new dress."

Korrekt übersetzt: „Sie hätte für ihr neues Kleid auch doppelt so viel bezahlt." Die Formel „doppelt so viel" wird im Englischen mit „twice as much" richtig gebildet, wie in Vorschlag D angegeben.

Zu 695.

D. There's

„There's a cat on the chair."

Übersetzt bedeutet der Satz: „Dort ist eine Katze auf dem Stuhl". Einzusetzen ist die Ortsangabe „dort ist" – dies gelingt weder durch Antwort A („he's" – „er ist") noch durch die Vorschläge B („they're" – „sie sind") oder C: das Possesivpronomen „theirs" („ihrer", „ihres") zeigt ein Besitzverhältnis mehrerer Leute an. Somit kommt nur Möglichkeit D mit dem Demonstrativpronomen „there" („dort") infrage.

Mathematik

Bruchrechnen   *Bearbeitungszeit 5 Minuten*

In diesem Abschnitt werden die wesentlichen Zusammenhänge der Bruchrechnung überprüft, wobei der Bruchstrich nichts anderes als ein Geteiltzeichen darstellt.

Beantworten Sie bitte die folgenden Aufgaben, indem Sie jeweils den richtigen Buchstaben markieren.

696. $\dfrac{2}{4} + \dfrac{4}{3} = ?$

    A. 1

    B. $\dfrac{11}{6}$

    C. 2,5

    D. 3

    E. Keine Antwort ist richtig.

697. $\dfrac{6}{7} - \dfrac{1}{5} = ?$

    A. $\dfrac{5}{2}$

    B. $\dfrac{5}{5}$

    C. $\dfrac{7}{2}$

    D. $\dfrac{23}{35}$

    E. Keine Antwort ist richtig.

698. $7\dfrac{4}{8} \times 2\dfrac{2}{4} = ?$

    A. $\dfrac{75}{4}$

    B. 8

    C. $\dfrac{5}{32}$

    D. $\dfrac{6}{32}$

    E. Keine Antwort ist richtig.

699. $3\dfrac{6}{8} \div 2\dfrac{2}{4} = ?$

    A. $\dfrac{3}{2}$

    B. 0,5

    C. $\dfrac{1}{4}$

    D. $\dfrac{116}{32}$

    E. Keine Antwort ist richtig.

700. $\left(4\dfrac{1}{2} + 2\dfrac{1}{4}\right) \div \left(9 - 2\dfrac{1}{4}\right) = ?$

    A. $\dfrac{9}{6}$

    B. $\dfrac{7}{4}$

    C. 1,5

    D. 1

    E. Keine Antwort ist richtig.

Lösungen

Zu 696.

B. $\dfrac{11}{6}$

Brüche werden addiert, indem man den gemeinsamen Nenner findet, die Zähler addiert und den Nenner beibehält. Anschließend muss das Ergebnis so weit wie möglich gekürzt werden.

$$\frac{2}{4}+\frac{4}{3}=\frac{6}{12}+\frac{16}{12}=\frac{22}{12}=\frac{11}{6}$$

Zu 697.

D. $\dfrac{23}{35}$

Brüche werden subtrahiert, indem man den gemeinsamen Nenner findet, diesen beibehält und die Zähler voneinander subtrahiert. Brüche müssen so weit wie möglich gekürzt werden.

$$\frac{6}{7}-\frac{1}{5}=\frac{30}{35}-\frac{7}{35}=\frac{23}{35}$$

Zu 698.

A. $\dfrac{75}{4}$

Gemischte Zahlen sollten in Brüche umgewandelt werden. Danach werden die Brüche multipliziert, indem man Nenner mit Nenner und Zähler mit Zähler multipliziert. Anschließend ist das Ergebnis so weit wie möglich zu kürzen.

$$7\frac{6}{8}\times2\frac{2}{4}=\frac{60}{8}\times\frac{10}{4}=\frac{600}{32}=\frac{75}{4}$$

Zu 699.

A. $\dfrac{3}{2}$

Gemischte Zahlen sollten in Brüche umgewandelt werden. Danach werden die Brüche dividiert, indem man mit dem Kehrwert multipliziert. Anschließend ist das Ergebnis so weit wie möglich zu kürzen.

$$3\frac{6}{8}\div2\frac{2}{4}=\frac{30}{8}\div\frac{10}{4}=\frac{30}{8}\times\frac{4}{10}=\frac{120}{80}=\frac{3}{2}$$

Zu 700.

D. 1

Gemischte Zahlen sollten zunächst in reine Brüche umgewandelt werden:

$$\left(4\frac{1}{2}+2\frac{1}{4}\right)\div\left(9-2\frac{1}{4}\right)=\left(\frac{9}{2}+\frac{9}{4}\right)\div\left(9-\frac{9}{4}\right)$$

Brüche werden addiert bzw. subtrahiert, indem man sie auf einen gemeinsamen Nenner bringt, ihre Zähler addiert bzw. subtrahiert und den Nenner beibehält. Brüche werden dividiert, indem man den ersten Wert (Dividend) mit dem Kehrwert des zweiten Werts (des Divisors, durch den geteilt werden soll) multipliziert – in diesem Fall kann das Ergebnis bereits erkannt werden:

$$\left(\frac{9}{2}+\frac{9}{4}\right)\div\left(9-\frac{9}{4}\right)=\left(\frac{18}{4}+\frac{9}{4}\right)\div\left(\frac{36}{4}-\frac{9}{4}\right)$$
$$=\frac{27}{4}\div\frac{27}{4}=1$$

Mathematik

Prozentrechnen

Beantworten Sie bitte die folgenden Aufgaben, indem Sie jeweils den richtigen Buchstaben markieren.

701. **Ein Makler kalkuliert den Barverkaufspreis eines Produktes. Die Selbstkosten betragen 120 € und der Gewinnzuschlag soll 25 Prozent betragen. Wie lautet der Barverkaufspreis?**

A. 125 €

B. 140 €

C. 150 €

D. 170 €

E. Keine Antwort ist richtig.

702. **Ein Versicherungsunternehmen zahlt einen Kredit von 80.000 € nach 30 Tagen zurück. Wie viel Zinsen muss es bei einem Zinssatz von neun Prozent bezahlen?**

A. 300 €

B. 7.200 €

C. 600 €

D. 800 €

E. Keine Antwort ist richtig.

703. **Ein Versicherungsunternehmen hat ein Wohngebäude für 500.000 € erworben und rechnet mit einer Effektivzinsung von sieben Prozent. Das Gebäude hat eine Wohnfläche von 500 m². An Kosten fallen jährlich 25.000 € an. Wie viel € Miete muss der Versicherer monatlich pro Quadratmeter verlangen?**

A. 10 €

B. 12 €

C. 14 €

D. 15 €

E. Keine Antwort ist richtig.

704. **Am 31.03. erhält Versicherungsnehmer Mayer ein Darlehen aus einem Bausparvertrag in Höhe von 10.000 € zu einem Zinssatz von sechs Prozent. Die Zinsen für das erste Halbjahr wurden gleich einbehalten. Am 31.06. wird der Vertrag in beiderseitigem Einverständnis aufgelöst. Wie viel Euro an Zinsen müssen Herrn Mayer zurückerstattet werden?**

A. 100 €

B. 120 €

C. 150 €

D. 180 €

E. Keine Antwort ist richtig.

705. **Herr Mayer zahlt für eine Versicherung inklusive 10 Prozent Versicherungssteuer eine Jahresprämie von 660 €. Wie hoch ist die Versicherungssumme, wenn der Beitragssatz 1,5 Promille beträgt?**

A. 300.000 €

B. 350.000 €

C. 400.000 €

D. 450.000 €

E. Keine Antwort ist richtig.

Lösungen

Zu 701.

C. 150 €

Der Barverkaufspreis lautet 150 €.

$$Prozentwert = \frac{Grundwert \times Prozentsatz}{100}$$

$$Prozentwert = \frac{120\,€ \times 125}{100} = 150\,€$$

Zu 702.

C. 600 €

Der Zins beträgt 600 €.

$$Prozentwert = \frac{Grundwert \times Prozentsatz}{100}$$

$$Prozentwert = \frac{80.000\,€ \times 9}{100} = 7.200\,€$$

7.200 € ÷ 12 = 600 €

Zu 703.

A. 10 €

Der Versicherer muss monatlich pro Quadratmeter 10 € Miete verlangen.

$$Prozentwert = \frac{Grundwert \times Prozentsatz}{100}$$

$$Prozentwert = \frac{500.000\,€ \times 7}{100} = 35.000\,€$$

35.000 € + 25.000 € = 60.000 €

60.000 € ÷ 12 ÷ 500 m^2 = 10 €

Zu 704.

C. 150 €

Die Versicherung muss 150 € an Zinsen zurückerstatten.

$$Prozentwert = \frac{Grundwert \times Prozentsatz}{100}$$

$$Prozentwert = \frac{10.000\,€ \times 6}{100} = 600\,€$$

600 € ÷ 2 = 300 € einbehaltene Zinsen für ein halbes Jahr

300 € ÷ 180 d × 90 d = 150 € Rückerstattungsbetrag für 3 Monate

Zu 705.

C. 400.000 €

Die Versicherungssumme beträgt 400.000 €.

$$Grundwert = \frac{Prozentwert \times 100}{Prozentsatz}$$

$$Grundwert = \frac{660\,€ \times 100}{110} = 600\,€\ \text{Jahresprämie}$$

ohne Steuern

$$Grundwert = \frac{600\,€ \times 1.000}{1,5} = 400.000\,€$$

Mathematik

Zinsrechnen *Bearbeitungszeit 5 Minuten*

Bei der kaufmännischen Zinsrechnung werden dem Monat 30 Tage und dem Jahr 360 Tage zugrunde gelegt.

Beantworten Sie bitte die folgenden Aufgaben, indem Sie jeweils den richtigen Buchstaben markieren.

706. **Für eine Geldanlage von 60.000 € hat Herr Mayer nach acht Monaten einen Zins von 2.400 € erhalten. Wie hoch ist der Zinssatz?**

    A. 3,50 %

    B. 4,00 %

    C. 5,00 %

    D. 6,00 %

    E. Keine Antwort ist richtig.

707. **Wie viel Zinsen erhält Herr Mayer nach einem ¾ Jahr, wenn er einen Betrag von 40.000 € zu sieben Prozent fest anlegt?**

    A. 2.100 €

    B. 2.600 €

    C. 2.800 €

    D. 3.000 €

    E. Keine Antwort ist richtig.

708. **Für eine Festgeldanlage erhält Herr Mayer nach drei Monaten 700 € Zinsen bei einer Verzinsung von sieben Prozent. Welcher Betrag wurde vor einem Jahr angelegt?**

    A. 25.000 €

    B. 30.000 €

    C. 35.000 €

    D. 40.000 €

    E. Keine Antwort ist richtig.

709. **Eine Kapitalanlage von 20.000 € bringt nach 90 Tagen einen Zinsertrag von 400 €. Welchem Jahreszins entspricht das?**

    A. 8 %

    B. 8,5 %

    C. 9 %

    D. 10 %

    E. Keine Antwort ist richtig.

710. **Die Max Mayer Industriegesellschaft konnte den Gewinn im Monat März um 5 % gegenüber dem Vormonat auf 198.744 € steigern. Im Februar konnte bereits der Gewinn gegenüber Januar um 4 % gesteigert werden. Wie hoch war der Gewinn im Januar?**

    A. 180.255 €

    B. 181.000 €

    C. 181.550 €

    D. 182.000 €

    E. Keine Antwort ist richtig.

Lösungen

Zu 706.

D. 6,00 %

Herr Mayer hat einen Jahreszins von sechs Prozent erhalten.

$$Zinssatz = \frac{Zinsen \times 100 \times 360d}{Kapital \times Tage}$$

$$Zinssatz = \frac{2.400 € \times 100 \times 360d}{60.000 € \times 240d} = 6\%$$

Zu 707.

A. 2.100 €

Herr Mayer erhält 2.100 € Zinsen.

$$Zinsen = \frac{Kapital \times Zinssatz \times Tage}{100 \times 360d}$$

$$Zinsen = \frac{40.000 \times 7 \times 270d}{100 \times 360d} = 2.100 €$$

Zu 708.

D. 40.000 €

Es wurde ein Betrag von 40.000 € angelegt.

$$Kapital = \frac{Zinsen \times 100 \times 360d}{Zinssatz \times Tage}$$

$$Kapital = \frac{700 € \times 100 \times 360d}{7 \times 90d} = 40.000 €$$

Zu 709.

A. 8 %

Es entspricht einem Zinssatz von acht Prozent.

$$Zinssatz = \frac{Zinsen \times 100 \times 360d}{Kapital \times Tage}$$

$$Zinssatz = \frac{400 € \times 100 \times 360d}{20.000 € \times 90d} = 8\%$$

Zu 710.

D. 182.000 €

Der Gewinn betrug im Januar 182.000 €.

$$Prozentwert = \frac{Grundwert \times Prozentsatz}{100}$$

$$Prozentwert = \frac{198.744 € \times 100}{105} = 189.280 €$$

$$Prozentwert = \frac{189.280 € \times 100}{104} = 182.000 €$$

Mathematik

Maße und Einheiten umrechnen   *Bearbeitungszeit 5 Minuten*

Beantworten Sie bitte die folgenden Aufgaben, indem Sie jeweils den richtigen Buchstaben markieren.

711. **Wie viele Deziliter sind 0,25 Liter?**

  A. 250
  B. 25
  C. 2,5
  D. 5
  E. Keine Antwort ist richtig.

712. **Wie viele Gramm sind 21,7 Tonnen?**

  A. 21.700
  B. 217.000
  C. 2.170.000
  D. 21.700.000
  E. Keine Antwort ist richtig.

713. **Für einen Kunden müssen 120 Zementsä-
cke je 1 Zentner von Berlin nach Hamburg
befördert werden. Welchem Gesamtgewicht entspricht das?**

  A. 4 t
  B. 4.000 kg
  C. 6 t
  D. 5.000 kg
  E. Keine Antwort ist richtig.

714. **Wie viele Sekunden haben 4,5 Tage?**

  A. 388.800 Sekunden
  B. 389.000 Sekunden
  C. 390.600 Sekunden
  D. 390.800 Sekunden
  E. Keine Antwort ist richtig.

715. **Wie viele Kubikdezimeter sind 3,45 Liter?**

  A. 0,0345
  B. 3,45
  C. 0,345
  D. 34,5
  E. Keine Antwort ist richtig.

Lösungen

Zu 711.

C. 2,5

Ein Liter entspricht 10 Dezilitern, also ergeben 0,25 Liter 2,5 Deziliter:

$0,25 \times 10$ dl $= 2,5$ dl

Zu 712.

D. 21.700.000

Eine Tonne entspricht 1.000 Kilogramm bzw. 1.000.000 Gramm, also ergeben 21,7 Tonnen 21,7 Mio. Gramm:

$21,7 \times 1.000.000$ g $= 21.700.000$ g

Zu 713.

C. 6 t

Das entspricht einem Gesamtgewicht von 6 Tonnen.

1 Ztr. $= 50$ kg

120×50 kg $= 6.000$ kg

1 t $= 1.000$ kg

6.000 kg $\div 1.000 = 6$ t

Zu 714.

A. 388.800 Sekunden

4,5 Tage haben 388.800 Sekunden:

$4,5 \times 24$ h $= 108$ h

108×60 min $= 6.480$ min

6.480×60 s $= 388.800$ s

Zu 715.

B. 3,45

Liter und Kubikdezimeter bezeichnen dasselbe Volumen, also sind 3,45 Liter zugleich 3,45 Kubikdezimeter.

Mathematik

Schätzaufgaben   *Bearbeitungszeit 5 Minuten*

Bei dieser Aufgabe zählen Ihre Kopfrechenkünste. Einen Taschenrechner dürfen Sie hier daher nicht benutzen.

Sie müssen die Aufgaben nicht vollständig ausrechnen – geschicktes Schätzen genügt, um die richtigen Ergebnisse zu finden.

Beantworten Sie bitte die folgenden Aufgaben, indem Sie jeweils den richtigen Buchstaben markieren.

716. 5.743.720 – 2.821.416 = ?

    A. 922.304

    B. 292.230

    C. 2.922.304

    D. 2.922.306

    E. 29.223.004

717. 2.355 × 1.872 = ?

    A. 991.990

    B. 4.408.560

    C. 4.638.106

    D. 5.440.327

    E. Keine Antwort ist richtig.

718. $6{,}7^2 - 1{,}4^2 = ?$

    A. 42,93

    B. 37,65

    C. 32,78

    D. 10,77

    E. Keine Antwort ist richtig.

719. 73,2 % von 845 = ?

    A. 388,6

    B. 546,99

    C. 764,88

    D. 618,54

    E. Keine Antwort ist richtig.

720. $(243 \div 2{,}105) \times {}^3/_4 = ?$

    A. 54,63

    B. 86,579

    C. 99,754

    D. 112,867

    E. Keine Antwort ist richtig.

Lösungen

Zu 716.

C. 2.922.304

Durch die Subtraktion der letzten beiden Ziffern (20 − 16 = 4) erhält man die Zahl 4, d. h. die letzte Zahl muss 4 lauten. Das Ergebnis muss 7-stellig sein, da die erste Zahl größer als die zweite Zahl ist.

Zu 717.

B. 4.408.560

Die letzte Ziffer der Lösung lässt sich berechnen, indem man nur die Endziffern der einzelnen Werte betrachtet:

$5 \times 2 = 10$

Die letzte Ziffer des Endergebnisses lautet also 0. Da zwei vierstellige Zahlen miteinander multipliziert werden, muss das Endergebnis außerdem mindestens 7 und kann höchstens 8 Stellen haben. Beide dieser Bedingungen erfüllt nur Antwort B.

Zu 718.

A. 42,93

Die letzte Ziffer der Lösung lässt sich berechnen, indem man nur die Endziffern der einzelnen Werte betrachtet: Diese Endziffern lauten 9 ($7 \times 7 = 49$) und 6 ($4 \times 4 = 16$). Die letzte Ziffer des Endergebnisses ergibt sich demnach aus der Rechnung:

$9 - 6 = 3$

Zu 719.

D. 618,54

Für die Schätzung kann statt 73,5 % ein handlicherer Wert von 75 % – oder drei Viertel – angenommen werden. Statt mit 845 empfiehlt es sich dann, mit einer überschaubaren, durch 4 teilbaren Zahl zu rechnen, z. b. mit 840. Der Überschlag sieht dann wie folgt aus:

$840 \div 4 = 210$

$210 \times 3 = 630$

Drei Viertel von 840 sind 630. Damit hat man sich dem tatsächlichen Ergebnis der Aufgabe (618,54) ausreichend angenähert.

Zu 720.

B. 86,579

Die Klammer ist in dieser Aufgabe eigentlich überflüssig – lassen Sie sich daher von ihr nicht irritieren. Die Lösung lässt sich einfacher schätzen, wenn man statt von 243 vom handlicheren Wert 240 ausgeht und ihn durch 2 teilt. Demnach ist zu berechnen:

$240 \div 2 \times {}^3/_4 = 120 \times {}^3/_4 = {}^{360}/_4 = 90$

Dieser Wert ist eine ausreichende Annäherung an das genaue Endergebnis.

Mathematik

Kniffelige Aufgaben

Bearbeitungszeit 5 Minuten

Beantworten Sie bitte die folgenden Aufgaben, indem Sie jeweils den richtigen Buchstaben markieren.

721. Eine Zahl ist der dritte Teil der Summe von 86 und 112. Wie lautet die gesuchte Zahl?

A. 78

B. 72

C. 66

D. 84

E. Keine Antwort ist richtig.

722. Zwei Freunde müssen 10 Seiten eines Textes auf einem Computer abtippen. Beide sind gleich schnell und wechseln sich nach jeder Seite gegenseitig ab. Für das Abtippen benötigen sie zusammen 20 Minuten. Wie lange würden vier Freunde benötigen?

A. 10 Minuten

B. 15 Minuten

C. 20 Minuten

D. 5 Minuten

E. Keine Antwort ist richtig.

723. Eine Zahl wird mit 3 multipliziert, anschließend wird 63 addiert und daraufhin 17 subtrahiert. Das Ergebnis ist 70. Wie lautet die gesuchte Zahl?

A. 6

B. 8

C. 12

D. 18

E. Keine Antwort ist richtig.

724. Addiert man die Hälfte, ein Drittel und ein Viertel einer Zahl, so erhält man 65. Wie lautet die gesuchte Zahl?

A. 50

B. 58

C. 60

D. 80

E. Keine Antwort ist richtig

725. Addiert man ein Viertel, ein Sechstel und ein Drittel einer Zahl zusammen, so erhält man die Zahl 75. Wie lautet die gesuchte Zahl?

A. 6

B. 65

C. 75

D. 100

E. Keine Antwort ist richtig.

Lösungen

Zu 721.

C. 66

Die gesuchte Zahl lautet 66. Aus den Angaben der Aufgabenstellung lässt sich folgende Gleichung aufstellen:

$y = (86 + 112) \div 3 = 198 \div 3 = 66$

Zu 722.

C. 20 Minuten

Da nur eine Person am Computer arbeiten kann, würden auch vier Freunde 20 Minuten benötigen.

Zu 723.

B. 8

Die gesuchte Zahl lautet 8. Aus den Angaben der Aufgabenstellung lässt sich folgende Gleichung aufstellen:

$y \times 3 + 63 - 17 = 70 \qquad | -46$

$y \times 3 = 24 \qquad\qquad | \div 3$

$y = 24 \div 3 = 8$

Zu 724.

C. 60

Die gesuchte Zahl lautet 60.

$$\frac{1}{2}x + \frac{1}{3}x + \frac{1}{4}x = 65$$

$$\frac{6}{12}x + \frac{4}{12}x + \frac{3}{12}x = 65$$

$$\frac{13}{12}x = 65$$

$$x = \frac{65 \times 12}{13} = 60$$

Zu 725.

D. 100

Die gesuchte Zahl lautet 100.

$\frac{1}{4}x + \frac{1}{6}x + \frac{1}{3}x = 75$

$\frac{3}{12}x + \frac{2}{12}x + \frac{4}{12}x = 75$

$\frac{9}{12}x = 75 \qquad\qquad | \times 12$

$9x = 12 \times 75$

$9x = 900 \qquad\qquad | \div 9$

$x = 900 \div 9 = 100$

Mathematik

Textaufgaben mit Tabelle   *Bearbeitungszeit 5 Minuten*

Welche Informationen liefert die Tabelle?

Beantworten Sie bitte die folgenden Aufgaben, indem Sie jeweils den richtigen Buchstaben markieren.

Einwohnerzahl und Bruttonationaleinkommen (BNE)

Kaufkraftbereinigtes BNE pro Kopf in US-Dollar (Stand 2015)

Land	BNE/Kopf in US-$	Einwohnerzahl in Mio.
Schweiz	63.990	8,3
USA	57.540	321,2
Österreich	49.160	8,6
Deutschland	49.090	81,1
Belgien	45.770	11,2
Japan	42.310	126,9
Frankreich	41.680	64,3
Vereinigtes Königreich	41.230	65,1
Italien	37.010	62,5
Südkorea	34.810	50,7
Spanien	34.700	46,4
Russland	24.510	144,3
Türkei	19.740	78,2
Welt	15.659	7.336
Volksrepublik China	14.320	1.371,9
Indien	6.030	1.314,1

Quelle: Weltbank, Deutsche Stiftung Weltbevölkerung

726. In Südkorea ist das BNE/Kopf kleiner als …?

A. in Russland.

B. in der Türkei.

C. in Belgien.

D. in der Volksrepublik China.

E. Keine Antwort ist richtig.

727. Im Durchschnitt erwirtschaftet ein Japaner ungefähr …?

A. 2-mal so viel wie ein Russe.

B. 2,5-mal so viel wie ein Spanier.

C. 3-mal so viel wie ein Chinese.

D. 5-mal so viel wie ein Türke.

E. Keine Antwort ist richtig.

728. Wenn das BNE/Kopf in der Schweiz um 20 % sinkt, während es in den anderen Ländern konstant bleibt, würde die Schweiz auf Platz …?

A. zwei der Tabelle stehen.

B. eins der Tabelle stehen.

C. vier der Tabelle stehen.

D. drei der Tabelle stehen.

E. Keine Antwort ist richtig.

729. Wenn jeder Chinese dreimal so viel arbeiten würde, würde daraus in China ein höheres BNE/Kopf als …?

A. in Belgien entstehen.

B. in Deutschland entstehen.

C. in Frankreich entstehen.

D. in Österreich entstehen.

E. Keine Antwort ist richtig.

730. Wenn das französische BNE/Kopf um 20 % wächst, während es in den anderen Ländern stagniert, würde Frankreich auf Platz …?

A. zwei der Tabelle stehen.

B. drei der Tabelle stehen.

C. vier der Tabelle stehen.

D. fünf der Tabelle stehen.

E. Keine Antwort ist richtig.

Lösungen

Zu 726.

C. in Belgien.

In Südkorea ist das BNE/Kopf kleiner als in Belgien.

Südkorea = 34.810 US-$ < Belgien = 45.770 US-$

Zu 727.

C. 3-mal so viel wie ein Chinese.

Das japanische BNE/Kopf ist etwa dreimal so groß wie das chinesische.

Japan = 42.310 US-$; Volksrepublik China = 14.320 US-$

$42.310 \div 14.320 = 2,95 \approx 3$

Zu 728.

A. zwei der Tabelle stehen.

Die Schweiz würde mit einem um 20 % verminderten BNE/Kopf auf Platz 2 der Tabelle landen.

Schweiz – 20 %:

$$\text{Prozentwert} = \frac{\text{Grundwert} \times \text{Prozentsatz}}{100}$$

$$\text{Prozentwert} = \frac{63.990 \text{ US-\$} \times 80\%}{100} = 51.192 \text{ US-\$}$$

Zu 729.

E. Keine Antwort ist richtig.

Eine solche Aussage lässt sich nicht folgern, da das BNE/Kopf nicht alleine von der Arbeitszeit, sondern der Gesamtproduktivität einer Volkswirtschaft abhängig ist.

Zu 730.

B. drei der Tabelle stehen.

Wenn das französische BNE/Kopf um 20 % wächst, während es in den anderen Ländern stagniert, würde Frankreich mit einem BNE/Kopf von 50.016 US-$ auf Platz drei der Tabelle landen.

Frankreich + 20 %:

$$\text{Prozentwert} = \frac{\text{Grundwert} \times \text{Prozentsatz}}{100}$$

$$\text{Prozentwert} = \frac{41.680 \text{ US-\$} \times 120\%}{100} = 50.016 \text{ US-\$}$$

Logisches Denkvermögen

Zahlenreihen fortsetzen   *Aufgabenerklärung*

In diesem Abschnitt haben Sie Zahlenfolgen, die nach festen Regeln aufgestellt sind.

Bitte markieren Sie den zugehörigen Buchstaben der Zahl, von der Sie denken, dass sie die Reihe am sinnvollsten ergänzt.

Hierzu ein Beispiel

Aufgabe

1.

- A. 6
- B. 7
- C. 8
- D. 9
- E. Keine Antwort ist richtig.

Antwort

 A. 6

Bei dieser Zahlenreihe wird jede folgende Zahl um eins erhöht. Die gesuchte Zahl lautet somit 5 + 1 = 6 und die richtige Antwort lautet A.

Zahlenreihen fortsetzen

Beantworten Sie bitte die folgenden Aufgaben, indem Sie jeweils den richtigen Buchstaben markieren.

731.

68	61	55	50	46	?

A. 41
B. 48
C. 43
D. 47
E. Keine Antwort ist richtig.

732.

2	4	2	8	2	16	2	?

A. 8
B. 16
C. 32
D. 64
E. Keine Antwort ist richtig.

733.

20	30	21	30	22	30	?

A. 32
B. 38
C. 23
D. 13
E. Keine Antwort ist richtig.

734.

120	120	60	20	?

A. 4

B. 5

C. 10

D. 15

E. Keine Antwort ist richtig.

735.

12	9	27	30	27	?

A. 87

B. 54

C. 162

D. 81

E. Keine Antwort ist richtig.

736.

126	1260	140	1120	160	?

A. 32

B. 800

C. 960

D. 1020

E. Keine Antwort ist richtig.

737.

1	2	6	15	31	?

A. 36

B. 44

C. 58

D. 56

E. Keine Antwort ist richtig.

738.

| 8 | 4 | 12 | 7 | 21 | 15 | 45 | ? |

A. 32
B. 39
C. 15
D. 38
E. Keine Antwort ist richtig.

739.

| 2.240 | 1.120 | 1.125 | 375 | 380 | ? |

A. 25
B. 95
C. 23
D. 520
E. Keine Antwort ist richtig.

740.

| 8 | 7 | 10 | 5 | 12 | 3 | 14 | ? |

A. 1
B. 27
C. 36
D. 24
E. Keine Antwort ist richtig.

Lösungen

Zu 731.

C. 43

$-7 \mid -6 \mid -5 \mid -4 \mid -3$

Zu 732.

C. 32

$x \mid y \mid x \mid y \times 2 \mid x \mid y \times 2 \times 2 \mid x \mid y \times 2 \times 2 \times 2$

Die Zahl 2 immer beibehalten.

Zu 733.

C. 23

$+10 \mid -9 \mid +9 \mid -8 \mid +8 \mid -7$

Zu 734.

B. 5

$\div 1 \mid \div 2 \mid \div 3 \mid \div 4$

Zu 735.

D. 81

$-3 \mid \times 3 \mid +3 \mid -3 \mid \times 3$

Zu 736.

C. 960

$\times 10 \mid \div 9 \mid \times 8 \mid \div 7 \quad \times 6$

Zu 737.

D. 56

Die Quadratzahlen werden hinzuaddiert:

$+1 \mid +4 \mid +9 \mid +16 \mid +25$

Zu 738.

D. 38

$-4 \mid \times 3 \mid -5 \mid \times 3 \mid -6 \mid \times 3 \mid -7$

Zu 739.

B. 95

$\div 2 \mid +5 \mid \div 3 \mid +5 \mid -4$

Zu 740.

A. 1

$-1 \mid +3 \mid -5 \mid +7 \mid -9 \mid +11 \mid -13$

Logisches Denkvermögen

Zahlenmatrizen   *Aufgabenerklärung*

Die Zahlen in den folgenden Matrizen sind nach festen Regeln zusammengestellt.

Ihre Aufgabe besteht darin, eine Zahl zu finden, die im sinnvollen Verhältnis zu den übrigen Zahlen steht.

Hierzu ein Beispiel

Aufgabe

1. Durch welche Zahl muss das Fragezeichen ersetzt werden, damit die Zahlen in der Tabelle in einem sinnvollen Verhältnis zueinander stehen?

1	2	2
3	2	?
3	4	12

A. 4

B. 2

C. 8

D. 6

E. Keine Antwort ist richtig.

Antwort

(D.) 6

Die beiden linken Zahlen jeder Reihe ergeben multipliziert die jeweils rechte Zahl. Die beiden oberen Zahlen jeder Spalte ergeben multipliziert die jeweils untere Zahl.

Zahlenmatrizen

Beantworten Sie bitte die folgenden Aufgaben, indem Sie jeweils den richtigen Buchstaben markieren.

741. Durch welche Zahl müssen die Fragezeichen ersetzt werden, damit die Zahlen in der Tabelle in einem sinnvollen Verhältnis zueinander stehen?

2	4	8
4	8	?
8	?	256

A. 4
B. 8
C. 16
D. 32
E. Keine Antwort ist richtig.

742. Durch welche Zahl muss das Fragezeichen ersetzt werden, damit die Zahlen in der Tabelle in einem sinnvollen Verhältnis zueinander stehen?

7	2	13	12
9	16	3	6
4	5	?	15
14	11	8	1

A. 7
B. 12
C. 15
D. 10
E. Keine Antwort ist richtig.

743. Durch welche Zahl muss das Fragezeichen ersetzt werden, damit die Zahlen in der Tabelle in einem sinnvollen Verhältnis zueinander stehen?

72	69	23	26
66	63	21	24
60	57	?	22
54	51	17	20

A. 24
B. 15
C. 19
D. 32
E. Keine Antwort ist richtig.

744. Durch welche Zahl muss das Fragezeichen ersetzt werden, damit die Zahlen in der Tabelle in einem sinnvollen Verhältnis zueinander stehen?

5	8	32	35
4	16	?	76
3	6	24	27
2	8	11	44

A. 19
B. 22
C. 24
D. 36
E. Keine Antwort ist richtig.

745. Durch welche Zahl muss das Fragezeichen ersetzt werden, damit die Zahlen in der Tabelle in einem sinnvollen Verhältnis zueinander stehen?

$2/3$	$1/2$	$3/2$	$3/4$
$1/2$	$3/4$	$10/5$	$1/2$
$1/2$	$3/2$	$1/4$	$6/3$
$9/4$	?	$1/2$	$1/2$

A. $1/3$

B. $1/2$

C. $2/3$

D. $3/4$

E. Keine Antwort ist richtig.

Lösungen

Zu 741.

D. 32

Das Fragezeichen wird durch die Zahl 32 sinnvoll ersetzt. Die Zahlen der rechten Spalte sowie der unteren Reihe ergeben sich aus der Multiplikation beider anderen Zahlen der jeweiligen Spalte bzw. Reihe.

Zu 742.

D. 10

Das Fragezeichen wird durch die Zahl 10 sinnvoll ersetzt.

Sie erhalten bei der Addition der Zahlen einer Spalte, einer Zeile oder einer Diagonalen immer die Zahl 34. Das Quadrat ist zudem ein magisches Quadrat, das heißt jede Zahl von 1 bis 16 kommt nur einmal vor.

Zu 743.

C. 19

Das Fragezeichen wird durch die Zahl 19 sinnvoll ersetzt. Die Reihen werden waagrecht nach folgendem Prinzip gebildet:

Subtrahieren Sie 3 von der jeweils links stehenden Zahl. Dividieren Sie anschließend durch 3

und addieren Sie zum erhaltenen Wert schließlich nochmals 3.

$-3\,|\div 3\,|+3$

Zu 744.

A. 19

Das Fragezeichen wird durch die Zahl 19 sinnvoll ersetzt. Die Reihen werden waagerecht nach folgendem Prinzip gebildet:

Abwechselnd wird 3 addiert und mit 4 multipliziert. In jeder Zeile wechselt der Rechenschritt, mit dem begonnen wird.

$+3\,|\times 4\,|+3$

$\times 4\,|+3\,|\times 4$

$+3\,|\times 4\,|+3$

$\times 4\,|+3\,|\times 4$

Zu 745.

C. $^2/_3$

Das Fragezeichen wird durch die Zahl $^2/_3$ sinnvoll ersetzt. Sie erhalten bei Multiplikation der Zahlen einer Reihe oder Spalte immer das Ergebnis $^3/_8$.

Logisches Denkvermögen

Logische Schlussfolgerung

Bearbeitungszeit 5 Minuten

In diesem Abschnitt wird Ihre Fähigkeit im Schlussfolgern geprüft.

Mit der Fragestellung der jeweiligen Aufgabe erhalten Sie Aussagen. Ihre Aufgabe besteht darin zu überprüfen, welche der Antworten eine gültige Schlussfolgerung daraus ist. Dabei geht es nicht darum, ob die Behauptungen einen sinnvollen Bezug zur Realität haben, sondern nur darum, welche Folgerung aufgrund der getroffenen Aussage logisch zwingend korrekt ist.

Beantworten Sie bitte die folgenden Aufgaben, indem Sie jeweils den richtigen Buchstaben markieren.

746. **Welche Schlussfolgerung ist logisch richtig, wenn die folgende Behauptung zugrunde gelegt wird? „Alle Gegenstände, die verschickt werden sollen, werden ins rote Fach abgelegt. Alle Gegenstände im roten Fach sind zerbrechlich, im grünen Fach nicht. Also ..."**

  A. sind alle Gegenstände, die sich im roten Fach befinden, zu verschicken.

  B. befinden sich alle zerbrechlichen Gegenstände im roten Fach.

  C. sind die zu verschickenden Gegenstände teils zerbrechlich und teils nicht.

  D. wenn Gegenstände nicht zerbrechlich sind, dann sind sie nicht zu verschicken.

  E. Keine Antwort ist richtig.

747. **Welche Schlussfolgerung ist logisch richtig, wenn die folgende Behauptung zugrunde gelegt wird? „Peter arbeitet im Garten oder poliert sein Auto. Seine Frau gießt den Garten. Wenn seine Frau den Garten gießt, arbeitet er nicht im Garten. Also ..."**

  A. arbeitet er im Garten mit der Frau zusammen.

  B. arbeitet er am Schreibtisch.

  C. poliert Peter sein Auto.

  D. poliert Peter sein Auto und arbeitet im Garten.

  E. Keine Antwort ist richtig.

748. **Welcher Stoff ist am härtesten?**

  ¬ Holz ist hart, aber nicht so wie Eisen.

  ¬ Plastik ist weicher als Papier.

  ¬ Pappe ist zwar härter als Eisen, aber nicht so hart wie Papier.

  A. Eisen

  B. Plastik

  C. Papier

  D. Pappe

  E. Keine Antwort ist richtig.

749. Wer ist beim Wettlauf am langsamsten?

¬ Peter ist ein wenig schneller als Dieter.

¬ Peter und Maria treffen zur gleichen Zeit ein.

¬ Klaus hätte gewonnen, wenn Mike nicht wäre.

A. Dieter

B. Klaus

C. Maria

D. Peter

E. Keine Antwort ist richtig.

750. Welcher der genannten Flüsse ist am längsten?

¬ Der Kongo ist etwa dreimal so lang wie der Rhein.

¬ Der Niger ist nicht ganz doppelt so lang wie der Ganges, aber nicht am längsten.

¬ Die Wolga ist kürzer als der Niger.

¬ Die Wolga ist der längste Fluss Europas.

A. Wolga

B. Kongo

C. Ganges

D. Niger

E. Keine Antwort ist richtig.

Lösungen

Zu 746.

D. wenn Gegenstände nicht zerbrechlich sind, dann sind sie nicht zu verschicken.

Antwort A ist falsch: Zwar liegen alle Gegenstände, die verschickt werden sollen, im roten Fach, aber umgekehrt gilt nicht, dass alle Gegenstände im roten Fach zu verschicken sind. Ebenso ist Antwort B falsch, da zwar alle Gegenstände im roten Fach zerbrechlich sind, aber nicht umgekehrt alle Gegenstände, die zerbrechlich sind, im roten Fach liegen müssen. Antwort C ist falsch, da alle zu verschickenden Gegenstände laut den angegebenen Prämissen zerbrechlich sind. Aus „Alle Gegenstände, die verschickt werden sollen, werden ins rote Fach abgelegt" und „Alle Gegenstände im roten Fach sind zerbrechlich" folgt: Wenn etwas nicht zerbrechlich ist, liegt es mit Sicherheit nicht im roten Fach und ist demzufolge auch nicht zu verschicken. Antwort D stimmt.

Zu 747.

C. poliert Peter sein Auto.

Da Peters Frau den Garten gießt, gilt, dass Peter nicht im Garten arbeitet. Da Peter entweder im Garten arbeitet oder sein Auto poliert und er nicht im Garten arbeitet, muss er sein Auto polieren. Antwort C ist korrekt. Die Antworten A, B und D sind falsch, da er weder im Garten noch am Schreibtisch arbeitet.

Zu 748.

C. Papier

Antwort B ist falsch, da Plastik weicher als Papier ist. Die Antworten D und A treffen nicht zu, da Pappe und Eisen nicht so hart wie Papier sind, so dass Antwort C korrekt ist.

Zu 749.

A. Dieter

Dieter hat den Wettlauf als langsamster verloren. Die Aussage „Klaus hätte gewonnen, wenn Mike nicht wäre" gibt die Information, dass Mike Erster und Klaus Zweiter geworden sind, d. h. die Mitbewerber belegen die Plätze dahinter. Da Peter und Maria gleich schnell sind, aber Dieter etwas langsamer als Peter, muss er der Verlierer sein. Die Reihenfolge des Zieleinlaufs: Mike, Klaus, Peter und Maria, danach Dieter.

Zu 750.

B. Kongo

Der Niger ist länger als der Ganges und die Wolga, aber laut Prämissen nicht am längsten. So bleibt nur der Kongo als Möglichkeit, der längste Fluss unter den genannten zu sein. Die Flüsse ihrer Länge nach: Kongo (4.374 km), Niger (4.184 km), Wolga (3.530 km), Ganges (2.511 km) und Rhein (1.324 km).

Logisches Denkvermögen

Schaubilder interpretieren   *Bearbeitungszeit 5 Minuten*

Das Diagramm zeigt die Entwicklung der Zahl der registrierten Arbeitslosen sowie der gemeldeten Stellen in Deutschland. Die Angaben beziehen sich jeweils auf ein Quartal (Vierteljahr; lateinisch durchnummeriert von I–IV), verglichen mit dem entsprechenden Quartal des Vorjahres. Sind die folgenden Aussagen zum abgebildeten Schaubild korrekt?
Beantworten Sie bitte die folgenden Aufgaben, indem Sie „stimmt" oder „stimmt nicht" markieren.

Registrierte Arbeitslose und gemeldete Stellen

Veränderung gegenüber dem Vorjahresquartal in Prozent

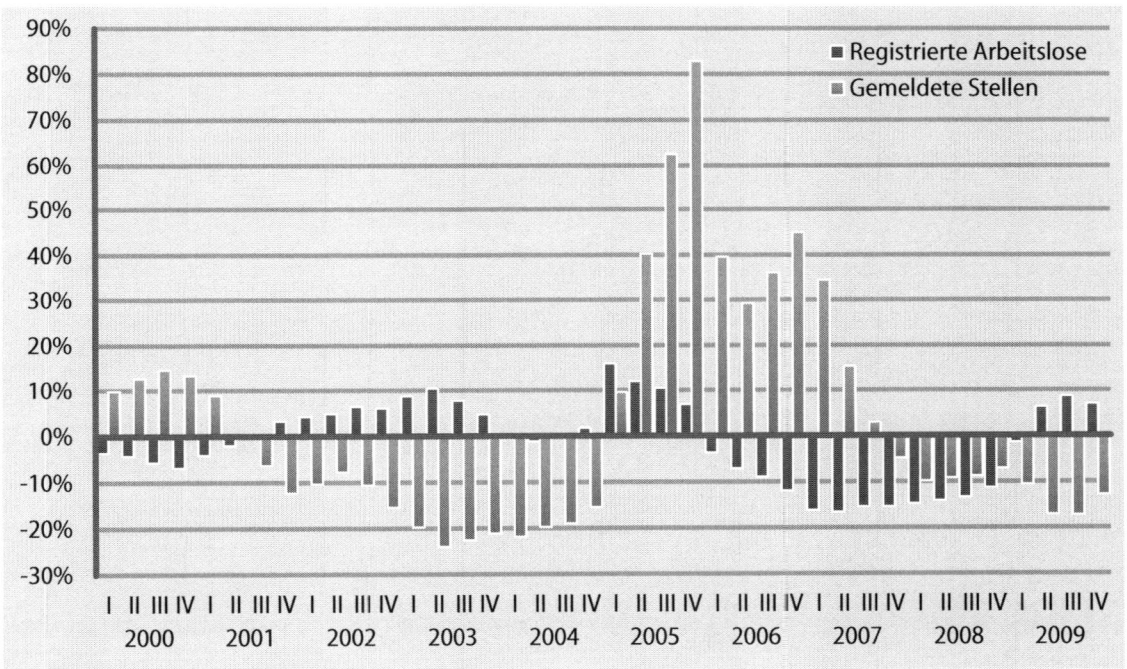

Quelle: Statistisches Bundesamt, Wiesbaden

751. **Im vierten Quartal 2005 waren über 80 Prozent mehr Stellen gemeldet als im dritten Quartal 2005.**

     A. stimmt

     B. stimmt nicht

752. **Von der Jahresmitte 2001 bis Ende 2004 sank die Zahl der gemeldeten Stellen ständig.**

     A. stimmt

     B. stimmt nicht

753. Im zweiten Quartal 2003 wurden am wenigsten Stellen gemeldet.

A. stimmt

B. stimmt nicht

754. 2004 gab es ungefähr genauso viele registrierte Arbeitslose wie 2003.

A. stimmt

B. stimmt nicht

755. Wenn die Zahl der gemeldeten Stellen steigt, gibt es gleichzeitig auch weniger Arbeitslose.

A. stimmt

B. stimmt nicht

Lösungen

Zu 751.

B. stimmt nicht

Die Aussage ist falsch. Die Grafik weist für das vierte Quartal 2005 zwar einen Anstieg um mehr als 80 Prozent aus, doch bezieht sich diese Zahl nicht auf das vorangegangene Quartal – das dritte Quartal 2005 –, sondern wie angegeben auf das entsprechende Quartal des Vorjahres, also auf das vierte Quartal 2004.

Zu 752.

A. stimmt

Die Aussage ist korrekt. Laut der Grafik nahm die Zahl der gemeldeten Stellen vom dritten Quartal 2001 bis zum vierten Quartal 2004 tatsächlich kontinuierlich ab.

Zu 753.

B. stimmt nicht

Da das Diagramm keine absoluten Zahlen, sondern prozentuale Veränderungen im Vergleich zum Vorjahresquartal angibt, ist diese Aussage falsch. Zwar nahm die Zahl der gemeldeten Stellen – bezogen auf das Vorjahresquartal – im zweiten Quartal 2003 am stärksten ab, doch im Folgejahr 2004 ging die Stellenzahl im Vergleich zu 2003 nochmals zurück, wenn auch etwas schwächer.

Zu 754.

A. stimmt

Die Aussage trifft zu. 2004 nahm zwar die Zahl der gemeldeten Stellen ab, doch die Veränderung der Arbeitslosenzahl im Vergleich zum Vorjahr 2003 lag in allen Quartalen nahe bei 0 Prozent.

Zu 755.

B. stimmt nicht

Die Entwicklung im Jahr 2005 widerlegt diese Aussage: Obwohl wesentlich mehr gemeldete Stellen als im Vorjahr angeboten wurden, nahm auch die Zahl der registrierten Arbeitslosen zu. Es dauerte gut ein Jahr, bis sich die verbesserte Lage auf dem Stellenmarkt auf die Arbeitslosigkeit auswirkte. Ein ähnlicher Trägheitseffekt lässt sich für 2008 feststellen, als die Abnahme der Stellenzahl bis 2009 noch mit einem Rückgang der Arbeitslosigkeit einherging.

Visuelles Denkvermögen

Eine Figur ist gespiegelt   *Bearbeitungszeit 1 Minuten*

Diese Aufgaben prüfen Ihre visuelle Auffassungsgabe.

In jeder Reihe erhalten Sie eine Figur in fünf Variationen – viermal unterschiedlich weit gedreht, einmal jedoch gespiegelt.

Beantworten Sie bitte die folgenden Aufgaben, indem Sie den Antwortbuchstaben der gespiegelten Figur markieren.

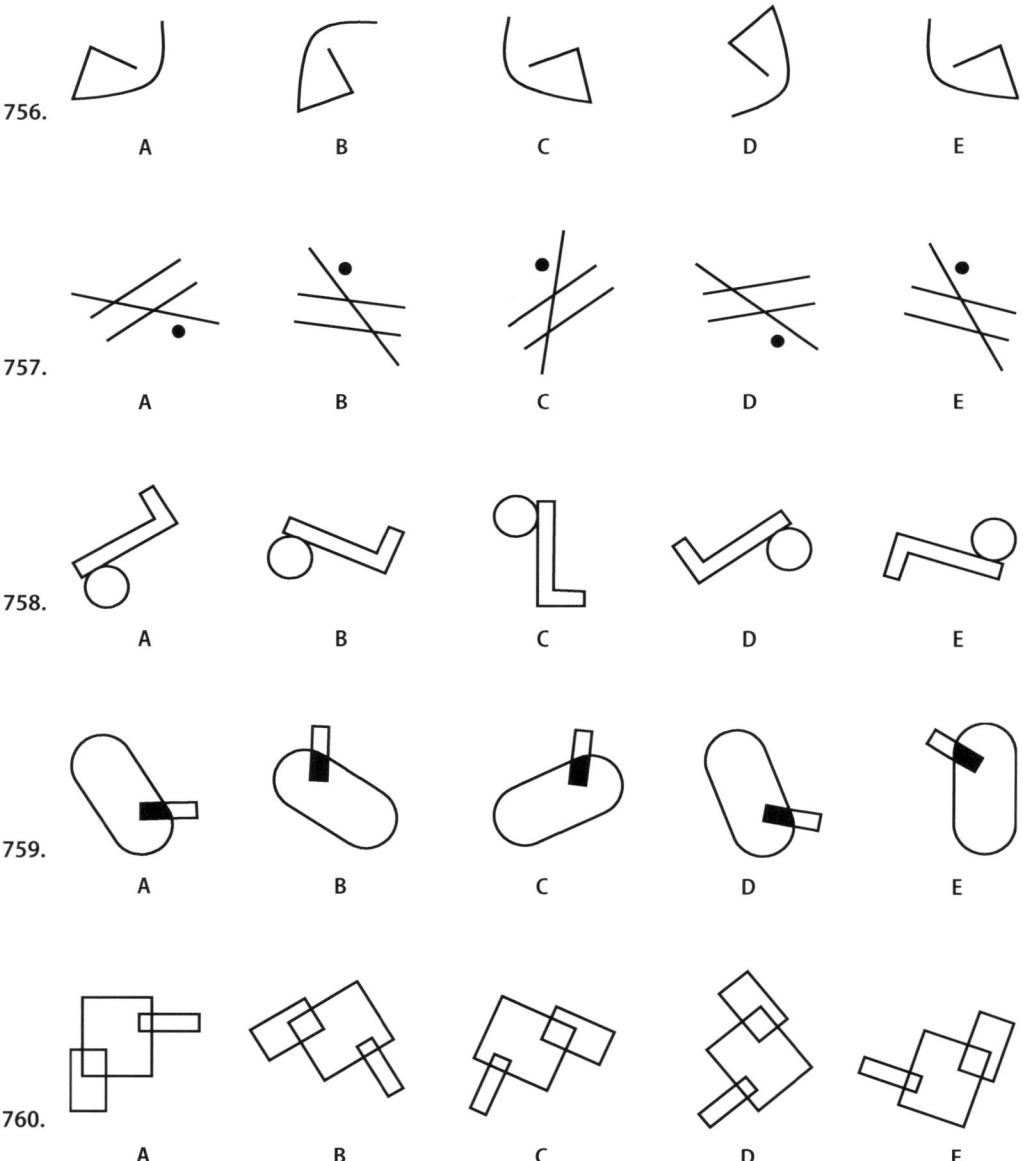

Lösungen

Zu 756.

A

Zu 757.

C

Zu 758.

D

Zu 759.

B

Zu 760.

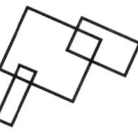

C

Erinnerungsvermögen

Personendatei einprägen

In diesem Abschnitt wird geprüft, wie gut Sie sich Gesichter und bestimmte Informationen merken können.

Prägen Sie sich dazu die folgenden Porträts mitsamt den dazugehörigen Angaben aus einer Personendatei ein. Legen Sie dabei bitte Ihre Schreibgeräte zur Seite, denn Notizen dürfen Sie sich in dieser Aufgabe nicht machen. Auf der nächsten Seite finden Sie eine Personendatei mit 10 Fotos und Informationen zu den einzelnen Personen. Sie erhalten zu jedem Bild persönliche Angaben: nämlich den Vornamen, Nachnamen und Beruf der Person.

Hierzu ein Beispiel

Personendatei

IP: 84.173.232.212	IP: 84.215.136.121	IP: 96.172.137.182	IP: 96.190.166.158	IP: 84.110.151.238
Dekorateurin	Köchin	Handelsvertreter	Schauspieler	Kosmetikerin
Ute Ackermann	Eveline Fritsch	Peter Reinken	Tim Lorenz	Silke Männing

Alle Personendaten sind frei erfunden.

Aufgabe

1. **Wie lautet der vollständige Name dieser Person?**

A. Ute Ackermann
B. Eveline Fritsch
C. Silke Männing
D. Simone Klein
E. Doris Mader

Um sich das Einprägen zu erleichtern, beachten Sie folgende Hinweise:

¬ Merken Sie sich zu jeder Person sowohl den vollständigen Namen als auch die Berufsbezeichnung.

¬ Die IP-Adresse ist eine zusätzliche Angabe, die unberücksichtigt bleiben kann.

¬ Als Merkhilfe können Sie die Personen typisieren. Beispielsweise ist ein älterer Herr im Anzug mit Krawatte wahrscheinlich eher Anwalt oder Bankangestellter als Automechaniker.

¬ Versuchen Sie, sich auffällige Merkmale der Personen einzuprägen, wie Haarschnitt, Glatze, Hakennase, Segelohren, Hornbrille, dichte Augenbrauen usw.

¬ Versuchen Sie, Assoziationsketten zu bilden und so etwa den Vornamen, Namen und/oder Beruf mit dem Aussehen zu verknüpfen.

Personendatei einprägen   *Einprägezeit 10 Minuten*

Hier nun die Personendatei

Für das Einprägen der Bilder und Daten haben Sie **10 Minuten** Zeit.

IP:	IP:	IP:	IP:	IP:
96.232.235.112	84.166.176.251	96.222.237.242	84.171.196.185	96.210.251.108
Bauingenieur	Verlagskauffrau	Rechtsanwalt	Tierpflegerin	Musiker
Pierre Frey	Henrike Otter	Raimund Breit	Margot Ebert	Enrico Felici

IP:	IP:	IP:	IP:	IP:
84.208.108.128	96.234.173.231	84.172.237.182	96.143.225.239	84.110.151.238
Medienkauffrau	Fachinformatiker	Journalistin	Personalberater	Arzthelferin
Bella Fontanella	Ernst Kirsch	Helena König	Martin Ecker	Olivia Adam

Alle Personendaten sind frei erfunden.

(!) **Hinweis:**

Nachdem Sie sich die Personendatei eingeprägt haben, sollten Sie sich 5 Minuten mit etwas anderem beschäftigen, bevor Sie die dazugehörigen Fragen aus dem Gedächtnis beantworten.

Personendatei einprägen

In diesem Abschnitt wird nun Ihr Erinnerungsvermögen geprüft. Hierzu hatten Sie anfangs eine Personendatei mit Gesichtern, Vornamen, Zunamen und Beruf, die Sie sich einprägen sollten.

Beginnen Sie bitte jetzt mit den Aufgaben zur Personendatei und markieren Sie den richtigen Buchstaben.

Zum Lösen der Aufgaben haben Sie **5 Minuten** Zeit.

761. Wie lautet der vollständige Name dieser Person?

- A. Pierre Frey
- B. Raimund Breit
- C. Enrico Felici
- D. Martin Ecker
- E. Ernst Kirsch

763. Wie lautet der vollständige Name dieser Person?

- A. Pierre Frey
- B. Raimund Breit
- C. Enrico Felici
- D. Ernst Kirsch
- E. Martin Ecker

762. Wie lautet der vollständige Name dieser Person?

- A. Henrike Otter
- B. Margot Ebert
- C. Bella Fontanella
- D. Helena König
- E. Olivia Adam

764. Wie lautet der vollständige Name dieser Person?

- A. Pierre Frey
- B. Raimund Breit
- C. Enrico Felici
- D. Ernst Kirsch
- E. Martin Ecker

765. Welchen Beruf übt diese Person aus?

A. Verlagskauffrau
B. Tierpflegerin
C. Medienkauffrau
D. Journalistin
E. Arzthelferin

766. Welchen Beruf übt diese Person aus?

A. Bauingenieur
B. Rechtsanwalt
C. Musiker
D. Fachinformatiker
E. Personalberater

767. Welchen Beruf übt diese Person aus?

A. Verlagskauffrau
B. Tierpflegerin
C. Medienkauffrau
D. Journalistin
E. Arzthelferin

768. Welchen Beruf übt diese Person aus?

A. Bauingenieur
B. Rechtsanwalt
C. Musiker
D. Fachinformatiker
E. Personalberater

769. Welchen Beruf übt diese Person aus?

A. Verlagskauffrau
B. Tierpflegerin
C. Medienkauffrau
D. Journalistin
E. Arzthelferin

770. Welchen Beruf übt diese Person aus?

A. Bauingenieur
B. Rechtsanwalt
C. Musiker
D. Fachinformatiker
E. Personalberater

Lösungen

Zu 761.
C. Enrico Felici

Der vollständige Name lautet Enrico Felici.

Zu 762.
B. Margot Ebert

Der vollständige Name lautet Margot Ebert.

Zu 763.
B. Raimund Breit

Der vollständige Name lautet Raimund Breit.

Zu 764.
E. Martin Ecker

Der vollständige Name lautet Martin Ecker.

Zu 765.
E. Arzthelferin

Diese Person ist Arzthelferin.

Zu 766.
E. Personalberater

Diese Person ist Personalberater.

Zu 767.
D. Journalistin

Diese Person ist Journalistin.

Zu 768.
D. Fachinformatiker

Diese Person ist Fachinformatiker.

Zu 769.
C. Medienkauffrau

Diese Person ist Medienkauffrau.

Zu 770.
C. Musiker

Diese Person ist Musiker.

Konzentrationsvermögen

Aktenschrank   *Aufgabenerklärung*

Bei dieser Aufgabe geht es darum, verschiedene Kundenakten nach einem vorgegebenen System in den Aktenschrank einzuordnen.

Der Aktenschrank ist alphabetisch nach folgendem System aufgebaut:

1	2	3	4	5	6	7	8	9	10
Aa– Az	Ba– Bz	Ca– Cz	Da– Dz	Ea– Ez	Fa– Fz	Ga– Gz	Ha– Hl	Hm– Hz	Ia– Iz

11	12	13	14	15	16	17	18	19	20
Ja– Jz	Ka– Kl	Km– Kz	La– Ll	Lm– Lz	Ma– Ml	Mm– Mz	Na– Nz	Oa– Oz	Pa– Pz

21	22	23	24	25	26	27	28	29	30
Qa– Qz	Ra– Rz	Sa– Sz	Ta– Tz	Ua– Uu	Va– Vz	Wa– Wz	Xa– Xz	Ya– Yz	Za– Zz

Hierzu ein Beispiel

Aufgabe

1. **Unter welcher Zahl wird die Akte des Kunden Mayer einsortiert?**   `16`

Die Anfangsbuchstaben des Kunden Mayer lauten „M" und „a". Die Akte ist in Fach 16 einzuordnen.

Das Schwierige ist nicht die Aufgabe an sich, sondern die Bearbeitung unter enormem Zeitdruck. Im Vordergrund steht Ihre Konzentrationsfähigkeit. Behalten Sie die Ruhe: Kaum jemand kann in der angesetzten Bearbeitungszeit alle Fragen richtig lösen.

Aktenschrank

Bearbeitungszeit 3 Minuten

Sortieren Sie die nachfolgenden Kundenakten bitte in den Aktenschrank ein, indem Sie für jede Kundenakte die richtige Zahl in das Feld eintragen.

Die Bearbeitungszeit für die Aufgaben beträgt 3 Minuten.

Der Aktenschrank ist alphabetisch nach folgendem System aufgebaut:

1	2	3	4	5	6	7	8	9	10
Aa–Az	Ba–Bz	Ca–Cz	Da–Dz	Ea–Ez	Fa–Fz	Ga–Gz	Ha–Hl	Hm–Hz	Ia–Iz
11	**12**	**13**	**14**	**15**	**16**	**17**	**18**	**19**	**20**
Ja–Jz	Ka–Kl	Km–Kz	La–Ll	Lm–Lz	Ma–Ml	Mm–Mz	Na–Nz	Oa–Oz	Pa–Pz
21	**22**	**23**	**24**	**25**	**26**	**27**	**28**	**29**	**30**
Qa–Ql	Qm–Qz	Ra–Rl	Rm–Rz	Sa–Sl	Sm–Sz	Ta–Tl	Tm–Tz	Ua–Ul	Um–Zu
31	**32**	**33**	**34**	**35**	**36**	**37**	**38**	**39**	**40**
Va–Vl	Vm–Vz	Wa–Wl	Wm–Wz	Xa–Xl	Xm–Xz	Ya–Yl	Ym–Yz	Za–Zl	Zm–Zz

771. Unter welcher Zahl wird die Akte des Kunden Heinrich einsortiert?

772. Unter welcher Zahl wird die Akte des Kunden Becker einsortiert?

773. Unter welcher Zahl wird die Akte des Kunden Schröder einsortiert?

774. Unter welcher Zahl wird die Akte des Kunden Krüger einsortiert?

775. Unter welcher Zahl wird die Akte des Kunden Krause einsortiert?

776. Unter welcher Zahl wird die Akte des Kunden Schmitt einsortiert?

777. Unter welcher Zahl wird die Akte des Kunden Herrmann einsortiert?

778. Unter welcher Zahl wird die Akte des Kunden Walter einsortiert?

779. Unter welcher Zahl wird die Akte des Kunden Schuster einsortiert?

780. Unter welcher Zahl wird die Akte des Kunden Köhler einsortiert?

781. Unter welcher Zahl wird die Akte des Kunden Burkhart einsortiert?

782. Unter welcher Zahl wird die Akte des Kunden Meier einsortiert?

783. Unter welcher Zahl wird die Akte des Kunden König einsortiert?

784. Unter welcher Zahl wird die Akte des Kunden Fuchs einsortiert?

785. Unter welcher Zahl wird die Akte des Kunden Möller einsortiert?

786. Unter welcher Zahl wird die Akte des Kunden Reger einsortiert?

787. Unter welcher Zahl wird die Akte des Kunden Lang einsortiert?

788. Unter welcher Zahl wird die Akte des Kunden Jung einsortiert?

789. Unter welcher Zahl wird die Akte des Kunden Weiß einsortiert?

790. Unter welcher Zahl wird die Akte des Kunden Huber einsortiert?

791. Unter welcher Zahl wird die Akte des Kunden Scholz einsortiert?

792. Unter welcher Zahl wird die Akte des Kunden Vogel einsortiert?

793. Unter welcher Zahl wird die Akte des Kunden Wilhelms einsortiert?

794. Unter welcher Zahl wird die Akte des Kunden Friedrich einsortiert?

795. Unter welcher Zahl wird die Akte des Kunden Berger einsortiert?

796. Unter welcher Zahl wird die Akte des Kunden Roth einsortiert?

797. Unter welcher Zahl wird die Akte des Kunden Schubert einsortiert?

798. Unter welcher Zahl wird die Akte des Kunden Baumann einsortiert?

799. Unter welcher Zahl wird die Akte des Kunden Albers einsortiert?

800. Unter welcher Zahl wird die Akte des Kunden Böhm einsortiert?

801. Unter welcher Zahl wird die Akte des Kunden Krämer einsortiert?

802. Unter welcher Zahl wird die Akte des Kunden Seidel einsortiert?

803. Unter welcher Zahl wird die Akte des Kunden Jäger einsortiert?

804. Unter welcher Zahl wird die Akte des Kunden Brandt einsortiert?

805. Unter welcher Zahl wird die Akte des Kunden Bücher einsortiert?

806. Unter welcher Zahl wird die Akte des Kunden Haas einsortiert?

807. Unter welcher Zahl wird die Akte des Kunden Kühn einsortiert?

808. Unter welcher Zahl wird die Akte des Kunden Pohl einsortiert?

809. Unter welcher Zahl wird die Akte des Kunden Voigt einsortiert?

810. Unter welcher Zahl wird die Akte des Kunden Groß einsortiert?

Lösungen

Zu 771. Unter welcher Zahl wird die Akte des Kunden Heinrich einsortiert? 8

Zu 772. Unter welcher Zahl wird die Ak te des Kunden Becker einsortiert? 2

Zu 773. Unter welcher Zahl wird die Akte des Kunden Schröder einsortiert? 25

Zu 774. Unter welcher Zahl wird die Akte des Kunden Krüger einsortiert? 13

Zu 775. Unter welcher Zahl wird die Akte des Kunden Krause einsortiert? 13

Zu 776. Unter welcher Zahl wird die Akte des Kunden Schmitt einsortiert? 25

Zu 777. Unter welcher Zahl wird die Akte des Kunden Herrmann einsortiert? 8

Zu 778. Unter welcher Zahl wird die Akte des Kunden Walter einsortiert? 33

Zu 779. Unter welcher Zahl wird die Akte des Kunden Schuster einsortiert? 25

Zu 780. Unter welcher Zahl wird die Akte des Kunden Köhler einsortiert? 13

Zu 781. Unter welcher Zahl wird die Akte des Kunden Burkhart einsortiert? 2

Zu 782. Unter welcher Zahl wird die Akte des Kunden Meier einsortiert? 16

Zu 783. Unter welcher Zahl wird die Akte des Kunden König einsortiert? 13

Zu 784. Unter welcher Zahl wird die Akte des Kunden Fuchs einsortiert? 6

Zu 785. Unter welcher Zahl wird die Akte des Kunden Möller einsortiert? 17

Zu 786. Unter welcher Zahl wird die Akte des Kunden Reger einsortiert? 23

Zu 787. Unter welcher Zahl wird die Akte des Kunden Lang einsortiert? 14

Zu 788. Unter welcher Zahl wird die Akte des Kunden Jung einsortiert? 11

Zu 789. Unter welcher Zahl wird die Akte des Kunden Weiß einsortiert? 33

Zu 790. Unter welcher Zahl wird die Akte des Kunden Huber einsortiert? 9

Zu 791. Unter welcher Zahl wird die Akte des Kunden Scholz einsortiert? 25

Zu 792. Unter welcher Zahl wird die Akte des Kunden Vogel einsortiert? 32

Zu 793. Unter welcher Zahl wird die Akte des Kunden Wilhelms einsortiert? 33

Zu 794. Unter welcher Zahl wird die Akte des Kunden Friedrich einsortiert? 6

Zu 795. Unter welcher Zahl wird die Akte des Kunden Berger einsortiert? 2

Zu 796. Unter welcher Zahl wird die Akte des Kunden Roth einsortiert? 24

Zu 797. Unter welcher Zahl wird die Akte des Kunden Schubert einsortiert? 25

Zu 798. Unter welcher Zahl wird die Akte des Kunden Baumann einsortiert? 2

Zu 799. Unter welcher Zahl wird die Akte des Kunden Albers einsortiert? 1

Zu 800. Unter welcher Zahl wird die Akte des Kunden Böhm einsortiert? 2

Zu 801. Unter welcher Zahl wird die Akte des Kunden Krämer einsortiert? 13

Zu 802. Unter welcher Zahl wird die Akte des Kunden Seidel einsortiert? 25

Zu 803. Unter welcher Zahl wird die Akte des Kunden Jäger einsortiert? 11

Zu 804. Unter welcher Zahl wird die Akte des Kunden Brandt einsortiert? 2

Zu 805. Unter welcher Zahl wird die Akte des Kunden Bücher einsortiert? 2

Zu 806. Unter welcher Zahl wird die Akte des Kunden Haas einsortiert? 8

Zu 807. Unter welcher Zahl wird die Akte des Kunden Kühn einsortiert? 13

Zu 808. Unter welcher Zahl wird die Akte des Kunden Pohl einsortiert? 20

Zu 809. Unter welcher Zahl wird die Akte des Kunden Voigt einsortiert? 32

Zu 810. Unter welcher Zahl wird die Akte des Kunden Groß einsortiert? 7

Psychologischer Test

Persönlichkeitstest   *Aufgabenerklärung*

Für die Beantwortung der einzelnen Aufgaben ist keine Reihenfolge zwingend vorgegeben. Zum strukturierten Durcharbeiten ist es jedoch ratsam, die Aufgaben nacheinander zu beantworten.

Jede Aufgabe ist mit einer Punkteskala versehen:

☹   **1**   **2**   **3**   **4**   **5**   ☺   Ihr Wert: [   ]

Von ☹   = stimme überhaupt nicht zu (hier Punktwert „1")
bis   ☺   = stimme voll und ganz zu (hier Punktwert „5").

Achtung: Es gibt Aufgaben mit umgekehrter Punkteskala, wobei „stimme überhaupt nicht zu" ☹ mit 5 Punkten und „stimme voll und ganz zu" ☺ mit einem Punkt bewertet wird.

Tragen Sie bitte in den Kasten rechts neben der Skala die Wertung ein, die Sie am besten charakterisiert. Beachten Sie bitte, dass innerhalb einer Aufgabe nur eine Zahl eingetragen werden darf. Zählen Sie anschließend Ihre Punktzahl zusammen und tragen Sie am Ende die Summe aller Aufgaben in das vorgegebene Feld ein.

Hierzu zwei Beispiele

Fall 1

1.   **„Der Kunde ist König" ist bei mir das oberste Gebot.**

☹   **1**   **2**   **3**   **4**   **5**   ☺   Ihr Wert: [   ]

Antwort
Wenn Sie völlig zustimmen

☺   Ihr Wert: [5   ]

Fall 2

2.   **Ich gehe gerne auf fremde Menschen zu.**

☹   **5**   **4**   **3**   **2**   **1**   ☺   Ihr Wert: [   ]

Antwort
Wenn Sie völlig zustimmen

☺   Ihr Wert: [1   ]

Für den Fall, dass Sie eine Antwort versehentlich falsch angekreuzt haben, radieren Sie diese bitte vorsichtig aus und tragen Sie die neue Zahl ein.

Persönlichkeitstest *Bearbeitungszeit 40 Minuten*

Beantworten Sie bitte die folgenden Aufgaben, indem Sie zu jeder Aussage die Zahl eintragen, welche am ehesten auf Sie zutrifft.

Addieren Sie anschließend alle Zahlenwerte und tragen Sie das Ergebnis in das Feld „Gesamtwert" am Ende des Tests ein.

811. **Es kommt oft vor, dass ich eine Sache, die ich mir fest vorgenommen habe, nicht ausführen kann, da ständig etwas dazwischenkommt.**

☹ 5 4 3 2 1 ☺   Ihr Wert:

812. **In einer großen Runde halte ich mich in Diskussionen eher zurück.**

☹ 5 4 3 2 1 ☺   Ihr Wert:

813. **Teamarbeit bietet sich an, wenn ich mit guten Leuten zusammenarbeite.**

☹ 5 4 3 2 1 ☺   Ihr Wert:

814. **Ich komme selten in Konfliktsituationen.**

☹ 5 4 3 2 1 ☺   Ihr Wert:

815. **Es fällt mir schwer, auf einen Unbekannten zuzugehen und ihm meine Hilfe anzubieten.**

☹ 5 4 3 2 1 ☺   Ihr Wert:

816. **Dinge zu planen und organisieren ist die Voraussetzung dafür, dass alles richtig funktioniert.**

☹ 1 2 3 4 5 ☺   Ihr Wert:

817. **Ich denke nicht gerne über Dinge nach, für die keine Notwendigkeit besteht.**

☹ 5 4 3 2 1 ☺   Ihr Wert:

818. **Die Zusammenarbeit mit anderen Menschen motiviert mich.**

☹ 1 2 3 4 5 ☺   Ihr Wert:

819. **Wenn ich kritisiert werde, mache ich den Kritiker auf seine eigenen Fehler aufmerksam.**

☹ 5 4 3 2 1 ☺   Ihr Wert:

820. **Mich kann man leicht zum Lachen bringen.**

☹ 1 2 3 4 5 ☺   Ihr Wert:

Summe Seite:

821. Ich halte meine Termine immer ein, egal was passiert.

☹ 1 2 3 4 5 ☺   Ihr Wert:

822. Eine Präsentation vor mehreren Leuten macht mir viel Spaß.

☹ 1 2 3 4 5 ☺   Ihr Wert:

823. Am liebsten bin ich alleine, da ich dann am besten arbeiten kann.

☹ 5 4 3 2 1 ☺   Ihr Wert:

824. Entspannungsübungen finde ich klasse.

☹ 1 2 3 4 5 ☺   Ihr Wert:

825. Ich fühle mich selten einsam.

☹ 1 2 3 4 5 ☺   Ihr Wert:

826. Ich teile mir meine Arbeit so ein, dass ich rechtzeitig fertig werde.

☹ 1 2 3 4 5 ☺   Ihr Wert:

827. Denken macht keinen Spaß, ist aber oft notwenig.

☹ 5 4 3 2 1 ☺   Ihr Wert:

828. Wenn ich mir ein Ziel in den Kopf setze, dann versuche ich es mit allen Mitteln zu erreichen.

☹ 5 4 3 2 1 ☺   Ihr Wert:

829. Ich teile lieber, bevor ich einem Wettkampf ausgesetzt werde.

☹ 5 4 3 2 1 ☺   Ihr Wert:

830. Aufgaben, die in Abstimmung mit anderen Abteilungen erledigt werden müssen, liegen mir weniger.

☹ 5 4 3 2 1 ☺   Ihr Wert:

Summe Seite:

831. Ich versuche, Aufgaben immer perfekt zu lösen.

☹ | 1 | 2 | 3 | 4 | 5 | ☺   Ihr Wert: ⬚

832. Lange Vorträge können andere Leute besser halten, ich komme lieber auf den Punkt.

☹ | 1 | 2 | 3 | 4 | 5 | ☺   Ihr Wert: ⬚

833. Die Zusammenarbeit mit Anderen empfinde ich öfter als anstrengend.

☹ | 5 | 4 | 3 | 2 | 1 | ☺   Ihr Wert: ⬚

834. Wenn ich kritisiert werde, überlege ich, ob der Kritiker vielleicht Recht hat.

☹ | 1 | 2 | 3 | 4 | 5 | ☺   Ihr Wert: ⬚

835. Ein kleiner Scherz am Rande kann nicht schaden und zeigt, dass ich Humor habe.

☹ | 1 | 2 | 3 | 4 | 5 | ☺   Ihr Wert: ⬚

836. Wenn ich an einem Problem festhänge, dann fange ich am liebsten mit einer neuen Aufgabe an.

☹ | 5 | 4 | 3 | 2 | 1 | ☺   Ihr Wert: ⬚

837. Ich mag es, wenn Arbeitsabläufe sich wiederholen.

☹ | 5 | 4 | 3 | 2 | 1 | ☺   Ihr Wert: ⬚

838. Ich finde es wichtig, dass auch Andere einen Beitrag leisten, um das beste Ergebnis zu erzielen.

☹ | 1 | 2 | 3 | 4 | 5 | ☺   Ihr Wert: ⬚

839. Um ein gutes Ergebnis zu erzielen, braucht man viel Glück.

☹ | 5 | 4 | 3 | 2 | 1 | ☺   Ihr Wert: ⬚

840. Es macht mir nichts aus, meinen Schreibtisch von der Wand eher in die Mitte des Raumes zu verlagern, um dadurch Platz zu gewinnen.

☹ | 1 | 2 | 3 | 4 | 5 | ☺   Ihr Wert: ⬚

Summe Seite: ⬚

841. Ich arbeite gerne an Dingen, deren Früchte ich erst im Nachhinein ernte.

☹ **1** **2** **3** **4** **5** ☺   Ihr Wert:

842. Ich schwanke oft in meiner Meinung hin und her, wenn unvorhergesehene Dinge passieren.

☹ **5** **4** **3** **2** **1** ☺   Ihr Wert:

843. In neuen Situationen fällt es mir leicht, mein Verhalten anzupassen.

☹ **1** **2** **3** **4** **5** ☺   Ihr Wert:

844. Ich setze mir oft Ziele, ohne wirklich zu versuchen, sie zu erreichen.

☹ **5** **4** **3** **2** **1** ☺   Ihr Wert:

845. Veränderungen müssen schnellstens umgesetzt werden.

☹ **5** **4** **3** **2** **1** ☺   Ihr Wert:

846. Es kommt häufig vor, dass ich entmutigt bin, wenn etwas schiefgeht.

☹ **5** **4** **3** **2** **1** ☺   Ihr Wert:

847. Ich überlege gerne, wie ich eine Aufgabe mit neuen Methoden und Techniken bewältigen kann.

☹ **1** **2** **3** **4** **5** ☺   Ihr Wert:

848. Meistens sind meine Lösungen die besten, da ich sehr genau arbeite.

☹ **5** **4** **3** **2** **1** ☺   Ihr Wert:

849. Ich erstelle lieber die Präsentation für einen Vortrag und überlasse das Moderieren Anderen.

☹ **5** **4** **3** **2** **1** ☺   Ihr Wert:

850. Ich bin bekannt dafür, dass ich immer den Anfang mache.

☹ **1** **2** **3** **4** **5** ☺   Ihr Wert:

Summe Seite:

Gesamtwert:

Aufschlüsselung Ihres Ergebnisses

Persönlichkeitstest

I. Soziale Kompetenz

a. Kontakt

815	Punkte		
820	Punkte		
825	Punkte		
830	Punkte		
835	Punkte		
Σ a.	**Punkte**		

c. Team

813	Punkte
818	Punkte
823	Punkte
828	Punkte
833	Punkte
Σ c.	**Punkte**

II. Persönliche Kompetenz

e. Gewissen

811	Punkte
816	Punkte
821	Punkte
826	Punkte
831	Punkte
Σ e.	**Punkte**

g. Flexibilität

837	Punkte
840	Punkte
843	Punkte
845	Punkte
847	Punkte
Σ g.	**Punkte**

b. Konflikt

814	Punkte
819	Punkte
824	Punkte
829	Punkte
834	Punkte
Σ b.	**Punkte**

d. Kommunikation

812	Punkte
822	Punkte
832	Punkte
849	Punkte
850	Punkte
Σ d.	**Punkte**

f. Belastung

836	Punkte
839	Punkte
841	Punkte
842	Punkte
846	Punkte
Σ f.	**Punkte**

h. Ergebnis

817	Punkte
827	Punkte
838	Punkte
844	Punkte
848	Punkte
Σ h.	**Punkte**

Ihr Gesamtergebnis: Punkte

Tragen Sie bitte zu jeder Frage den Zahlenwert ein, für den Sie sich entschieden haben. Beachten Sie: Die Fragen sind nicht nach Fragennummern, sondern nach Kompetenzbereichen geordnet.

Ihr Ergebnis in einem Kompetenzbereich erhalten Sie, indem Sie die Punktwerte der zugehörigen Einzelfragen addieren. Um sicherzugehen, dass Sie sich nicht verzählt haben, vergleichen Sie die Gesamtsumme aus allen Kompetenzbereichen mit dem vorher errechneten Gesamtwert.

Erläuterungen zum Persönlichkeitstest

Wenn es um die Auswahl und Einstellung von Auszubildenden geht, verlassen sich viele Unternehmen nicht nur auf die Schulnoten, die Bewerbungsmappe, den schriftlichen Eignungstest und das Vorstellungsgespräch. Persönlichkeitstests werden immer häufiger bei der Bewerberauswahl eingesetzt, obwohl ihr Einsatz oftmals gegen den Schutz der Privatsphäre verstößt. In diesen Tests dürfen nur Fragen oder Aufgaben gestellt werden, welche die Fähigkeiten, Fertigkeiten und Kenntnisse erfassen, die für die berufliche Position auch tatsächlich benötigt werden.

Mit Persönlichkeitstests versucht man, die Persönlichkeit eines Bewerbers anhand von bestimmten Fragen zu erfassen. Es soll untersucht werden, ob der Bewerber über die berufsrelevante Eigenschaften verfügt und seinem Charakter nach zum Unternehmen passt. Im Vordergrund der Untersuchung stehen somit die Persönlichkeitsmerkmale des Bewerbers und nicht sein fachliches Wissen.

Diese Tests sind der Versuch, in Erfahrung zu bringen, ob Sie in bestimmten Situationen angemessen reagieren und Ihr Verhalten zur Unternehmenskultur passt.

Schon die Art und Weise, wie Sie den Prüfungsraum betreten, wie Sie Platz nehmen, wie Sie gekleidet sind, was Sie trinken und wie Sie reden, können in den Persönlichkeitstest eingehen und angeblich Rückschlüsse auf bestimmte Charaktereigenschaften geben.

Die Tests können unterschiedlich gestaltet sein und verschiedene berufsrelevante Eigenschaften (Schlüsselqualifikationen) prüfen.

Das Unternehmen möchte einen Bewerber einstellen,

¬ der kontaktfreudig ist und Kundenkontakte pflegt,

¬ der Konflikte schnell und angemessen löst,

¬ der gerne im Team arbeitet,

¬ der kommunikations- und präsentationsstark ist,

¬ der gewissenhaft arbeitet,

¬ der belastbar ist und über das Normalmaß hinaus arbeitet,

¬ der flexibel in unterschiedlichen Abteilungen einsetzbar ist

¬ und der bei allem, was er tut, das Ziel nicht aus den Augen verliert.

Je nach Berufsbild können die Schlüsselqualifikationen unterschiedlich gewählt und gewichtet sein. Über die aufgezählten Schlüsselqualifikationen sollte jeder Bewerber verfügen, der eine Ausbildung in der Finanzdienstleistung anstrebt.

Weit verbreitet ist das Gerücht, dass es bei diesen Tests grundsätzlich keine richtigen oder falschen Antworten gibt und Sie spontan und ehrlich auf die Fragen antworten sollten. Hier müssen wir klar widersprechen und empfehlen Ihnen, sich mit diesem Testverfahren auseinanderzusetzen. Es ist sinnvoll, die Fragetechniken zu beherrschen, damit Sie in einem Persönlichkeitstest überlegt und gezielt antworten können. So sollten Sie die Teststruktur durchblicken und die berufsrelevanten Schlüsselqualifikationen kennen. Wenn Sie eine Frage nicht richtig einschätzen können, sollten Sie den Mittelwert wählen. Beachten Sie, dass sich viele Fragen in abgewandelter Formulierung wiederholen. So möchte man herausfinden, ob Sie ehrlich antworten oder das Testverfahren manipulieren, indem Sie nicht Ihre ehrliche Meinung zum Ausdruck bringen, sondern durchdacht eine Antwort wählen, die Sie für richtig halten.

Im Anschluss an diesen Test kann sich jeder Bewerber ein Profil erstellen, indem die einzelnen Werte je Themengebiet summiert werden. Der Durchschnittswert liegt für die einzelnen Kompetenzen bei 15 Punkten. Empfehlenswert ist es, wenn Sie etwas über dem Durchschnitt liegen und Werte zwischen 16 und 22 Punkte erreichen. Zu hohe Werte wirken eher unglaubwürdig.

Im Folgenden werden wir die oben genannten acht Schlüsselqualifikationen hinsichtlich möglicher Ausprägungsformen speziell im Hinblick auf den Finanzsektor erläutern, um Ihnen einen Eindruck über den möglichen Interpretationsspielraum zu verschaffen.

1. Kontaktfähigkeit

Kontaktfähigkeit beschreibt die Begabung, unbekannte oder weniger bekannte Personen anzusprechen und ein Gespräch zu führen. Kontaktfähigkeit ist eine der Grundlagen für das Zusammenleben mit anderen Menschen und ermöglicht den Aufbau von Beziehungen zu Freunden, Bekannten und Arbeitskollegen. Im Dienstleistungsbereich ist eine gute Kontaktfähigkeit die Voraussetzung für ein erfolgreiches Bestehen im Beruf.

Ein hoher Wert bedeutet, dass die Testperson von sich aus auf andere Menschen zugehen und ein Gespräch führen kann. Sie übernimmt gerne Aufgaben, die viele Kontakte zu anderen Personen und Stellen erfordern. Durch einen angemessenen Humor erzielt sie eine positive Rückmeldung aus Kontakten zu internen und externen Stellen.

Ein geringer Wert bedeutet, dass die Testperson schwer Anschluss in fremder Umgebung findet, in einer Gruppe ein passives Verhalten zeigt und kaum einen Beitrag leistet.

Im Finanzsektor sollten Sie einen eher hohen als niedrigen Wert erzielen, da Sie in ständigem Kontakt zu Kunden stehen und eine Dienstleistung anbieten, nämlich Ihre Hilfe. Für den Verkauf von Finanzprodukten, Dienstleistungen und die Zusammenarbeit mit verschiedenen Abteilungen ist diese Eigenschaft elementar wichtig.

Jedoch müssen Sie aufpassen und dürfen keinen extrem hohen Wert erzielen, da Ihnen dies als zu offen, geschwätzig und unseriös ausgelegt werden könnte. Denn schließlich haben Sie Einblick in vertrauliche Daten und sollten damit verschwiegen umgehen.

2. Konfliktfähigkeit

Die Bereitschaft und Fähigkeit, mit Problemen und Konflikten pragmatisch umzugehen, wird Konfliktfähigkeit genannt. Hierzu gehört die Fähigkeit, Konflikte zu erkennen, zu analysieren, zu steuern und zu lösen. Zur Konfliktlösung kann es einer Kompromissbereitschaft bedürfen. Durch einen offenen und konstruktiven Umgang mit Problemen kann vorhandenes Spannungspotenzial gewinnbringend genutzt werden. Eskalationen werden verhindert und sachliche sowie konstruktive Lösungen geschaffen.

Ein hoher Wert bedeutet, dass die Testperson in der Lage, ist Konfliktpotenzial frühzeitig zu erkennen, sich ggf. eigene Fehler und Irrtümer einzugestehen und Konflikte im frühen Stadium konstruktiv und sachlich zu lösen. Sie sieht Diskussionen als Klärung von Sachfragen und formuliert Kritik so, dass der Gesprächspartner in die Lage versetzt wird, Kritik annehmen zu können.

Ein geringer Wert bedeutet, dass die Testperson Konfliktpotenziale nicht frühzeitig erkennt bzw. erst gar nicht angeht. Kritische Äußerungen von Gesprächspartnern bezieht sie auf die eigene Person und nicht auf die Sachlage, wodurch unnötige Zuspitzungen hervorgerufen werden. In Konfliktsituationen ist sie nicht in der Lage, sachlich zu bleiben und eine Eskalation zu verhindern bzw. eine sachliche und konstruktive Lösung herbeizuführen.

Im Finanzsektor sollten Sie einen eher hohen als niedrigen Wert erzielen, da Sie in ständigem Kontakt zu Kunden stehen und Dienstleistungen und Finanzprodukte anbieten, die Konfliktpotenzial mit sich bringen können. Auch für die Zusammenarbeit mit anderen Abteilungen und Personen ist diese Eigenschaft bedeutend.

Jedoch müssen Sie hierbei ebenfalls aufpassen und dürfen nicht mit zu hohen positiven Werten übertreiben, da Sie sonst zu perfekt und gegebenenfalls unglaubwürdig wirken. Zudem kann dann das Thema Konfliktfähigkeit im Einzelgespräch aufgegriffen werden, sodass Sie bewusst mit unangenehmen Fragen konfrontiert werden und sehr souverän argumentieren und reagieren müssen, um einen hohen positiven Wert glaubhaft begründen zu können.

3. Teamfähigkeit

Unter Teamfähigkeit wird die Bereitschaft und Fähigkeit verstanden, produktiv und konstruktiv im Berufs- und Privatleben mit anderen Menschen zu arbeiten und sich in angemessener Form in eine Gruppe einzuordnen, um gemeinsam aufgabenorientiert zu handeln. Es geht darum, an einem Strang zu ziehen, so dass die Gruppe leistungsfähiger wird als die Summe der Einzelpersonen, aus der sie besteht. Dabei spielt es keine Rolle, welchen Charakter in der Gruppe jemand übernimmt. Gemäß dem Motto, dass jeder im Rahmen seiner Möglich-

keiten einen Nutzen für die Gruppe bringt und somit einen positiven Einfluss auf das Arbeitsergebnis nimmt, wird Teamfähigkeit im Beruf und Privatleben mehr und mehr als wichtige Fähigkeit eingestuft. Einzelkämpfer sind im Regelfall nicht so erfolgreich wie Teams, in denen jedes Mitglied sein Wissen, seine Kenntnisse und Fähigkeiten einbringt.

Ein hoher Wert bedeutet eine gute Teamfähigkeit. Hierzu zählt, dass die Testperson sich und andere ins Team integrieren kann, andere angemessen zu Wort kommen lässt und zuhören kann. Das Gesamtinteresse stellt sie vor ihr Eigeninteresse, sie ist hilfsbereit und unterstützt andere.

Ein geringer Wert deutet auf eine geringe Teamfähigkeit hin. Die Testperson lässt ihren Gesprächpartner eher nicht zu Wort kommen, redet ihn nieder und nimmt ihn nicht ernst. Die Schwächen anderer werden ausgenutzt, um einen eigenen Vorteil daraus zu ziehen.

Im Finanzsektor sollten Sie in diesem Bereich ebenfalls einen hohen Wert erreichen, ohne zu übertreiben, da Sie in ständigem Kontakt zu Personen stehen, mit denen Sie zusammenarbeiten müssen, um vorgegebene Ziele zu erreichen. Für den stetigen Informationsaustausch zwischen den einzelnen Abteilungen ist diese Eigenschaft fundamental wichtig.

4. Kommunikations- und Präsentationsfähigkeit

Kommunikationsfähigkeit ist die Fähigkeit, konstruktiv, effektiv und verständlich zu kommunizieren, sich mit anderen auszutauschen und Wissen weiterzugeben. Kern der Kommunikationsfähigkeit ist die Rhetorik, bei der es um Grundwissen des freien und überzeugenden Sprechens geht.

Präsentationsfähigkeit ist die Begabung, Sachverhalte vor anderen Personen zu präsentieren, die Zielgruppe zu interessieren, zu informieren und ggf. zu überzeugen. Die Präsentation ist eine zentrale Form der Informationsübermittlung und gewinnt mit der Zunahme von projektbasierter Arbeit in Großunternehmen weiter an Bedeutung.

Ein hoher Wert bedeutet, dass die Testperson anschaulich spricht, formuliert und schreibt und die geeigneten Hilfsmittel richtig einsetzt, um die Zuhörer in eine Thematik einzuführen. Sie formuliert ihren Standpunkt, ihre Erwartungen und Wünsche klar und offen und berücksichtigt bei der Informationsweitergabe auch die Beziehungsebene.

Ein geringer Wert deutet darauf hin, dass die Testperson ihre Arbeitsergebnisse nicht angemessen präsentieren kann, auf Floskeln und Phrasen zurückgreift und dabei leicht die Übersicht verliert.

Im Finanzsektor sollten Sie einen guten Wert erzielen, da Sie in ständigem Kontakt zum Kunden stehen. Für den Verkauf von Bankprodukten und Dienstleistungen und der Zusammenarbeit mit anderen Abteilungen und Personen ist diese Eigenschaft sehr wichtig. Die Kommunikations- und Präsentationsfähigkeit ist in der Regel auch Bestandteil des weiteren Prüfungsablaufs, z. B. wenn Sie vor der Prüfungskommission eine Gruppenarbeit präsentieren sollen. Hier ist es wichtig, dass Ihre Selbsteinschätzung im Persönlichkeitstest nicht im Widerspruch zu Ihrer praktischen Präsentationsfähigkeit steht.

5. Gewissenhaftigkeit

Kennzeichen von Gewissenhaftigkeit sind Ordnung, Disziplin, Pünktlichkeit und Pflichtbewusstsein. Es gibt Menschen, die sehr genau sind und sich in ihrem Alltag durch eine hohe Zuverlässigkeit auszeichnen. Diese Personen werden immer alles daran setzen, eine gegebene Zusage auch einzuhalten und überlassen nur ungern Dinge dem Zufall. Planung und Organisationen bedeuten für sie Sicherheit; ebenso wie Zuverlässigkeit, Verantwortungsbewusstsein, Ordnung und Disziplin. Sie delegieren Aufgaben nur ungern weiter, weil sie davon ausgehen, dass andere sie nicht so gewissenhaft erledigen werden, wie sie selbst.

Ein hoher Wert bedeutet, dass die Testperson über Selbstdisziplin verfügt und ihre Zusagen einhält. Sie arbeitet sehr genau, überlässt nichts dem Zufall und hält ihre Termine ein.

Ein geringer Wert bedeutet, dass die Testperson eher oberflächlich arbeitet und es ihr schwerfällt, Absprachen und Termine zu erfüllen. Sie ist im Bezug auf Ordnung, Disziplin, Pünktlichkeit und Pflichtbewusstsein eher locker und lässt sich auch mal gehen.

Im Finanzsektor wird ein hoher Anspruch an Ihre Gewissenhaftigkeit gestellt, da Sie in ständigem Kontakt zu Kunden stehen und so Ihren Arbeitgeber auch nach außen präsentieren. Die Zusammenarbeit mit Kollegen funktioniert nur, wenn man sich auf Ihre Aussagen verlassen kann und Absprachen eingehalten werden. Des Weiteren wird gerade im Finanzsektor mit Daten gearbeitet, die strengen datenschutzrechtlichen Vorschriften unterliegen. Hier ist ein gewissenhafter und vertrauensvoller Umgang mit den Daten fundamental.

6. Belastbarkeit

Belastbarkeit ist die Fähigkeit, körperliche und psychische Belastungen auch bei anhaltender anstrengender Aktivität, Stress, Problemen und ständiger Reizeinwirkung zu ertragen. Hier geht es um die psychische und körperliche

Stabilität eines Individuums. Stark belastbare Personen können auch unter Zeitdruck gute Leistungen erzielen. Sie versuchen, trotz hoher Belastung eine angenehme Arbeitsatmosphäre zu erhalten. Sie behalten in Stresssituationen den Überblick und bleiben freundlich. Zwischen Belastbarkeit und Leistungsfähigkeit besteht ein eindeutiger Zusammenhang. Stress kann sich in unterschiedlichen Reaktionen wie Furcht, Ärger oder Frustration äußern.

Ein hoher Wert bedeutet, dass die Testperson in kritischen Situationen dem Druck von Vorgesetzten, Mitarbeitern oder der Öffentlichkeit standhält und in der Lage ist, klar denkend zu handeln. Sie verfügt über Selbstvertrauen, vertraut ihren Fähigkeiten und reagiert auf persönliche Angriffe ruhig und sachlich. Niederlagen bewegen sie dazu, sich aktiv und herausfordernd dem Misserfolg zustellen. Sie erreicht selbst unter ungünstigen Bedingungen und Umständen gute Ergebnisse.

Eine geringer Wert bedeutet, dass die Qualität der Arbeit der Testperson mit Zunahme von Stress und äußeren Belastungen abnimmt. Dann kann es dazu kommen, dass Aufgaben nur teilweise und unvollständig bearbeitet werden. In Stresssituationen verliert sie schnell den Überblick und unter hoher Anspannung auch noch die Fassung. Durch parallel zu erledigende Aufgaben wird sie hektisch und verliert schnell die Motivation, was sich negativ auf die Arbeitsleistung auswirkt.

Im Finanzsektor wird eine hohe Belastbarkeit der Mitarbeiter erwünscht. Durch Einsparungsmaßnahmen, hier im Besonderen bei den Personalkosten, wird die Belastung für jeden Einzelnen zukünftig weiter zunehmen. Der enorme Druck von oben nach unten wird nicht spurlos an Ihnen vorbeiziehen, auch wenn Sie

durch den Status eines Auszubildenden erst einmal unter einem besonderen Schutz stehen.

Wenn Sie hier eine sehr hohe Punkzahl erzielen, werden Sie damit im weiteren Prüfungsverlauf konfrontiert. Bedenken Sie, dass gewöhnlich ein Verkaufsgespräch und eine Gruppenarbeit Bestandteil der Bewerbungsprozedur sind und Sie die Prüfer von Ihrer hohen Belastbarkeit überzeugen müssen.

7. Flexibilität

In Zeiten rasanter Entwicklung neuer Technologien und Produkte, der steten Veränderung beruflicher Anforderungen, der schwierigen wirtschaftlichen Lage und der zunehmenden Konkurrenz aus dem Ausland ist der flexible und vielfältige Einsatz von Personal eine Voraussetzung für den Erfolg vieler Unternehmen. Dahinter verbirgt sich die Bereitschaft des Personals, für neue Technologien, Aufgabenbereiche, Arbeitsabläufe, Sortimente und Kundenbedürfnisse sowie Restrukturierungen, Kostensenkungsmaßnahmen und Bereichszusammenlegungen offen zu sein und sich weiterzuentwickeln. Die rasante Entwicklung und die stetige Veränderung von Märkten verlangen ein hohes Maß an Flexibilität von Unternehmen und Arbeitnehmern.

Ein hoher Wert deutet darauf hin, dass die Testperson neuen Methoden und Techniken gegenüber aufgeschlossen ist und Kenntnisse aus anderen Erfahrungsbereichen in ihre gegenwärtige Aufgabe integrieren kann. Sie kann ihr Handeln situationsbedingt auf neue Gegebenheiten einstellen und ist vielfältig einsetzbar.

Eine geringer Wert deutet darauf hin, dass die Testperson Probleme hat, sich auf neue Situationen und Gegebenheiten einzulassen. Sie verfolgt gewohnte Verhaltens- und Handlungsweisen und verteidigt diese gegen Veränderungen.

Im Finanzsektor ist ein hohes Maß an Flexibilität grundlegend wichtig, da besonders dieser Bereich durch neue Technologien und Kostendruck laufend rationalisiert wird. Durch Einsparungsmaßnahmen, hier im Besonderen bei den Personalkosten, müssen Mitarbeiter flexibel einsetzbar sein.

Auch hier gilt: Fällt Ihre Wertung übertrieben positiv aus, kann das unglaubwürdig wirken und eine Konfrontation im weiteren Prüfungsverlauf wie dem Einzelgespräch, Verkaufsgespräch oder der Gruppenarbeit bewirken.

8. Ergebnisorientierung

Unter Ergebnisorientierung wird die Bereitschaft und Fähigkeit verstanden, das eigene Denken und Handeln an übergeordneten Zielsetzungen auszurichten. Ein Mitarbeiter mit einer ausgeprägten Ergebnisorientierung berücksichtigt bei der Umsetzung seiner Ideen die Rahmenbedingungen und setzt entsprechende Prioritäten. Auch unter Zeitdruck, sonstigen Belastungen und vorübergehendem Misserfolg lässt er sich nicht von seinen Zielsetzungen abbringen.

Ein hoher Wert deutet darauf hin, dass die Testperson ihre Ziele zuverlässig und in kurzer Zeit erreicht, indem sie ihre Aufgaben unverzüglich erledigt, entschlossen handelt und auftretende Schwierigkeiten zügig beseitigt. Sie kennt ihre Ziele und kann diese klar formulieren. Hindernisse, die die Zielerreichung gefährden könnten, beseitigt sie, indem sie kontinuierlich die zur Zielerreichung erforderlichen Maßnahmen und Ergebnisse überprüft.

Ein geringer Wert deutet darauf hin, dass die Testperson ohne eine klare Linie und eindeutige Ziele arbeitet und den aktuellen Status nicht wiedergeben kann.

Im Finanzsektor wird eine hohe Ergebnisorientierung der Mitarbeiter erwünscht.

Ohne klar strukturierte Ziele ist ein effektives und effizientes Arbeiten nur bis zu einem bestimmten Punkt möglich. Es wird von Ihnen erwartet, dass Sie Ihre Ziele genau kennen und mit Ihren Kollegen daran arbeiten, diese zu erreichen.

Auch hier gilt: Fällt Ihre Wertung übertrieben positiv aus, kann das unglaubwürdig wirken und eine Konfrontation im weiteren Prüfungsverlauf wie dem Einzelgespräch, Verkaufsgespräch oder der Gruppenarbeit bewirken.

Anhang

Lösungen

Prüfung 1 · Bankkaufmann/-frau · A

Frage	Antwort	Frage	Antwort	Frage	Antwort	Frage	Antwort
1.	C	46.	− / +	91.	D	136.	0101
2.	D	47.	− / ÷	92.	D	137.	0607
3.	C	48.	× / ÷	93.	A	138.	0809
4.	D	49.	÷ / +	94.	C	139.	0201
5.	C	50.	− / ÷	95.	D	140.	0404
6.	D	51.	+ / ×	96.	B	141.	0107
7.	D	52.	+ / ÷	97.	D	142.	0906
8.	D	53.	− / +	98.	E	143.	0603
9.	D	54.	× / ÷	99.	B	144.	0806
10.	D	55.	÷ / −	100.	D	145.	0207
11.	D	56.	D	101.	E	146.	0406
12.	D	57.	B	102.	A	147.	1008
13.	C	58.	A	103.	D	148.	0602
14.	D	59.	D	104.	D	149.	0904
15.	A	60.	C	105.	A	150.	0108
16.	A	61.	C	106.	C	151.	0810
17.	D	62.	B	107.	B	152.	0601
18.	A	63.	A	108.	E	153.	0405
19.	B	64.	C	109.	D	154.	0206
20.	D	65.	A	110.	C	155.	0103
21.	A	66.	C	111.	B	156.	0910
22.	D	67.	D	112.	A	157.	0102
23.	C	68.	D	113.	E	158.	0610
24.	E	69.	B	114.	B	159.	0803
25.	B	70.	A	115.	D	160.	0204
26.	A6; B4; C5; D1; E7; F2; G3	71.	D	116.	A	161.	0408
27.	A6; B2; C3; D7; E5; F1; G4	72.	A	117.	B	162.	0908
28.	A5; B7; C1; D4; E2; F3; G6	73.	C	118.	D	163.	0110
29.	A7; B6; C3; D2; E5; F4; G1	74.	D	119.	B	164.	0101
30.	A6; B4; C7; D1; E5; F2; G3	75.	C	120.	E	165.	0805
31.	A	76.	D	121.	0907		
32.	D	77.	B	122.	0203		
33.	C	78.	B	123.	0408		
34.	A	79.	A	124.	0305		
35.	C	80.	A	125.	0304		
36.	A	81.	D	126.	0306		
37.	A	82.	A	127.	0309		
38.	B	83.	B	128.	0609		
39.	D	84.	B	129.	0808		
40.	B	85.	C	130.	0909		
41.	D	86.	B	131.	1007		
42.	C	87.	D	132.	0804		
43.	B	88.	C	133.	0605		
44.	C	89.	A	134.	0409		
45.	D	90.	D	135.	0905		

Prüfung 2 · Bankkaufmann/-frau · B

Frage	Antwort	Frage	Antwort	Frage	Antwort	Frage	Antwort
166.	C	206.	C	246.	B	286.	12
167.	C	207.	B	247.	B	287.	13
168.	D	208.	B	248.	B	288.	12
169.	D	209.	D	249.	A	289.	13
170.	D	210.	B	250.	A	290.	14
171.	D	211.	B	251.	B	291.	13
172.	D	212.	B	252.	C	292.	10
173.	D	213.	C	253.	C	293.	10
174.	D	214.	A	254.	C	294.	1
175.	A	215.	D	255.	A	295.	16
176.	D	216.	C	256.	C	296.	15
177.	D	217.	D	257.	D	297.	1
178.	B	218.	C	258.	B	298.	12
179.	B	219.	C	259.	C	299.	14
180.	D	220.	D	260.	E	300.	1
181.	C	221.	C	261.	C	301.	12
182.	D	222.	C	262.	A	302.	2
183.	C	223.	B	263.	A	303.	12
184.	A	224.	C	264.	A	304.	3
185.	A	225.	D	265.	D	305.	13
186.	B	226.	A	266.	siehe Vorlage Figuren und Zahlen	306.	12
187.	B	227.	D	267.	14	307.	10
188.	B	228.	C	268.	13	308.	11
189.	A	229.	B	269.	16	309.	5
190.	A	230.	D	270.	12	310.	3
191.	E	231.	D	271.	10		
192.	D	232.	A	272.	1		
193.	C	233.	E	273.	2		
194.	B	234.	D	274.	14		
195.	A	235.	C	275.	13		
196.	des Schocks	236.	A	276.	13		
197.	uns	237.	B	277.	1		
198.	gegangen wärst	238.	C	278.	9		
199.	des schlechten Wetters	239.	D	279.	2		
200.	Ihm	240.	B	280.	13		
201.	A	241.	D	281.	14		
202.	D	242.	B	282.	11		
203.	D	243.	C	283.	12		
204.	E	244.	C	284.	2		
205.	C	245.	D	285.	4		

Prüfung 3 · Bankkaufmann/-frau · C

Frage	Antwort	Frage	Antwort	Frage	Antwort	Frage	Antwort
311.	B	356.	B	401.	B	446.	2
312.	C	357.	C	402.	B	447.	3
313.	A	358.	D	403.	A	448.	2
314.	A	359.	A	404.	B	449.	4
315.	B	360.	D	405.	A	450.	2
316.	D	361.	C	406.	C	451.	A
317.	B	362.	A	407.	D	452.	A
318.	B	363.	D	408.	C	453.	B
319.	C	364.	B	409.	B	454.	A
320.	C	365.	D	410.	A	455.	A
321.	B	366.	C	411.	Siehe Wörterliste	456.	A
322.	D	367.	C	412.	2	457.	B
323.	D	368.	C	413.	3	458.	B
324.	A	369.	B	414.	2	459.	A
325.	C	370.	B	415.	2	460.	B
326.	D	371.	C	416.	2	461.	A
327.	D	372.	B	417.	1	462.	A
328.	A	373.	C	418.	2	463.	B
329.	C	374.	C	419.	1	464.	B
330.	B	375.	C	420.	2	465.	A
331.	B	376.	A	421.	3	466.	C
332.	B	377.	D	422.	1	467.	B
333.	A	378.	D	423.	1	468.	C
334.	B	379.	D	424.	2	469.	A
335.	D	380.	A	425.	1	470.	B
336.	B	381.	D	426.	3	471.	C
337.	B	382.	C	427.	5	472.	B
338.	C	383.	C	428.	3	473.	A
339.	A	384.	C	429.	4	474.	B
340.	A	385.	C	430.	3	475.	B
341.	A5; B3; C2; D4; E1	386.	A	431.	1	476.	A
342.	A5; B1; C4; D3; E2	387.	D	432.	1	477.	C
343.	A1; B4; C2; D3; E5	388.	D	433.	2	478.	A
344.	A2; B5; C4; D3; E1	389.	B	434.	1	479.	A
345.	A1; B4; C2; D5; E3	390.	B	435.	1	480.	C
346.	A	391.	B	436.	2	481.	B
347.	D	392.	D	437.	3	482.	C
348.	D	393.	B	438.	2	483.	B
349.	B	394.	C	439.	2	484.	C
350.	C	395.	A	440.	2	485.	B
351.	D	396.	D	441.	3	486.	A
352.	C	397.	C	442.	3	487.	C
353.	A	398.	B	443.	3	488.	C
354.	D	399.	D	444.	8	489.	B
355.	A	400.	C	445.	5	490.	C

Prüfung 4 · Kaufmann/-frau für Versicherungen und Finanzen

Frage	Antwort	Frage	Antwort	Frage	Antwort	Frage	Antwort
491.	B	531.	B	571.	D	611.	7
492.	B	532.	A	572.	D	612.	6
493.	B	533.	C	573.	D	613.	5
494.	C	534.	D	574.	D	614.	7
495.	C	535.	C	575.	C	615.	8
496.	A	536.	C	576.	A	616.	7
497.	D	537.	C	577.	D	617.	8
498.	B	538.	C	578.	D	618.	5
499.	B	539.	C	579.	C	619.	6
500.	C	540.	D	580.	D	620.	6
501.	D	541.	C	581.	A	621.	6
502.	D	542.	C	582.	B	622.	5
503.	D	543.	D	583.	C	623.	3
504.	C	544.	C	584.	B	624.	6
505.	D	545.	D	585.	A	625.	4
506.	C	546.	D	586.	B	626.	7
507.	D	547.	C	587.	D	627.	9
508.	D	548.	D	588.	D	628.	5
509.	B	549.	B	589.	C	629.	3
510.	C	550.	A	590.	D	630.	6
511.	A	551.	D	591.	D	631.	6
512.	A	552.	C	592.	B	632.	8
513.	A	553.	D	593.	A	633.	6
514.	C	554.	A	594.	D	634.	6
515.	A	555.	B	595.	C	635.	3
516.	E	556.	B	596.	A	636.	7
517.	D	557.	A	597.	B	637.	5
518.	B	558.	C	598.	C	638.	7
519.	C	559.	B	599.	A	639.	5
520.	A	560.	B	600.	B	640.	9
521.	A3; B1; C5; D2; E7; F6; G4	561.	C	601.	A	641.	5
522.	A5; B2; C7; D4; E1; F6; G3	562.	B	602.	D	642.	6
523.	A5; B3; C1; D4; E6; F2; G7	563.	B	603.	C	643.	1
524.	A1; B4; C3; D5; E7; F6; G2	564.	A	604.	B	644.	8
525.	A2; B3; C1; D4; E7; F6; G5	565.	B	605.	B	645.	7
526.	B	566.	B	606.	D	646.	6
527.	D	567.	C	607.	B	647.	10
528.	B	568.	D	608.	A	648.	7
529.	A	569.	C	609.	C	649.	5
530.	D	570.	A	610.	C	650.	2

Prüfung 5 · Finanzdienstleistung

Frage	Antwort	Frage	Antwort	Frage	Antwort	Frage	Antwort
651.	D	691.	C	731.	C	771.	8
652.	C	692.	B	732.	C	772.	2
653.	A	693.	C	733.	C	773.	25
654.	D	694.	D	734.	B	774.	13
655.	C	695.	D	735.	D	775.	13
656.	A	696.	B	736.	C	776.	25
657.	D	697.	D	737.	D	777.	8
658.	D	698.	A	738.	D	778.	33
659.	D	699.	A	739.	B	779.	25
660.	C	700.	D	740.	A	780.	13
661.	B	701.	C	741.	D	781.	2
662.	D	702.	C	742.	D	782.	16
663.	C	703.	A	743.	C	783.	13
664.	D	704.	C	744.	A	784.	6
665.	A	705.	C	745.	C	785.	17
666.	D	706.	D	746.	D	786.	23
667.	B	707.	A	747.	C	787.	14
668.	B	708.	D	748.	C	788.	11
669.	A	709.	A	749.	A	789.	33
670.	D	710.	D	750.	B	790.	9
671.	C	711.	C	751.	B	791.	25
672.	D	712.	D	752.	A	792.	32
673.	D	713.	C	753.	B	793.	33
674.	C	714.	A	754.	A	794.	6
675.	D	715.	B	755.	B	795.	2
676.	D	716.	C	756.	A	796.	24
677.	E	717.	B	757.	C	797.	25
678.	C	718.	A	758.	D	798.	2
679.	B	719.	D	759.	B	799.	1
680.	A	720.	B	760.	C	800.	2
681.	D	721.	C	761.	C	801.	13
682.	D	722.	C	762.	B	802.	25
683.	E	723.	B	763.	B	803.	11
684.	A	724.	C	764.	E	804.	2
685.	D	725.	D	765.	E	805.	2
686.	E	726.	C	766.	E	806.	8
687.	E	727.	C	767.	D	807.	13
688.	E	728.	A	768.	D	808.	20
689.	A	729.	E	769.	C	809.	32
690.	B	730.	B	770.	C	810.	7

Die Rechtschreibung

Die wichtigsten Regeln der deutschen Rechtschreibung

Allgemeines

Ohne ein gewisses Regelwerk wäre es uns als Sprechern schwer möglich, klar zu kommunizieren. Daher hat jede Sprache ihre festen Ausdrücke, Begriffe, Regeln etc. Hätte jeder Sprecher eine eigene Art der gesprochenen Sprache – oder der Schriftsprache –, so würde es unzweifelhaft zu großen Komplikationen kommen und die Sprache wäre nicht Mittel der Verständigung. Die Grammatik einer Sprache bildet also für die Sprecher den notwendigen Rahmen, um sich so ausdrücken zu können, dass andere Mitglieder der Sprachgemeinschaft verstehen können. Wenn es sich um die Schriftsprache handelt, ist die Grammatik ganz besonders wichtig, da hinter einem geschriebenen Text immer ein Autor steht; jedoch hört man den Autor nicht sprechen, sondern liest **nur** einen Text.

Schon im Einstellungstest spielt die Rechtschreibekompetenz eine Rolle, daher werden wir hier eingehend die wichtigsten Regeln der deutschen Rechtschreibung darstellen. Wir richten uns natürlich nach dem aktuellsten Stand, also nach den mit der Rechtschreibreform von 2006 festgelegten Vorgaben.

Im Voraus sollen einschlägige Begriffe kurz erläutert werden, die zum Verstehen der nachfolgenden Abschnitte unbedingt notwendig sind.

Fachbegriff	Erklärung
Adjektiv	**Eigenschaftswort:** Mit dem Adjektiv werden Substantiven (Hauptwörtern) Eigenschaften zugewiesen. Die Adjektive verändern die Form nach Geschlecht, Zahl und Fall: z. B. *neu, richtig, hässlich*.
Adverb	**Umstandswort:** Sie geben den Umstand einer Situation/eines Ereignisses an, zudem sind sie nicht veränderbar: z. B. *jetzt, später, direkt*.
Artikel	**Geschlechtswort:** Mit den Artikeln wird im Deutschen das Geschlecht signalisiert, die Artikel sind Substantiven zumeist vorangestellt. Formveränderung nach Geschlecht, Zahl und Fall: z. B. *der* Mann, *die* Frau, *das* Haus, *die* Autos.
Beugen	**Veränderung:** Mit diesem Begriff wird das Verändern von Verben (*Konjugation*) und Substantiven, Artikeln, Pronomen, Adjektiven (*Deklination*) beschrieben. Vgl. Konjugation und Deklination.

Fachbegriff	Erklärung
Deklination	**Beugung:** Wenn Substantive, Artikel, Pronomen oder Adjektive verändert werden, dann spricht man von der Deklination: z. B. in dem Haus stinkt es → in *den Häusern* im Marbachweg stinkt es (Substantiv); die Frau besitzt dieses Haus → *der Frau* gehört dieses Haus (Artikel); ihre Mutter besitzt dieses Haus → das ist das Haus *ihrer Mutter* (Pronomen), dieser Wein ist teuer → das ist der *teure Wein* (Adjektiv).
Infinitiv	**Grund- oder Nennform:** Wenn Numerus (Zahl) und Person eines Wortes undefiniert sind, steht das Wort im Infinitiv. Man spricht auch von der Nennform, da die Wörter so im Wörterbuch auftreten und demnach so genannt werden: z. B. *gehen, schwimmen, fliegen*.
Konjugation	**Beugung:** Wenn Verben verändert werden, dann werden sie konjugiert. Infinitiv: *gehen, schwimmen, fliegen*. Konjugierte Form: Sie *geht*, ihr *schwimmt*, der Spatz *fliegt*.
Konjunktion	**Bindewörter:** Diese Wörter haben die Aufgabe, einzelne Satzteile miteinander zu verbinden. Es handelt sich hierbei um unveränderliche Wörter, die weder dekliniert noch konjugiert werden können. Leicht möglich ist eine Verwechslung mit Adverbien. Zur Unterscheidung sollte man schauen, ob das Bindewort auch allein vor dem Verb stehen kann. Ist dies der Fall, handelt es sich um ein Adverb; andernfalls haben wir es mit einer Konjunktion zu tun. Beispiele sind: *und, oder, weil, dass*.
Konjunktiv	**Möglichkeitsform:** Die Möglichkeitsform wird mit Verben gebildet. Es wird hiermit ausgedrückt, dass ein/e Ereignis/Geschehen/Situation erwünscht, möglich oder nicht wirklich sei: z. B. sie *habe* (schmunzelte sie) den Kuchen selbst gebacken; *Wäre* sie doch hier, *könnte* sie mir helfen; gern *käme* ich mit (aber ich habe keine Zeit).
Konsonant	**Mitlaut:** Konsonanten sind Hemmnis überwindende Laute, Beispiele sind *r*, *t* oder *q*. Es handelt sich hierbei um Laute, nicht um Buchstaben. I. d. R. werden die Buchstaben, mit denen die Konsonanten schriftlich ausgedrückt werden können, als Konsonantenbuchstaben bezeichnet.
Partizip	**Mittelwort:** Bei den Mittelwörtern unterscheidet man eine Gegenwarts- (*Partizip I*) und eine Vergangenheitsform (*Partizip II*). Für die Gliederung der Partizipien ist also die Zeitform entscheidend. Zudem ist festzustellen, dass die Partizipien wie Adjektive dekliniert werden können: z. B. *lachend, bangend, träumend* (*Partizip I*) oder für die Vergangenheitsform (*Partizip II*) *gelacht, gebangt, geträumt*.

Fachbegriff	Erklärung
Präposition	**Verhältniswort:** Mit den Präpositionen (z. B. *auf*, *in*, *zu*) kann das Verhältnis/die Beziehung zwischen Wörtern gekennzeichnet werden. Die Präpositionen sind nicht beugbar, zudem bestimmen sie das Geschlecht des folgenden Substantivs: z. B. Er steht *auf* der Straße, Das Kind geht *in* den Kindergarten, Wir gehen heute *zu* Oma und Opa.
Pronomen	**Fürwort:** Das Pronomen kann entweder als Begleiter oder Vertreter eines Substantivs auftreten. Ein Pronomen verändert die Form nach Fall, Geschlecht und Zahl. Beispiele sind: *er*, *sie*, *dieser* Hund, *meine* Dienstwaffe.
Substantiv	**Hauptwort/Nomen:** Die Nomen haben ein festes Geschlecht, man kann ihnen einen Artikel zuweisen und sie verändern die Form nur nach Zahl und Fall: z. B. die *Polizei*, der *Diebstahl*, das *Hauptkommissariat*, das *Gerichtsverfahren* (Sing.); die *Polizeien*, die *Diebstähle*, die *Hauptkommissariate*, die *Gerichtsverfahren* (Pl.); *Wessen* Fall ist das? Der Fall *der* Polizei (Genitiv/2. Fall); *Wem* obliegt es, zu ermitteln? *Der* Polizei (Dativ/ 3. Fall).
Substantivierung	**Nominalisierung/Hauptwortbildung:** Aus Adjektiven und Verben können im Verfahren der Substantivierung Nomen gebildet werden: z. B. ich *rede* ohne Probleme → das *Reden* macht mir keine Probleme; wir *gehen* jeden Tag zur Arbeit → Das *Gehen* am Morgen ist eine Freude; kann ich von dir *abschreiben*? → ich habe nicht gelernt, nur *Abschreiben* könnte mir jetzt noch helfen.
Verb	**Tätigkeitswort:** Das Verb wird verwendet, um eine Tätigkeit, ein Geschehen, einen Zustand oder einen Vorgang zu bezeichnen. Verben sind in ihrer Form nach Zahl und Person veränderbar, zudem können sie in allen Zeitformen verwendet werden: z. B. *stehen* (ich stehe, ich stand, ich werde stehen); *schwimmen* (Du schwimmst, Du schwammst, Du wirst schwimmen); *verfolgen* (er verfolgt, er verfolgte, er wird verfolgen).
Vokal	**Selbstlaut:** Bei der Bildung von Vokalen kann der Luftstrom, der zum Sprechen notwendig ist, ungehemmt ausströmen. Beispiele sind *a*, *e* und *o*. In der Regel werden die Buchstaben, mit denen die Vokale schriftlich ausgedrückt werden können, als Vokalbuchstaben bezeichnet.
Numerale	**Zahlwort:** Das Numerale wird angewendet, um entweder eine Zahl zu bezeichnen oder eine Menge: z. B. *ein*, *neuntel*, *hunderte*, *viel*, *etwas*.

1. Sprechen und Schreiben – Laute und Buchstaben

Wenn wir sprechen, nutzen wir die gesprochene Sprache. Schreiben wir, so bedienen wir uns der Schriftsprache. Letztere bezeichnet nichts weiter als ein Zeichensystem, mit welchem die gesprochene Sprache, in Textform, festgehalten werden kann.

Die Schriftsprache des Deutschen basiert auf einer Buchstabenschrift, verwendet werden lateinische Buchstaben – im Russischen hingegen werden kyrillische Buchstaben (!) verwendet. Wir unterscheiden zudem zwischen Schreib- und Druckschrift, in beiden Formen existieren Klein- und Großbuchstaben. Wenn Fremdwörter verwendet werden, können auch Buchstaben Anwendung finden, die in dem für die deutsche Sprache vorgesehenen Buchstabenbestand nicht vorliegen (z. B. Č č, É é, Œ œ).

Jedem Sprachlaut entspricht ein einfacher Buchstabe oder eine bestimmte Buchstabenfolge. Es handelt sich um ein Zuordnungsverhältnis (vgl. [a] → a (h*a*t) [a:] → a (R*a*t) [ai] → ei (R*ei*be)), das hier jedoch nicht weiter vertieft werden soll. Wer sich genauer mit der Zuordnung von Lauten und Buchstaben auseinandersetzen möchte, kann im Internet oder im Duden nachschlagen.

Interessante Links finden Sie hier:

¬ http://www.canoo.net/services/GermanSpelling/Amtlich/LautBuchst/index.html
¬ http://www.duden.de/deutsche_sprache/sprachwissen/rechtschreibung/
  neuregelung/laute_und_buchstaben.php

Zum Laut-Buchstaben-Verhältnis ist noch festzuhalten, dass in einigen Fällen die Zuordnung auch distinktiv ist, also bedeutungsunterscheidend. Beispiele sind in diesem Fall: ein Bild m*a*len bzw. den Kaffee m*a*hlen; einen Schüler etwas l*e*hren bzw. den Mülleimer l*e*eren. Diese Ausnahmen sollten auswendig gelernt werden, um missverständliche Verwechslungen zu vermeiden. Schreibt man, man wolle einen Schüler etwas l*e*eren, denkt der Leser, man wolle mit dem Schüler wie mit dem Mülleimer verfahren, was ja augenscheinlich nicht der Fall ist. **Hier also aufgepasst!**

Für die Fremdwörter, die in einem späteren Abschnitt ausführlich behandelt werden, gilt: entweder wird die originale, fremdsprachliche Schreibweise verwendet, oder aber eine eingedeutschte Version. Wird aus einer Fremdsprache zitiert, dann muss die Originalschreibweise verwendet werden (z. B.: „Barack Obama betonte während des Wahlkampfes immer, alles sei möglich. Sein Slogan war das heute schon fast Abgedroschene: Yes we can!"). Das gleiche gilt für international festgelegte Termini (z. B. City).

Für Eigennamen ist die Schreibweise zumeist amtlich festgelegt. Beispiele können Städtenamen sein: im Englischen wird Shanghai mit einem (sh) geschrieben, im Deutschen als Schanghai hingegen mit einem (sch).

Im folgenden Abschnitt wollen wir nun auf Vokale und Konsonanten eingehen, um so die Laut-Buchstaben-Zuordnung strukturiert erläutern zu können.

a) Vokale

Bei den Vokalen wird zwischen kurzen und langen Vokalen unterschieden. In der gesprochenen Sprache ist der Unterschied (also kurz oder lang) distinktiv und macht Verstehen möglich. In der geschriebenen Sprache gibt es auch Möglichkeiten, einen kurzen von einem langen Vokal zu unterscheiden.

Die kurzen Vokale

Es gilt: *Ein Vokal ist dann als kurzer Vokal zu kennzeichnen, wenn nach dem Vokal nur **ein** Konsonant folgt. Ist dies der Fall, so wird die Kürze des Vokals durch die Verdopplung des Konsonanten angezeigt:* z. B. R*a*tte, W*o*lle, K*a*mm etc.

Ausnahmen bilden hier nur die Konsonanten K und Z. Statt (kk) schreibt man (ck), statt (zz) schreibt man (tz). Vgl. in diesem Zusammenhang: M*a*cke, Fr*a*tze, Gl*a*tze, Schl*a*cke etc.

Ausnahmen bilden die Regel, heißt es ja. So gibt es **acht Gruppen,** in denen die oben angeführte Regel nicht wirksam ist. *Hier erfolgt keine Buchstabenverdopplung nach betontem Vokal,* auch wenn dies logisch aus dem oben angeführten Grundsatz abgeleitet werden müsste. Im Folgenden sollen die acht Gruppen ausgeführt werden:

a. Bei einsilbigen Fremdwörtern (z. B. aus dem Englischen) folgt kein Doppelkonsonant nach betontem Vokal: z. B. B*u*s, Cl*u*b, J*o*b etc. Jedoch werden die verbalen Ableitungen (z. B. cl*u*bben, j*o*bben) mit doppeltem Konsonanten geschrieben.

b. Bei einigen mehrsilbigen Fremdwörtern folgt kein Doppelkonsonant nach betontem Vokal: z. B. R*o*boter, An*a*nas, Hot*e*l etc.

c. Bei Wörtern mit unklarer Wortkomposition oder Wortteilen, die autonom nicht auftreten, folgt kein Doppelkonsonant nach betontem Vokal: z. B. H*i*mbeere, *I*mbissstube, W*a*lnuss etc.

d. Bei Wörtern, die auf die Endung (-ik) oder (-it) auslaufen folgt kein Doppelkonsonant nach betontem Vokal: z. B. Dynam*i*t, Prof*i*t, Robot*i*k, Kybernet*i*k etc.

e. Bei Wörtern, die z. B. auf die un-produktiven Suffixe (Endungen) (-d), (-st), (-t) auslaufen, folgt kein Doppelkonsonant nach betontem Vokal: z. B. R*a*nd (jedoch r*e*nnen), Ger*ü*st, Gesch*ä*ft (jedoch sch*a*ffen) etc.

f. Bei einigen Verbformen folgt kein Doppelkonsonant nach betontem Vokal: sie h*a*t (sie hatte), ich b*i*n etc.

g. Bei einsilbigen Wörter, die grammatische Funktion haben, folgt kein Doppelkonsonant nach betontem Vokal: z. B. b*i*s, d*e*s (jedoch d*e*ssen), w*a*s etc.

h. Bei den folgenden Ausnahmen folgt kein Doppelkonsonant nach betontem Vokal: Dritt*e*l, Mitt*a*g, denn*o*ch.

Zudem gibt es **vier Gruppen,** in welchen der Konsonant verdoppelt wird, obwohl kein betonter kurzer Vokal vorausgeht. Bei diesen Gruppen handelt es sich um die Folgenden:

i. Bei Fremdwörtern, in denen das scharfe s vorkommt, verdoppelt man den Konsonanten, obwohl kein kurzer betonter Vokal vorausgeht: z. B. K*a*ssette, Kar*u*ssell etc.

j. Bei einigen Wörtern, die auf die Endung (tz) auslaufen, verdoppelt man den Konsonanten, obwohl kein kurzer betonter Vokal vorausgeht (erinnere in diesem Fall, dass (-tz) für (zz) als Doppelkonsonant funktioniert!): z. B. Berlin-Stegl*itz*, Kieb*itz* etc.

j. Bei einer gewissen Zahl von Fremdwörtern, die nicht näher klassifiziert werden, verdoppelt man den Konsonanten, obwohl kein kurzer betonter Vokal vorausgeht: z. B. Pat*iss*erie, B*att*erie, Gr*amm*atik etc.

k. Bei Wörtern, die auf das Suffix (-in), (-nis), (-as), (-is), (-os) und (-us) enden, verdoppelt man in **erweiterten Formen** den Konsonanten, obwohl kein kurzer betonter Vokal vorausgeht: z. B. Königin → König*inn*en, Rhinozeros → Rhinozer*oss*e etc.

Die langen Vokale

Ein Vokal ist immer dann als langer Vokal zu bezeichnen, wenn *auf einen betonten Vokal im Wortstamm kein Konsonant folgt*. Wenn **nur ein** Konsonant folgt, kann es sich um einen kurzen oder langen Vokal handeln.

Folgt auf einen *betonten einfachen langen Vokal* ein *unbetonter kurzer Vokal* (unmittelbar oder in erweiterten Formen), so wird der lange Vokal, auf der Buchstabenebene, durch das Anhängen eines (**h**) sichtbar verlängert. So wird hier die Länge der Vokale gekennzeichnet: z. B. bef*ah*ren, Sch*uh*e (aber Schule), dr*oh*en etc.

In diesem Fall folgt das (**h**) auch auf den Diphthong [**ai**], in Beispielen wie: Wei*h*er (aber Schleier), lei*h*en (aber Leier) etc.

Wenn auf einen betonten langen Vokal die Konsonanten [**l**], [**m**], [**n**] oder [**r**] folgen, muss einer Vielzahl von Fällen – problematischerweise nicht in der Mehrzahl der Fälle – nach dem Vokal ein (**h**) folgen.

Beispiele:

Folgt kein weiterer Konsonant, dann verlängert das (**h**) den Vokal z. B. in den folgenden Fällen: Ba*h*re, Befe*h*l, Hu*h*n, Mö*h*re, Bü*h*ne, So*h*n etc.

Zudem gilt diese Regel für die Wörter a*h*nden und fa*h*nden, auch wenn hier auf den Konsonant ein weiterer Konsonant folgt.

Zusatz: Es gilt zu beachten, dass hier das (**h**) als bedeutungsunterscheidende Einheit benutzt wird. So können gleichlautende Wörter auf der schriftlichen Ebene unterschieden werden. Wir müssen hier gleichlautende Paare wie: **leh**ren (Mathematik) und **leer**en (den Mülleimer), **mahl**en (Kaffee) und **mal**en (ein Bild) oder **währ**en (d.h. dauern) und **wär**en (sie wären die Richtigen) beachten.

Ausnahmen bilden die folgenden (!) Wörter: Blume, Blüte, Glut, Nadel.

Für Fremdwörter gilt, dass in der Regel kein (**h**) auf lange Vokale folgt. Ausnahmen bilden hier z. B. Allah und Shah.

Wenn man für die Vokale [**a:**], [**e:**] und [**o:**] die Länge ausdrücken will, so kann in einer begrenzten Zahl von Wörtern dies durch die Verdopplung der Vokale (aa), (ee) und (oo) geschehen: z. B. W*aa*ge (aber Sage), L*ee*re (aber Lehre) und B*oo*t etc.

Für den langen Vokal [i:] muss festgehalten werden, dass in nur wenigen deutschen und einge-deutschten Wörtern dieser Laut in der Schriftsprache durch den Buchstaben (i) dargestellt wird. Dies gilt z. B. für: B*i*bel, F*i*bel, *I*gel, d*i*r, m*i*r etc.

Im Gegensatz zu der gerade angeführten Regel, dass in wenigen Fällen ein [i:] durch den Buchsta-ben (i) dargestellt werden kann, existiert eine weitere Regel: *ein langes* [i:] *wird in den fremdsprachi-gen Endungen* (-ie), (-ier) *und* (-ieren) *durch die Buchstaben* (ie) *repräsentiert.* Vgl. Patisser*ie*, Juwel*ier*, protest*ieren*.

Ausnahmen bilden z. B. Saph*ir*, Souven*ir* oder Vamp*ir*.

In wenigen Einzelfällen kann die Länge des Vokals [i:] auch zusätzlich durch ein (h) gekennzeichnet werden. Dann schreibt man (-ih) oder aber (-ieh).

(-ih) wird in den folgenden Fällen geschrieben: *ih*m, *ih*n, *ih*r, *ih*nen, *ih*rer, *ih*res, *Ih*re;

(-ieh) wird in den folgenden Fällen geschrieben: fl*ieh*en, w*ieh*ern, V*ieh*, z*ieh*en.

b) Umlaute

Die Umlaute stellen lautliche Veränderungen eines Vokals dar. So gibt es zu den Vokalen (a), (o), und (u) Umlautentsprechungen (ä), (ö) und (ü).

Für ein kurzes [ɛ] schreibt man immer dann (ä) statt (e), wenn es eine Grundform mit (a) gibt. Das trifft zu für die Beispiele: F*ä*lle (von F*a*ll), K*ä*lte (von k*a*lt) und B*ä*lle (von B*a*ll). Zudem gilt für langes [e:] und [ɛ:] – in der Aussprache sind die beiden kaum zu unterscheiden – es wird immer dann (ä) geschrieben, wenn eine Grundform mit (a) vorhanden ist. So in den folgenden Fällen: qu*ä*len (von Qu*a*l), sch*ä*len (von Sch*a*le). Ausnahmen bilden die Wörter B*ä*r, *Ä*hre, oder s*ä*gen.

In einigen wenigen Wörtern, wird (ä) ohne Grund geschrieben, es handelt sich hier um Ausnahmen. Dies gilt z. B. für: *ä*tzend, D*ä*mmerung, L*ä*rm, M*ä*rz, Sch*ä*rpe, Sch*ä*rfe u. a.

In einigen Wörtern die eigentlich mit (ä) geschrieben werden **müssten** – wenn man die Regel be-folgt: wenn in der Grundform ein (a) vorkommt, ist die Erweitung ein (ä) – schreibt man aus-nahmsweise (e) statt (ä). Dies gilt z. B. für Worte wie: *E*ltern (von *a*lt bzw. die *Ä*lteren), schw*e*nken (von Schw*a*nk), ged*e*nken (von Ged*a*nke).

Der Diphthong [ɔɪ̯] wird graphisch immer dann (-äu) geschrieben statt (-eu), wenn es eine Grund-form gibt, die mit (-au) geschrieben wird. So z. B. in den Fällen: Geb*äu*de (von B*au*), vers*äu*ern (von s*au*er) und B*äu*erin (von B*au*er). Hinzu kommen einige Ausnahmen, für welche die Regel nicht wirk-sam ist, für die wir aber trotzdem (-äu) statt (-eu) schreiben: r*äu*spern, S*äu*le, t*äu*schen etc.

Der Diphthong [ai] in der Regel (-ei) geschrieben, wird in einigen Wörtern – hierbei handelt es sich um Ausnahmen – als (-ai) statt (-ei) geschrieben. Dies trifft beispielsweise zu für die Fälle: der/die W*ai*se (im Unterschied zu die Art und *Wei*se), H*ai*, K*ai* (wo Boote anlegen) oder M*ai*.

Wenn auf (-ee) und (-ie) die Beugungsendungen (-e), (-en), (-er), (-es) oder (-ell) folgen, so fällt ein (e) weg. Beispiele sind: die F*ee*, die F*ee*en, die F*ee*n bzw. die Id*ee*, die Id*ee*en, die Id*ee*n, bzw. die Indust-r*ie*, industr*ie*ell, industr*ie*ll.

c) Konsonanten

Die Konsonanten sind das Gegenstück zu den Vokalen. Hierbei handelt es sich um solche Laute, die bei der Artikulation ein Hindernis überwinden müssen. Aus diesem Grund werden sie auch Hemmnis überwindende Laute oder Mitlaute genannt. Bei der Aussprache wird der austretende Luftstrom behindert, die hierbei entstehenden Luftwirbelungen werden dann als Konsonant hörbar. Auf der Buchstabenebene werden die Zeichenentsprechungen oft auch als Konsonanten bezeichnet. Der Vollständigkeit halber sollten wir in diesem Fall jedoch eher von Konsonantenbuchstaben sprechen.

Die Verhärtung der Konsonanten [d], [b], [g], [v] und [z] wird am Silbenende und vor anderen Konsonanten innerhalb der Silbe in der Schriftsprache nicht berücksichtigt. Dies zeigen die folgenden Beispiele: Hausbrand (statt Hausbrant), Lob und belobigen (statt Lop), Trieb (aber Prinzip), Fahrrad (statt Fahrrat), Sieg und siegen (statt Siek), naiv (statt naif) und Preis (statt Preiß) etc. Die Schreibung kann einfach erschlossen werden, wenn man sich die Ableitungen der einzelnen Wörter anschaut. So wie oben in der Klammer angeführt.

Nicht bei allen Wörtern kann eine Ableitung durchgeführt werden, jedoch verwendet man trotzdem die oben angeführten Konsonanten. Dies trifft zu für: Jugend, ab, Flug etc.

Der Laut [ç] wird schriftlich immer als (g) festgehalten, wenn die erweiterten und abgeleiteten Formen mit einem [g] gesprochen werden. Dies trifft zum Beispiel zu für: ewig (vgl. ewiges Leben), König (vgl. königliches Recht), heilig (vgl. die Heiligen). Um den Unterscheid deutlich zu machen: unglaublich (vgl. unglaubliche Schönheit).

Eine mit der Rechtschreibreform eingeführte Regel, die häufig zu Verwirrung führt, bezieht sich auf die Schreibung der S-Laute. Hierbei handelt es sich um (-s), (-ss) und (-ß). Es gilt: das scharfe [s] wird nach einem *langen Vokal* oder einem *Diphthong* als (-ß) geschrieben, wenn *kein weiterer Konsonant* folgt. Von dieser Regel betroffen sind Beispiele der folgenden Art: Straße, Fleiß, Schweiß, außen etc. Die einzige Ausnahme bildet hier das Wörtchen aus.

Wenn die Vokallänge in eine gebeugten oder abgeleiteten Version wechselt, dann schreibt man (-ss) statt (-ß). Vgl. fließen aber Fluss, wir wissen und er weiß etc.

Schreibt man in Großbuchstaben, so musste man bis vor kurzem für ein (-ß) in der Großschreibung (-SS) verwenden. Seit 2008 gibt es im Deutschen nun die Möglichkeit, das große Eszett zu verwenden.

Wenn auf (-s), (-ss), (-ß), (-x) oder (-z) im Adjektivstamm die Endung (-st) der 2. Person Singular (Du) oder die Endung (-ste) des Superlativs folgt, fällt das Endungs-(s) weg. Das trifft z. B. zu für die Beispiele: reisen (Du reist), hassen (Du hasst), groß (der/das/die größte) u. a.

Der Laut [ʃ] wird in der Regel schriftsprachlich als (-sch) dargestellt. Wenn aber dieser Laut am Anfang des Wortstamms auftritt, vor einem [p] oder [t], dann wird ein (-s) zur Darstellung verwendet. Es handelt sich hierbei um Worte wie: spielen (statt schpielen), Stündlich (statt schtündlich), Spannung (statt Schpannung).

Der Laut [ŋ] wird geschrieben als (-ng). Tritt dieser Konsonant im Wortstamm vor [k] und [g] auf, so schreibt man (-n) statt (-ng). Dies gilt z. B. für: Dank, sinken, Enkel.

Für den Laut [f] wird in der schriftlichen Darstellung (-v) verwendet, wenn es sich um die Vorsilbe ver- handelt; das gleiche gilt am Wortanfang einiger weiterer Wörter. Beispiele: vertrauen, Vorfall, Vorurteil, Vogel, Verhandlung etc. Weitere Ausnahmen sind die Wörter Nerv und Frevel, wo das (-v) als Darstellung des [f] auch in der Wortmitte auftreten kann.

Für den Laut [v] gilt ähnliches, hier gibt es eine Entsprechung mit dem (-w). In einigen Fremdwörtern und in eingebürgerten Entlehnungen wird das (-v) anstelle des (-w) verwendet. Dies trifft in den folgenden Fällen zu: Virus, Variable, Revisionist, Passivität (aber passiv) etc.

Der Doppellaut [ks] wird normalerweise graphisch als (-x) dargestellt. Es gibt jedoch eine Zahl von Wortstämmen, in denen man (-chs) oder (-ks) anwendet. So z. B. bei: sechs, wechseln, schlaksig, Wachs etc. In diesen Fällen wird die Lautverbindung [ks] nach dem Stammwort geschrieben. D. h.: Du legst dich nieder (von legen), Du stinkst nach Schweiß (von stinken), wir häckseln den Baum zu Rindenmulch (wegen hacken).

2. Fremdwörter

Da die meisten Sprachgemeinschaften nicht isoliert von einander koexistieren, sondern einander beeinflussen, gibt es in jeder Sprache aus anderen Sprachen übernommene Begriffe oder Wörter. Hier sprechen wir dann von Fremdwörtern, oft wird auch von Fremd- und Lehnwörtern gesprochen: Letztere sind grammatikalisch integriert, Erstere nicht. Da jedoch in der Sprachwissenschaft diese Trennung abgelehnt wird, wollen wir diese Wörter als Entlehnungen oder Lehnwörter bezeichnen.

Es gibt eine Vielzahl von Entlehnungen (Fremdwörtern), die im Deutschen häufig benutzt werden und schon in die deutsche Schreibung eingegangen sind. Ein Beispiel wäre das Telefon, das auf die griechischen Termini tele (fern, weit) und phone (Stimme) zurückgeht. Viele Wörter, die aus dem Griechischen entlehnt sind, werden auch heute noch mit den Diphthongen (-th), (-ph), (-rh) oder mit dem griechischen (y) geschrieben. Beispiele sind Theater, Rhetorik, Phlegma, Gymnastik etc. Jedoch gibt es ebenso Wörter, die an die neue deutsche Rechtschreibung angepasst wurden bzw. eingedeutscht sind. Diese eingedeutschten Entlehnungen sind jedoch nicht verpflichtend, man kann selbst entscheiden, ob man Thunfisch oder Tunfisch, Grafik oder Graphik, Delfin oder Delphin schreibt. Weit extremer sind schon die schriftsprachlichen Anpassungen von Wörtern wie Mayonnaise – was eingedeutscht jetzt als Majonäse geschrieben werden kann – oder Ketchup – was wir heute auch Ketschup schreiben können.

Hier sollen jetzt noch einige spezifische Regeln für die Benutzung von Fremdwörtern aufgeführt werden.

I. Englische Entlehnungen (Fremdwörter) bekommen, wenn sie auf (-y) enden und im Englischen Plural auf (-ies) enden, ein (-s) als Endung angehängt. Die gilt z. B. für: das Baby bzw. die Babys; die Lady bzw. die Ladys; die City bzw. die Citys etc.

II. Für Entlehnungen (Fremdwörter) wird entweder die originale, fremdsprachliche, Schreibweise verwendet, oder aber eine eingedeutschte Version. Wird aus einer Fremdsprache zitiert, dann muss die Originalschreibweise verwendet werden (z. B. „Barack Obama betonte während des Wahlkampfes immer alles sei möglich. Sein Slogan war das heute schon fast Abgedroschene: Yes we can.“). Das gleiche gilt für international festgelegte Termini (z. B. City).

III. Für Eigennamen ist die Schreibweise zumeist amtlich festgelegt. Beispiele können Städtenamen sein: im Englischen wird Shanghai mit einem (sh) geschrieben, im Deutschen als Schanghai hingegen mit einem (sch).

Zusatz: Im Allgemeinen kann festgestellt werden, dass keine einheitliche Regelausweisung für fremdsprachliche Entlehnungen möglich ist. Aus diesem Grund sollte im Zweifelsfall immer ein Wörterbuch konsultiert werden.

3. Zusammen oder getrennt? Wortgruppen und Zusammensetzungen

Die Zusammen- bzw. Getrenntschreibung bezieht sich auf Texteinheiten (Wörter und Wortgruppen), die in unmittelbarer Nähe zueinander liegen. Grundsätzlich gilt: Wortgruppen werden getrennt geschrieben, Zusammensetzungen hingegen werden häufig zusammengeschrieben.

Auch in diesem Bereich sind mit der Rechtschreibreform einige der alten Regeln verfallen, neue haben sich dazu gesellt. Wir wollen auch hier ein wenig Ordnung in das Grammatikchaos bringen. Nacheinander sollen Verben, Adjektive, Substantive und andere Wortarten auf die Zusammen- bzw. Getrenntschreibung hin untersucht werden.

a) Verben

Neben der grundsätzlichen Unterscheidung zwischen Wortgruppen (**zur Zeit Goethes**) und Zusammensetzungen (**zurzeit**) muss bei den Verben auch noch die Ebene trennbar und untrennbar mit bedacht werden.

Die *untrennbaren Zusammensetzungen* haben einen Verbstamm, dem ein Substantiv-, Adjektiv- oder Partikelstamm vorangestellt ist. Man erkennt sie zudem daran, dass die Reihenfolge statisch und nicht veränderbar ist: z. B. handhaben, langweilen, überleben etc.

Bei den *trennbaren Zusammensetzungen* (für Verben) wird in einem Hauptsatz in den nach Person und Numerus bestimmten Verbformen das Präfix abgetrennt und hinter das Verb an den Schluss des Satzes gestellt (z. B. *heimfahren: Wir fahren jetzt heim*). Sie werden nicht immer zusammengeschrieben, die Reihenfolge ihrer Einzelteile ist dynamisch, kann wechseln: z. B. hinzukommen, er kommt hinzu, sie wollen hinzukommen etc.

I. **Untrennbare Zusammensetzungen:** Untrennbare Zusammensetzungen können auf der Verbebene aus Zusammensetzungen mit Substantiven, Adjektiven, Präpositionen und Adverbien gebildet werden. Diese werden zusammengeschrieben.

Substantiv + Verb: schlafwandeln, bruchrechnen, sonnenbaden.

Adjektiv + Verb: vollbringen, tiefgefrieren, erstveröffentlichen.

Präposition/Adverb + Verb: übersetzen, durchqueren, wiederholen.

Zusatz: In manchen Fällen kann es sowohl eine Zusammen- als auch eine Getrenntschreibung geben. Beispiele sind: danksagen und Dank sagen, gewährleisten und Gewähr leisten, brustschwimmen und Brust schwimmen etc.

II. **Trennbare und untrennbare Zusammensetzungen:** Wenn Partikel, Adjektive, Substantive oder Verben als Verbzusatz eingesetzt werden, können so trennbare Zusammensetzungen gebildet werden. Nur in den Infinitivformen, den Partizipien und in Nebensatzkonstruktionen (wenn das Verb am Ende steht) werden sie zusammengeschrieben.

Dies gilt für:

¬ Zusammensetzungen mit **Verbpartikeln**, die wie Präpositionen sind (vgl. *abreisen, wir reisen ab, abreisend*); mit Verbpartikeln, die wie Adverbien sind – insbesondere mit solchen, die Richtung, Ort und Zeit angeben (*auseinandergehen, wir gehen auseinander, auseinandergehend*); mit Verbpartikeln, die nicht als freie Wörter vorkommen könnten (*abhandenkommen, sie sind uns abhanden gekommen, abhandenkommend*).

¬ Zusammensetzungen mit **Adjektiv** im ersten Teil werden zusammengeschrieben, wenn durch Verb und Adjektiv eine neue Bedeutung entsteht, die nicht durch jedes Einzelteil bestimmt werden kann (*festnageln, krankschreiben, freisprechen*). Sie können zusammen oder getrennt geschrieben werden, wenn ein einfaches Adjektiv eine Eigenschaft als Resultat des Verbvorgangs bezeichnet (*kleinschneiden bzw. klein schneiden, blank putzen bzw. blankputzen*). In allen anderen Kombinationen mit einem Adjektiv wird getrennt geschrieben, insbesondere wenn die Adjektive morphologisch komplex oder erweitert sind (z. B. *bewusstlos schlagen, schachmatt setzen* etc.).

¬ Für Zusammensetzungen mit Substantiven im ersten Wortteil gilt, dass Sie nur im Infinitiv, in Partizipform oder im Nebensatz zusammengeschrieben werden (*teilnehmen, wir werden teilnehmen, ich nahm teil, teilnehmend*).

¬ Verbindungen, die aus zwei Verben bestehen, werden getrennt geschrieben (vgl. *laufen gehen, lesen lernen, schreiben üben*). Wenn mit den Verben *bleiben* und *lassen* kombiniert wird, kann man zusammenschreiben, das gleiche gilt für die Zusammensetzung *kennenlernen bzw. kennen lernen*.

Zusatz: Alle Verbindungen, die mit *sein* gebildet werden, sind getrennt zu schreiben: *zusammen sein, verliebt sein, kriminell sein* etc.

b) Adjektive

Zusammensetzungen können, wenn der zweite Bestandteil adjektivistisch ist, zusammen mit einem Substantiv, einem Adjektiv, einem Verb oder anderen Wörter gebildet werden. Diese werden dann **zusammengeschrieben**, wenn:

I. der erste Bestandteil durch eine Wortgruppe ersetzt werden könnte. z. B. *milieubedingt* (durch das Milieu bedingt), *geschlechtsreif* (für den Geschlechtsakt reif), *lernbegierig* (begierig zu lernen);

II. beide Wortbestandteile nicht autonom vorkommen könnten. z. B. *großspurig, einfach, blauäugig* etc.;

III. es sich um gleichrangige Adjektive handelt, z. B. *blaugrau, grünweiß, nasskalt, taubstumm* etc.;

IV. das Verb, mit dem das Partizip gebildet wird, mit dem ersten Teil zusammengeschrieben wird, beispielsweise: *wehklagend, teilnehmend, herunterfallend* etc.;

V. durch den ersten Wortbestandteil die Bedeutung verstärkt oder abgeschwächt wird, wie in den folgenden Fällen: *bitterböse, todernst, leichenblass* etc.;

VI. mehrteilige Kardinalzahlen unter einer Million und normale Ordinalzahlen gemeint sind: der *dreizehntausendste* Besucher, *siebzehn, vierundzwanzig* etc.;

Für den Fall, dass die Zusammensetzung auch als syntaktische Fügung verstanden wird, kann der Schreibende selbst entscheiden, ob er **Zusammenschreibung** oder **Getrenntschreibung** bevorzugt. Dies gilt für die folgenden Fälle:

I. für Zusammensetzungen, die zu adjektivistisch nutzbaren Partizipien werden, z. B. *Rat suchen – ratsuchend; alleinerziehend – allein erziehend* etc.;

II. für Zusammensetzungen mit einem unflektierten Adjektiv als graduierter Bestimmung. Beispiele sind: *eng verwandt* bzw. *engverwandt; allgemein gültig* bzw. *allgemeingültig; schwer krank* bzw. *schwerkrank* etc.;

III. Verbindungen, die durch das Wort **nicht** und Adjektive zustande kommen. z. B. *nichtöffentlich* bzw. *nicht öffentlich; nichtumweltfreundliches* Auto bzw. *nicht umweltfreundliches* Auto; eine *nicht modische* Hose bzw. eine *nichtmodische* Hose etc.

c) Substantive

Für den Fall, dass Substantive gemeinsam mit anderen Substantiven, Adjektiven, Verbstämmen, Partikeln oder Pronomen eine Zusammensetzung bilden, schreibt man sie **zusammen**. Dies trifft immer dann zu, wenn:

I. ein substantivistisches Erstglied vorliegt. z. B.: *Türstopper, Ballpumpe, Fahrradschloss* etc. Das ganze funktioniert auch mit Eigennamen: *Berlinfahrt, Goethehaus, Polizeiobermeister* etc.;

II. ein adjektivistisches Erstglied vorliegt. z. B.: *Hochbahn, Neustadt, Schnellzug* etc.;

III. ein verbales Erstglied vorlegt. z. B.: *Spülmaschine, Kochtopf, Stricknadel, Schreibschrift* etc.;

IV. ein pronominales Erstglied vorliegt. z. B.: *Niemandsland, Ichsucht* etc.;

V. Elemente unflektierter Wortarten auftreten. z. B.: *Nichtraucher, Selbstverständnis, Eigennutz* etc.;

VI. es sich um mehrteilige Substantivierungen handelt. z. B.: *Holzholen, Inkrafttreten, Gefallenwollen* etc.

Für Ableitungen geographischer Eigennamen, die auf (-er) enden, gilt, dass sie von dem Substantiv getrennt geschrieben werden. z. B.: *Frankfurter Hof, Westfälischer Frieden, Berliner Bär* etc.

d) Andere Wortarten

Es gibt sowohl Adverbien, Konjunktionen, Präpositionen als auch Pronomen, die aus mehreren Elementen entstanden sind. Diese werden dann zusammengeschrieben, wenn Wortart, Wortform oder Bedeutung der Einzelteile nicht mehr direkt erkennbar ist.

I. Für Adverbien der folgenden Art trifft dies zu: *bergauf, tagsüber, derzeit, irgendwo, heimwärts* etc.

II. Für Konjunktionen der folgenden Art gilt es ebenfalls: *indem, inwiefern, sooft* etc.

III. Präpositionen der folgenden Art sind betroffen: *inmitten, zufolge, anhand* etc.

IV. Ebenso trifft dies zu für Pronomen dieser Art: *irgendein, irgendwer, irgendwas* etc.

Weiterhin getrennt geschrieben wird in den Fällen, in denen Wortart, Wortform oder Bedeutung deutlich zu erkennen sind. Dabei handelt es sich um die folgenden Fälle:

I. Fügungen adverbialer Verwendung, z. B.: sich *zu Lande bewegen*, einen Weg *zu Fuß gehen*, ein Lied *zu Ende singen* etc.

II. Mehrteilige Konjunktionen, z. B.: *ohne das* Messer zu nehmen, *außer dem* Hund, *mit dessen* Einverständnis etc.

III. Fügungen in präpositionaler Verwendung, z. B.: *zur Zeit* Hegels, *zu Zeiten* Hegels etc.

IV. Bei Zusammensetzungen aus *so, wie, zu* + Adjektiv, Adverb oder Pronomen, z. B.: der Lehrer hat es *zu oft* gesagt, *wie viel* Geld habe ich dir gegeben, *so teuer* kann es nicht sein.

Der Schreibende kann in den folgenden Fällen selbst entscheiden, ob Zusammen- oder Getrenntschreibung bevorzugt werden:

I. Wenn es um Fügungen in adverbialer Verwendung geht, z. B.: zu Rande kommen bzw. zurande kommen; zu Schulden kommen lassen bzw. zuschulden kommen lassen; infrage stellen bzw. in Frage stellen etc.

II. Wenn es sich um die Konjunktion *sodass* bzw. *so dass* handelt.

III. Wenn wir von Fügungen in präpositionaler Verwendung sprechen, z. B.: *auf Grund* bzw. *aufgrund*; *an Stelle* bzw. *anstelle*; *zu Gunsten* bzw. *zugunsten* etc.

4. Mit oder ohne? – Der Bindestrich

Mit dem Bindestrich können Texte und speziell einzelne Zusammensetzungen gegliedert und geordnet werden. So können für den Lesenden die Einzelteile hervorgehoben und verdeutlicht werden. Ein Bindestrich kann in den folgenden Fällen verwendet werden: **(I.)** bei Zusammensetzungen, die keine Eigennamen beinhalten und **(II.)** bei Zusammensetzungen, die Eigennamen als Bestandteil inkorporieren.

I. Zusammensetzungen ohne Eigennamen: Bei solchen Zusammensetzungen setzt man den Bindestrich: **(1.)** wenn Ziffern, Einzelbuchstaben und Abkürzungen zusammentreffen; **(2.)** wenn Suffixe mit einem Einzelbuchstaben verbunden werden; **(3.)** bei Verbindungen aus Ziffern und Suffixen; **(4.)** in substantivistischen Aneinanderreihungen, insbesondere bei Infinitiven mit mehr als zwei Gliedern; **(5.)** wenn in Zusammensetzungen Wortgruppen mit Bindestrich auftreten; gleiches gilt für unübersichtliche Zusammensetzungen aus gleichrangigen, nebengeordneten Adjektiven und **(6.)** zur Hervorhebung von Einzelteilen, beim Zusammentreffen von drei gleichen Buchstaben, zur Vermeidung von Missverständnissen und zur Gliederung von unübersichtlichen Zusammensetzungen.

Beispiele:

1. a. 12-*T*onner, 1-*s*ilbig, 50-*p*rozentig

   b. E-*M*ail, O-*B*eine, x-*b*eliebig

   c. Handball-*EM*, dpa-*M*eldung, Kfz-*M*echaniker

2. a. der x-*te* Wurf, das x-*te* Mal etc

3. a. die 68er-*Generation*, in den 80er-*Jahren*, eine 100stel-*Sekunde*

4. a. das Entweder-*oder*, das Teils-*teils*, das Walkie-*Talkie*

   b. das An-*d*en-*H*aaren-*H*erbeiziehen, das Am-*H*ungertuch-*N*agen

5. a. der Dipl.-Ing.-Phil., der D-*Z*ug-*W*agon, das 2-*E*uro-Stück, der Hals-*N*asen-*O*hren-*A*rzt, die Sommer-*H*erbst-Kollektion

   b. das wissenschaftlich-*t*echnische Gespräch, das deutsch-*f*ranzösische Abkommen, meine manisch-*d*epressive Tante

6. a. das Nach-*D*enken, der Ich-*E*rzähler, es ist deine Hoch-*Z*eit – keine Beerdigung

   b. die Dann-*N*egation, der Kaffee-*E*rsatz, der See-*E*lefant

   c. Drucker-*Z*eugnis und Druck-*E*rzeugnis

   d. die Küchenwaren-Ausstellungsmesse, der Arbeitnehmerverbands-Vorschlag

II. **Zusammensetzungen mit Eigennamen:** Es gibt einige Fälle, in denen der Bindestrich unverzichtbar ist und eingesetzt werden muss. Dann gibt es andere Fälle, in denen ein Bindestrich gesetzt werden **kann.** (1.) Zusammensetzungen werden immer dann mit Bindestrich geschrieben, wenn sie aus zwei Eigennamen bestehen oder zumindest ein Bestandteil ein Eigenname ist. Wenn es sich (2.) um Ableitungen handelt, in denen der zweite Bestandteil ein Eigenname ist, wird ebenfalls ein Bindestrich verwendet. (3.) Man benutzt den Bindestrich bei Ableitungen mit vielen Eigennamen, mehrteiligen Eigennamen sowie Eigennamen und Titeln. (4.) Alle mehrteiligen Zusammensetzungen, die einen Eigennamen als ersten Bestandteil haben, werden mit Bindestrich geschrieben. (5.) Man kann einen Bindestrich setzen, wenn es sich um Zusammensetzungen handelt, deren erster Teil ein Eigenname ist, der besonders hervorgehoben werden soll; oder wenn der zweite Teil der Zusammensetzung ebenfalls eine Zusammensetzung ist. Ebenfalls **kann** man (6.) einen Bindestrich setzen, wenn ein geographischer Name durch ein folgendes Substantiv näher bestimmt ist.

Beispiele:

1. a. Frau Mülle*r*-Schulze, Blume*n*-Rissper; Bäcke*r*-Wülfler;

   b. Flughafen Rhei*n*-Main, Nordrhei*n*-Westfalen, Ne*u*-Brandenburg (bzw. Neubrandenburg);

2. a. nordrhei*n*-westfälisch; ne*u*-brandenburgisch, bade*n*-württembergisch;

3. a. das sank*t*-gallische Schloss, die hegelianisc*h*-marxistische Philosophie, der kaiserlic*h*-preußische Schlossgarten;

   b. die Ne*w*-Yorker (bzw. New Yorker) Metro, das Ba*d*-Homburger Palais;

4. a. Konra*d*-Adenauer-Gymnasium, Rhei*n*-Main-Gebiet, Johan*n*-Wolfgan*g*-Goeth*e*-Universität;

   b. Ode*r*-Neiße-Grenze, Dortmun*d*-Ems-Kanal, Ingebor*g*-Bachman*n*-Preis;

5. a. Bachs Matthäu*s*-Passion, Stali*n*-freundlich, Polize*i*-Kodex;

   b. Goeth*e*-Jubiläumsausgabe, For*t*-Knox-Goldreserven, Schille*r*-Wohnhaus in Weimar

6. a. Kölner Dom bzw. Kölne*r*-Dom, Frankfurter Römer bzw. Frankfurte*r*-Römer, Münchener Freiheit bzw. Münchene*r*-Freiheit.

5. Groß- und Kleinschreibung

All denen, die sich schriftlich ausdrücken, ist klar, dass nicht jedes Wort großgeschrieben werden kann. Ebenso wenig ist es möglich, jedes Wort kleinzuschreiben. Das klingt alles schon wieder sehr verwirrend. Wir wollen versuchen, den Kuddelmuddel ein bisschen zu entzerren, indem wir hier die Regeln der Groß- und Kleinschreibung erläutern.

Großgeschriebene Wörter, also solche, bei denen der Anfangsbuchstabe großgeschrieben wird, können auftreten bei: *Überschriften* und *Titeln*, am *Satzanfang*, bei *Substantiven* oder *substantivierten Wörtern*, bei *Eigennamen*, in bestimmten festen *nominalen Wortgruppen* und in der *Anrede*. Es gibt jedoch in diesem Zusammenhang nicht nur Regeln der Großschreibung, sondern auch solche, die die Kleinschreibung festlegen. Hier soll auf beides eingegangen werden.

a) Am Anfang von Texteinheiten großschreiben

I. Grundsätzlich gilt: Das erste Wort in einer Überschrift, einem Werktitel, einer Anschrift etc. wird **groß**geschrieben, z. B.: *D*er Alte, *V*om Winde verweht, *J*enseits von Afrika, *D*ie Räuber etc.

Ebenso verhält es sich mit offiziellen Titeln, Gesetzen, Verträgen u. a. Beispiele sind: *D*emokratische Verfassung, *H*essisches Landesrecht, *P*olizeiliche Dienstvorschrift etc.

Das gleiche gilt für die Datums-, Adress-, Anrede- und Grußzeilen in Briefen oder anderen offiziellen Dokumenten.

Beispiel:

Max Mustermann
Musterstraße 1
60123 Musterort

Sehr geehrter Herr Meier,

nachdem wir schon telefonisch korrespondiert haben, sende ich Ihnen hier nun den … ich hoffe, dass Sie … und dann ….

Bitte melden Sie sich, wenn Sie eine Entscheidung getroffen haben.

Mit freundlichen Grüßen
Max Mustermann

II. Ein Wort wird natürlich immer dann **groß**geschrieben, wenn es **am Anfang eines Ganzsatzes** steht. Dies gilt für ausnahmslos alle Fälle(!), z. B. für: *I*ch gehe heim.; *A*n einer Straße stehen zwei Frauen und warten.; *W*er will noch Eis?

Wenn ein Satz, der auf einen **Doppelpunkt** folgt, als **Ganzsatz** verstanden wird, dann muss am Satzanfang **groß**geschrieben werden. Ist dies nicht der Fall, muss kleingeschrieben werden. z. B: Sehen Sie hier: *D*ie Löwenmutter säugt ihre Kinder. bzw. Achtung: *D*ie U-Bahn fährt ein!

Wenn es sich um das **erste Wort der wörtlichen Rede** handelt, wird dies ebenso **groß**geschrieben, z. B.: Die Mutter sprach: „*K*ommt herein Kinder, das Essen ist fertig!" Ein anderes Beispiel wäre: Am Ende des Verhörs sagte der Kommissar: „*S*ind Sie sicher, dass Sie alles gesagt haben?"

III. Wenn auf die wörtliche Rede ein **Begleitsatz**, **Zusatz** oder ein **Teil des Satzes** folgt, dann wird immer nach den Abführungszeichen **klein**geschrieben. Dies gilt in den folgenden Fällen: „Steh auf!", *s*agte der Polizist.; bzw. „Hör mir gut zu!", *fl*üsterte der Charmeur.; bzw. „Hände hoch und Geld raus!", *s*chrie der Gangster den schlotternden Bankangestellten an.

Für den Fall, dass in **Parenthesen** *(grammatisch selbstständigen Einschüben)* keine andere Regel vorliegt, wird das erste Wort **klein**geschrieben, z. B. hier: Der alte Mann – *g*anz runzlig war seine Stirn und an den Händen konnte man die jahrelange Feldarbeit ablesen – seufzte und setzte sich auf die Bank. Ein anderes Beispiel wäre: An einem Sommertag, *un*gefähr vor zwei Jahren, traf ich Marie zum ersten Mal. Und ein drittes Beispiel: Der Dieb leugnete – *s*o eine Unverfrorenheit! –, er habe nichts mit dem Diebstahl zu tun, es müsse eine Verwechslung vorliegen.

Stehen am Anfang eines Ganzsatzes **Zahlen**, **Apostrophe** oder **Auslassungspunkte**, dann wird dies als Satzanfang verstanden. Die Schreibung verändert sich nicht, z. B.: Sie blickte an die Decke, wirkte verträumt … *u*nd gab keine Antwort.; bzw. *23 l*ange Tage saß er allein auf dieser Insel fest.

In solchen Fällen, in denen ein Satz durch eine an den Anfang gestellte Ziffer, einen Paragrafen oder einen Buchstaben gegliedert wird, wird das folgende Wort großgeschrieben. Die Gliederungszeichen sind nicht Teil des Ganzsatzes.

Beispiele:

(1) Der junge Goethe und die Frauen …

§ 29. Jeder Mitarbeiter muss sich verpflichten, die Firmeninterna nicht nach außen zu kommunizieren.

(a) Langsame Läufer
(b) Schnelle Läufer
(c) Kriechende Tiere

b) Groß- und Kleinschreibung bei Substantiven und Desubstantivierungen

I. Substantive werden i. d. R. immer **großgeschrieben**, sie dienen als Bezeichnung für Lebewesen, Gegenstände und abstrakte Begriffe. Beispiele sind: der *G*arten, die *M*ütter, der *H*und, ein *H*aus etc.

Im Weiteren gilt die Großschreibung auch für:

a. nichtsubstantivistische Wörter, die zu Anfang einer durch Bindestriche kombinierten Zusammensetzung stehen, welche den Charakter eines Substantivs trägt, z. B.: deine Schwester hat aber extreme *O*-Beine, das war eine *Ad*-hoc-Entscheidung, ich möchte gern das *In*-den-Tag-leben genießen etc.;

b. Substantive, die als Teil einer Bindestrichzusammensetzung auftreten, z. B.: das *100-Meter-Schwimmen*, der *20-Kilometer-Lauf*, das *Aus-der-Haut-Fahren* etc.;

c. fremdsprachliche Substantive, wenn sie nicht im Zitat auftreten, z. B.: der *Drink*, der *Run* auf die Sonderangebote, die *Chicken Wings* etc.;

d. solche Substantive, die als Teil fester Gefüge auftreten und mit anderen Teilen nicht zusammengeschrieben werden, z. B.: in *Bezug* auf, von *Grund* auf, in *Kauf* nehmen, *Modell* sitzen, *Ernst* machen, *Schuld* tragen etc. Handelt es sich um fremdsprachliche Entleihungen, dann wird die Kleinschreibung angewendet: de *jure* Regierung, a *cappella* Konzert, wir haben sie in *flagranti* erwischt etc.;

e. die Zahlsubstantive, z. B.: das *Dutzend*, die *Milliarden*, das *Tripel* etc.;

f. die Zeitangaben, die auf die Adverbien vorgestern, gestern, heute, morgen, übermorgen folgen. Z. B.: gestern *Mittag*, morgen *Früh*, morgen *Abend* etc.

II. Die **Kleinschreibung** muss immer dann angewendet werden, wenn solche Wörter verwendet werden, die formgleich auch als Substantive vorkommen, jedoch in diesem Zusammenhang **keine substantivistischen** Merkmale aufweisen. Das trifft zu für:

a. Wörter, die prädikativ verwendet werden, z. B.: mir wird *angst*, das Spiel der Mannschaft war *klasse*, Du bist *schuld* an diesem Unheil etc.;

b. zusammengesetzte Verben, deren erster Bestandteil in getrennter Stellung stehen kann, z. B.: Das Spiel *findet* morgen *statt* (stattfinden), Sie nehmen daran *teil* (teilnehmen), Es tat ihm wirklich *leid* (leidtun) etc.;

c. Konjunktionen, Adverbien und Präpositionen die auf (-s) und (-ens) enden, z. B.: *abends*, *morgens*, *seitens*, *andernfalls*, *bestens* etc.;

d. die vorliegenden Präpositionen: *laut, statt, dank, kraft, wegen, trotz, an ... statt, von ... wegen, zeit, um ... willen*;

e. folgende Zahlwörter: ein *bisschen*, ein *wenig*, ein *paar*;

f. Bruchzahlen, die vor eine Maßangabe oder Uhrzeit stehen, z. B.: eine *hundertstel* Sekunde, ein *viertel* Meter, eine *halbe* Stunde etc. In allen anderen Fällen werden die Bruchzahlen großgeschrieben (das *Drittel*, die *Hundertstel*, das *Dreiviertel*).

c) Groß- und Kleinschreibung bei Substantivierungen

I. Für den Fall, dass andere Wörter (z. B. Verben oder Adjektive) als Substantive gebraucht werden – man spricht dann auch von einer Substantivierung –, müssen diese Wörter großgeschrieben werden.

Fraglich ist nur, wie Substantivierungen erkannt werden können?! Wir sprechen von einer Substantivierung immer dann, wenn wir **(1)** vor dem Wort einen Artikel (das Inkrafttreten), ein Pronomen (mein Inkrafttreten) oder Zahlwort (wenig Inkrafttreten) finden; wenn **(2)** ein adjektivistisches Attribut voran- oder nachgestellt ist, welches auf das Substantiv Bezug nimmt (das langsame Inkrafttreten) oder wenn **(3)** das Wort kasusbestimmt ist (So soll *Gleiches* nicht mit *Gleichem* vergolten werden).

a. Werden **Adjektive** substantiviert, so werden sie großgeschrieben: alles *Gute*, ich esse gern *Saures* und *Salziges*, in der *Ferne* erlebten wir nicht nur *Angenehmes*, ich wollte das *Richtige* und tat das *Falsche*, bezahlen sie die Miete bitte zum *Ersten* des Monats, ich habe *Unzählige* getroffen, im *Großen* und *Ganzen* ein voller Erfolg etc.

b. Werden **Verben** substantiviert, so werden sie großgeschrieben: das *Trinken*, hörst Du das *Tropfen*?, sehen Sie dies *Plätschern*?, etc.

c. Werden **Pronomen** substantiviert, so werden sie großgeschrieben: ich biete dir das *Du* an, *Du* hast dieses gewisse *Etwas*, Es geht um *Alles*, Sie stehen vor dem *Nichts* etc.

d. Werden **Grundzahlen als Bezeichnung von Ziffern** substantiviert, so werden sie großgeschrieben: Jetzt gibt es voll auf die *Zwölf*, die Uhr schlug *Elf*, ich setzte mich auf alle *Viere* etc.

e. Werden **Adverbien**, **Präpositionen**, **Konjunktionen** oder **Interjektionen** substantiviert, so werden sie großgeschrieben: Was ein *Durcheinander*, das ist ein ewiges *Hin* und *Her*, hier gab es kein *Entweder* und auch kein *Oder*, da war das neidische *Oh* seiner Freunde etc.

II. Es gibt einige Fälle – die wir im Anschluss anfügen wollen –, in denen wir die Kleinschreibung anwenden, auch wenn es sich formal um Substantivierungen handeln würde. Dies gilt für:

a. **Adjektive**, **Partizipien** und **Pronomen**, die sich auf ein vorangestelltes oder folgendes Substantiv beziehen: die *aufmerksamste* und *schönste* Schülerin der ganzen Schule, alte Hüte sind meist angenehmer zu tragen als *neue*, dort lagen all die T-Shirts: Es gab *blaue*, *braune*, *grüne* und *schwarze* etc.;

b. **Superlative** die mit **-am** gebildet werden und die mit dem Fragewort **Wie?** entschlüsselt werden können: diese Schere schneidet am *besten* (wie schneidet sie?), eine Boeing fliegt am *effektivsten* (wie fliegt sie?), diese Schuhe sind wirklich am *schönsten* (wie sind sie?) etc.;

c. **feste Verbindungen** aus Präpositionen und nichtdeklinierten Adjektiven ohne Artikel: *von weitem* sah man den Turm, *ohne weiteres* kommen sie hier nicht herein, *binnen kurzem* werden wir wieder hier sein etc.;

d. **Pronomen**, auch wenn sie stellvertretend für Substantive funktionieren: Hier hat sich schon *mancher* verlaufen, sie nehmen *alles* zu ernst, *weniger* ist oft *mehr* etc.;

e. folgende **Zahladjektive** inkl. ihrer Flexionsformen: *viel*, *wenig*, *andere*, *eine*. Beispielsweise: ich habe schon *viele* wie dich gesehen, du bist zu *wenig* zu gebrauchen etc.;

f. die Kardinalzahlen unter einer Million: wenn *drei* schreien, schreit bald der Vierte auch, wenn *zwei* sich streiten freut sich der Dritte, kannst du nicht bis *drei* zählen?

d) *Groß- und Kleinschreibung bei Eigennamen*

Eigennamen sind Bezeichnungen für Personen, Orte, Zeiten, Institutionen usw. Bei vielen Eigennamen handelt es sich um abgeleitete, zusammengesetzte oder einfache Substantive, zudem gibt es auch mehrteilige Eigennamen, die teilweise auch nichtsubstantivistische Elemente haben.

I. In der Regel schreibt man **Eigennamen** groß: Peter, König von Spanien, Amerika, Ostsee, Bundestag etc.

a. In **zusammengesetzten Eigennamen** werden alle Wörter, ausgenommen von Artikeln, Präpositionen und Konjunktionen, großgeschrieben, z. B.: der *Alte Fritz*, *Hänschen Klein*, der *König* von *Spanien*, das *Kap* der *Guten Hoffnung*, Sächsische Schweiz, die *Russländische Föderation*, die *Frankfurter Straße*, das *Rote Meer*, der *Kleiner Bär*, das *Rote Rathaus* (in Berlin), der *Schiefe Turm* (von Pisa), der *Friedenspreis* des *Deutschen Buchhandels*, die *Grüne Partei*, die *Dresdner Bank*, die *Frankfurter Allgemeine*, der *Nahe Osten*, der *Dreißigjährige Krieg* etc.

b. **Ableitungen** geographischer Eigennamen, die auf -er enden, schreibt man groß: die *Münchener* Freiheit, der *Frankfurter* Römer, der *Kölner* Dom etc.

II. Kleingeschrieben werden die **Ableitungen** von Eigennamen, die auf -(i)sch enden, wenn man **nicht** mit einem **Apostroph** den Eigennamen kennzeichnet: *Darwin`sche* Theorie bzw. *darwinsche* Theorie; das *kopernikanische* Weltbild etc.

e) Groß- und Kleinschreibung bei festen Verbindungen aus Adjektiv und Substantiv

I. Für Wortgruppen, die als substantivistisch gekennzeichnet werden können und eine feste Verbindung darstellen, aber keine Eigennamen sind, gilt: die Adjektive werden in diesen Verbindungen kleingeschrieben z. B.: das *neue* Jahr, die *höhere* Philosophie, das *avantgardistische* Kino, der *bunte* Hund etc.

II. In bestimmten substantivistischen Wortgruppen werden die auftretenden Adjektive großgeschrieben, auch wenn es sich nicht um Eigennamen handelt. Dies trifft zu für:

a. Amts- bzw. Funktionsbezeichnungen, Ehrenbezeichnungen, Titel, kulturell konventionalisierte Wortgruppen, z. B.: der *Heilige* Vater, die *Heilige* Jungfrau, die *Königliche* Hoheit, der *Künstlerische* Direktor, der *Technische* Direktor, der *Regierende* Ministerpräsident/Bürgermeister etc.

b. Einzelne Kalendertage, z. B.: der *Heilige* Abend, der *Erste* Mai, das *Neue* Jahr, der *Internationale* Kindertag etc.

c. Bezeichnungen aus der zoologischen und botanischen Fachsprache zur Klassifizierung von Arten, Rassen etc., z. B.: die *Schwarze* Witwe, das *Fleißige* Lieschen, der *Gemeine* Nagekäfer, etc.

d. Einige andere Verbindungen, die in anderen Fachsprachen Anwendung finden, z. B.: die *Rote* Karte, der *Graue* Star, die *Erste* Hilfe etc.

f) Groß- und Kleinschreibung bei Anrede und dazugehörigen Pronomina

I. In offiziellen Schreiben – beispielsweise in Bewerbungsschreiben, Anfragen oder allgemeinen Korrespondenzen – werden das Anredepronomen *Sie* und das dazugehörige Possessivpronomen *Ihr* (inkl. aller Flektionsformen) immer großgeschrieben, z. B.: Ich möchte *Sie* bitten, mir eine Antwort zukommen zu lassen!; Ich bewerbe mich auf einen Ausbildungsplatz in *Ihrem* Betrieb!; Besteht *Ihrerseits* noch Bedarf einer Ergänzung?

II. (a.) Die Anredepronomen *du* und *ihr*, inklusive der Possessivpronomen *dein* und *euer* sowie des Reflexivpronomens *sich* werden **klein**geschrieben. (b.) Will man in Briefen die **Höflichkeitsform** wahren, so können die Pronomina auch **groß**geschrieben werden.

Beispiele:

a. Kannst *du* mir helfen?, Haben sie *dir* schon gesagt, wie es um *deine* Bewerbung steht?, Kannst *du* abschätzen, wann *ihr euch* treffen wollt?

b. Mein lieber Freund, ich wollte *dir/Dir* schon lange schreiben, habe jedoch nie die Zeit gefunden. Wie geht es *dir/Dir*, wie läuft *dein/Dein* Leben, geht es *euch/Euch* gut?

6. Zeichensetzung – Interpunktion

Durch die Zeichensetzung, auch Interpunktion, wird jeder Satz, jeder Text nachvollziehbar und deutlich. Ein Text wird mittels der Zeichen gegliedert. Die Satzzeichen erfüllen für AUTOR und LESER eines Textes gleichermaßen eine Funktion: Der Autor kann mittels der Interpunktion Absichten zum Ausdruck bringen, Betonungen setzen und zudem stilistisch hervorheben, was er sagen möchte. Der Leser kann das Geschriebene besser nachvollziehen, da ein Text durch die Zeichensetzung überschaubar wird.

Die verschiedenen Zeichen – also Punkt, Ausrufezeichen, Fragezeichen, Komma, Doppelpunkt, Semikolon, Gedankenstrich, Klammern, Anführungszeichen, Apostroph, Ergänzungsstrich und Auslassungspunkte – haben eine je eigene Funktion, auf die wir im folgenden Abschnitt eingehen wollen.

a) Satzzeichen, die das Ende eines Satzes kennzeichnen

Der Punkt

Mit dem Punkt wird der Schluss von Ganzsätzen gekennzeichnet, hierfür können auch Frage- und Ausrufezeichen verwendet werden, jedoch muss dann entweder eine Frage oder ein Ausruf vorliegen. Ist dies nicht der Fall, handelt es sich um einen **neutralen** Ganzsatz, dann wird der Punkt als Satzabschluss verwendet. Dies gilt für einteilige sowie für mehrteilige Sätze.

Beispiele:

Bald ist Sommer.

Wenn es dich interessiert, solltest du mitkommen.

Zusatz: Zudem kann der Punkt auch anderweitig eingesetzt werden, denn nur als bloßes Kennzeichen für den Abschluss eines Satzes. So beispielsweise nach ausgesprochenen Abkürzungen (etc. *et cetera*; z. B. *zum Beispiel*; u. a. *unter anderem*), wenn Zahlen in einer Aufzählung verwendet werden (der 23. Mai 2005 statt der dreiundzwanzig*ste* Mai 2005) und dreimal hintereinander gesetzt als Auslassungszeichen. D.h. wenn z. B. in einem Zitat an einer Stelle Wörter oder Satzteile weggelassen werden, kann das Auslassungszeichen (...) eingefügt werden. Es sollte in Klammern stehen, um deutlich zu machen, dass es sich um **ein** Zeichen handelt.

Achtung: Kein Punkt wird verwendet, wenn es sich um freistehende Zeilen handelt, d.h. im Titel von Büchern, Texten oder Aufsätzen; in der Anschrift-, Datums-, Unterschrift- oder Grußzeile bei Briefen, nach Auslassungspunkten, in Überschriften (...).

Das Ausrufezeichen

Neben dem Punkt gibt es noch weitere Satzzeichen, mit denen das Ende eines Ganzsatzes gekennzeichnet werden kann. So kann beispielsweise das Ausrufezeichen verwendet werden, wenn einem Satz (bzw. einer Aussage) besonderer Nachdruck verliehen werden soll. Will man schriftlich einen Ausruf, eine Behauptung, einen Wunsch etc. äußern, so bedient man sich des Ausrufezeichens. Die erste nachgewiesenermaßen grammatikalische Verwendung des Ausrufezeichens in der deutschen Schriftsprache findet sich in einer Lutherbibel aus dem 18. Jahrhundert.

Beispiele:

Die Zeit ist rum, geben Sie jetzt bitte den Test ab!

Frag deine Mutter bitte, ob sie morgen zum Essen kommt!

Achtung! Zurücktreten!

Gute Nacht, mein Kind!

Zusatz: In besonderen Fällen, wenn man einem Satz explizite Betonung schenken will, kann man ein Ausrufezeichen auch am Ende eines freistehenden Satzes einfügen (in einem Buch, Aufsatz oder Zeitungsartikel z. B. *Der Kampf um die Zukunft!*).

Ebenso kann man mit dem Ausrufezeichen in der Anrede eines Briefes etc. eine Betonung setzen (*Sehr geehrte Damen und Herren!* **bzw.** *Sehr geehrte Frau Dr. Müller!*).

Das Ausrufezeichen steht auch in den Ausrufesätzen am Satzende, welche in Form einer Frage auftreten (*Wie viele Stunden soll ich noch hier warten!*). In einigen Fällen können Ausrufe- und Fragezeichen auch nacheinander gesetzt werden, um einen Ausrufesatz gleichzeitig als Fragesatz zu kennzeichnen (*Verstehst Du das nicht?!*).

Will man innerhalb eines Satzes ein bestimmtes Wort oder eine gewisse Aussage zusätzlich betonen und keine orthographischen Hilfsmittel wie Fett- oder Kursivschreibung verwenden, dann ist es möglich, ein Ausrufezeichen in Klammern einzufügen **(!)** und somit die Betonung deutlich zu machen (*Man verdächtigte ihn nach dem ersten Banküberfall in Mainz, in den umliegenden Städten 15 (!) weitere Bankhäuser ausgeraubt zu haben.*).

Das Fragezeichen

Neben dem Punkt und dem Ausrufezeichen ist das Fragezeichen das dritte Interpunktionszeichen, welches am Ende von ganzen Sätzen stehen kann. Dieses Satzzeichen kennzeichnet den Ganzsatz dann als Frage.

Beispiele:

Wie lange dauert es noch, bis wir in Frankreich sind?

Hast du den Hund gesehen?

Kannst Du morgen um 12.00 Uhr bei mir sein?

Achtung: In besonderen Fällen, wenn man einem Satz explizite Betonung schenken will, kann man ein Fragezeichen auch am Ende eines freistehenden Satzes einfügen (in einem Buch, Aufsatz oder Zeitungsartikel z. B. *Der Kampf um das Klima?*).

Zusatz: In einigen Fällen können Ausrufe- und Fragezeichen auch nacheinander gesetzt werden, um einen Ausrufesatz gleichzeitig als Fragesatz zu kennzeichnen oder einen Fragesatz gleichzeitig als Ausruf zu kennzeichnen (*Was fällt dir denn, ein mich so zu beschimpfen?!*).

Will man innerhalb eines Satzes ein bestimmtes Wort oder eine gewisse Aussage als fraglich klassifizieren, dann ist es möglich, ein Fragezeichen in Klammern einzufügen **(?)** und somit die Fragwürdigkeit einer Aussage/Tatsache deutlich zu machen (*Das Mädchen soll ausgesagt haben, dass sie den Ring nicht gestohlen, sondern gefunden (?) hat.*).

b) Satzzeichen, die innerhalb von Ganzsätzen Verwendung finden

Das Komma:

Kommaregeln stellen für viele ein großes Problem dar. Mit der neuen Rechtschreibreform sind viele alte Regeln verfallen, dies gilt auch für das Komma. Wir wollen diesem Abschnitt eine größere Aufmerksamkeit schenken, da das Komma das wichtigste Satzzeichen ist. Mit dem Komma wird innerhalb von Sätzen Struktur zugewiesen. Ein falsch gesetztes Komma kann die ganze Aussage eines Satzes umdrehen und die Bedeutung verschieben. In den folgenden Unterpunkten wollen wir die Kommasetzung abhandeln.

I. **Gleichrangige Wörter, Wortgruppen und nebengeordnete Teilsätze:** Für die angeführten Fälle gilt, dass ein Komma immer gesetzt werden muss, um die Satzteile voneinander abzugrenzen. Wörter (**1.**), Wortgruppen (**2.**) und nebengeordnete Teilsätze (**3.**) können so voneinander unterschieden werden.

Beispiele:

1. a. Meine Mutter versprach mir, während der Ferien ins Schwimmbad zu gehen, einen Ausflug zu machen, in den Süden zu fahren.

   b. Woher, wohin, wofür?

   c. Die Lehrerin ärgerte sich häufig über Tim, Jonas, Malte und Paul.

   d. Am Morgen, Mittag und Abend sollen sie die Tabletten einnehmen.

2. a. Die Zuschauer nahmen Platz, das Licht ging aus, der Vorhang öffnete sich, der Film begann.

   b. Der Bankräuber log, er wisse von nichts, er sei nicht vor Ort gewesen, er habe zudem auch keine Waffe.

   c. Ich dachte nach, versuchte zu erinnern, konnte ihren Namen aber nicht im Wirrwarr meiner Gedanken finden.

   d. Wenn es stimmt, wenn du dir sicher bist, wenn alle Zweifel ausgeräumt werden können, dann brauchst du dich nicht zu sorgen.

Zusatz: Es wird **kein** Komma zwischen gleichrangigen Wörtern, Wortgruppen und nebengeordneten Teilsätzen eingesetzt, wenn diese durch *und, oder, beziehungsweise/bzw., sowie, entweder … oder, nicht … noch, sowohl … als (auch), sowohl … wie (auch), weder … noch* verbunden sind.

Beispiele:

1. a. Meine Mutter versprach mir, während der Ferien *sowohl* ins Schwimmbad zu gehen *und* einen Ausflug zu machen *als auch* in den Süden zu fahren.

   b. Woher *und* wohin *und* wofür?

   c. Die Lehrerin ärgerte sich häufig über Tim *und* Jonas *sowie* Malte *und* Paul.

   d. *Sowohl* am Morgen *als auch* am Mittag *und* am Abend sollen sie die Tabletten einnehmen.

2. a. Die Zuschauer nahmen Platz *und* das Licht ging aus *und* der Vorhang öffnete sich *und* der Film begann.

   b. Der Bankräuber log *und* sagte, er wisse von nichts; er sei *weder* vor Ort gewesen *noch* habe er eine Waffe.

    c.   Ich dachte nach *und* versuchte zu erinnern, konnte ihren Namen aber nicht im Wirrwarr meiner Gedanken finden.

    d.   Wenn es stimmt *und* wenn du dir sicher bist *oder* wenn alle Zweifel ausgeräumt werden können – dann brauchst du dich nicht zu sorgen.

II. Selbstständige Sätze: Werden selbstständige Sätze aneinandergereiht und durch die Wörter *und, oder, beziehungsweise/bzw., entweder … oder, nicht … noch, weder … noch* getrennt, so steht es dem Schreibenden selbst zu, ein Komma zu setzen. Es **kann** verwendet werden, um dem Ganzsatz eine deutliche Gliederung zu geben.

Beispiele:

1. Der Bankräuber ist *entweder* ins Ausland geflohen(,) *oder* er versteckt sich im Land.

2. Am Abend aßen wir Muscheln(,) *und* meine Frau konnte nicht genug bekommen von dem Blick aufs Meer.

3. Ihr solltet uns besuchen kommen(,) *bzw.* wir könnten uns im Allgäu treffen.

4. Das Haus brannte vollständig aus(,) *und* die Polizei begann mit den Ermittlungen am Folgetag.

III. Nebensätze: Grundsätzlich werden Nebensätze immer mit einem Komma vom Hauptsatz abgetrennt. Es handelt sich um eine neben der Hauptaussage formulierte zweite und damit zusätzliche Aussage. Wenn Nebensätze eingeschoben werden, dann klammert man sie in paarigen Kommata ein. Nebensätze können **(1.)** am Anfang des Ganzsatzes stehen, **(2.)** eingeschoben werden, **(3.)** am Ende des Ganzsatzes folgen.

Beispiele:

1. a.   Obschon wir Sonne erwartet hatten, fuhren wir auch bei Regen in die Berge.

    b.   Ist dir der Berg zu steil, kannst du mit der Gondel fahren und oben warten.

2. a.   Die Waffe, die der Bankräuber bei sich trug, war eine Walther PPK.

    b.   Die Vermutung, der Mann habe die Frau wissentlich geschlagen, erwies sich als falsch.

3. a.   Wir fuhren auch bei Regen in die Berge, obschon wir Sonne erwartet hatten.

    b.   Du kannst mit der Gondel fahren und oben warten, wenn dir der Berg zu steil ist.

1. Zusatz: Für formelhafte Nebensätze gilt, dass man das Komma nicht notwendigerweise setzen **muss**. Man **kann** es ebenso weglassen:

Beispiele:

1. a.   Wenn nötig(,) schicken wir ihnen ein weiteres Exemplar.

2. a.   Du solltest(,) wenn möglich(,) auf der Stelle kommen.

2. Zusatz: Mit dem Setzen des Kommas kann der Schreibende zudem auch verdeutlichen, welche Wörter einem Nebensatz zugeordnet werden sollen.

Beispiele:

1. a.   Ich freue mich auch, wenn wir uns morgen treffen.

    b.   Ich freue mich, auch wenn wir uns morgen treffen.

2. a.   Die Lehrerin ärgerte sich so, dass sie vor Wut ganz rot wurde.

    b.   Die Lehrerin ärgerte sich, so dass sie vor Wut ganz rot wurde.

3. Zusatz: Vergleiche, die mit *als* oder *wie* in Verbindung mit einem Wort oder einer Wortgruppe auftreten, sind **keine** Nebensätze!

Beispiele:

1. a. Früher *als* sonst ging er nach Hause.

   b. Der Thomas ist viel schneller *als* seine Freunde.

2. a. *Wie* im letzten Sommer blühten auch heute die Rosen besonders schön.

   b. Der Vater kam *wie* immer am Freitag früh von der Arbeit und ging dann zum Sport.

IV. Infinitivgruppen: Um Infinitivgruppen mit einem Komma abzugrenzen, muss eine der folgenden Voraussetzungen erfüllt sein. Man setzt ein Komma wenn: **(1.)** die Infinitivgruppe mit den Wörtern *um, ohne, statt, anstatt, außer, als* eingeleitet wird; **(2.)** die Infinitivgruppe von einem Substantiv abhängt; **(3.)** die Infinitivgruppe von einem Korrelat (Platzhalter, Stellvertreter) oder einem Verweiswort abhängt.

Beispiele:

1. a. Wir sollten die Tür öffnen, *um* frische Luft hereinzulassen.

   b. Der Junge will Zigaretten kaufen, *ohne* zu bedenken, dass er noch zu jung ist.

   c. Sven sollte zur Arbeit gehen, *anstatt* im Bett zu liegen und auf krank zu machen.

   d. Jeder Schüler, *außer* der kleinen Maria, will ins Schwimmbad.

   e. Sie wusste sich nicht anders zu helfen, *als* die Polizei zu verständigen.

2. a. Er wurde beim *Versuch*, den Tresor zu knacken, vom Sicherheitsdienst überführt.

   b. Die Mafiabande fand ihren *Plan*, einen Geldtransporter auszurauben, sehr intelligent.

3. a. Peter liebt es sehr, am Sonntag Fußball zu spielen.

   b. Am Sonntag Fußball zu spielen, das liebt Peter sehr.

V. Zusätze und Nachträge: Für Zusätze und Nachträge kann die grundsätzliche Regel aufgestellt werden, dass sie immer mit Komma abgegrenzt werden. Treten sie als Einschübe auf, so werden sie mit paarigen Kommata eingeklammert. Dies gilt **(1.)** für Parenthesen (Einschübe), **(2.)** für Substantivgruppen, **(3.)** für Orts-, Wohnungs-, Zeit- und Literaturangaben **ohne** Präposition, **(4.)** für Erläuterungen, **(5.)** für angekündigte Wörter oder Wortgruppen, **(6.)** für Infinitivgruppen und **(7.)** für Partizip- und Adjektivgruppen.

Beispiele:

1. a. Die Forderung von fünf Millionen, um das noch einmal zu betonen, halten wir für utopisch und daher nicht machbar.

2. a. Frankfurt ist die Geburtsstadt Johann Wolfgang von Goethes, des Dichterfürsten. **Bzw.** Johann Wolfgang von Goethe, der Dichterfürst, wurde in Frankfurt geboren.

3. a. Peter Müller, Darmstadt, Leipzigerstraße 23(,) hat diesen Tisch im Internet angeboten.

   b. Das Seminar wird Freitag, den 17. Juli, 10:45(,) beginnen.

   c. In der Zeitschrift Die Polizei, Heft 5, S. 134(,) finden sie den angegebenen Text.

4. a. Am liebsten esse ich Kartoffeln, insbesondere als Kartoffelpuffer.

   b. Wir treffen uns am Wochenende, das heißt am Samstagabend.

    c.   An der Veranstaltung nahmen viele europäische, insbesondere französische Ärzte teil.

5. a.   Er, der Müller, weiß, wie das Mehl zu mahlen ist.

    b.   Sie, die Malerin, weiß, wie das Bild auszusehen hat.

    c.   Genau so, mit einem Lächeln auf den Lippen, empfing mich die Gastgeberin.

    d.   Du und ich und Peter, wir wissen genau, wie man mit solch einer Situation umzugehen hat.

6. a.   Sie stand, statt zu helfen, nur da und schaute zu.

    b.   Diese Jungen, ohne jegliches Benehmen, wollten den Hund am Schwanz ziehen.

7. a.   Suche Aushilfe, höflich und gepflegt, für kleinen Blumenladen.

    b.   Der Sommer, heiß und trocken, führte zu einer Dürre.

    c.   Die Sträflingsgruppe, zur Arbeit bereit, versammelte sich auf dem Gefängnishof.

Zusatz: Für die Zusätze und Nachträge gilt, dass es häufig im Ermessen des Schreibenden liegt, ob etwaige Zu- und Nachträge mit Komma gekennzeichnet werden oder nicht. Dies gilt für Gefüge mit Präpositionen (**1.**), für Gefüge mit dem Wort *wie* (**2.**), für Infinitiv-, Partizip- und Adjektivgruppen (**3.**), für Eigennamen, die auf einen Titel, eine Berufsbezeichnung etc. folgen (**4.**).

Beispiele:

1. a.   Die Frau hatte(,) bedauerlicherweise(,) ihren Schirm vergessen und wurde nass.

2. a.   Etwaige Ausgaben(,) wie Fahrt- oder Verpflegungskosten(,) werden Ihnen zurückerstattet.

3. a.   Die Sträflingsgruppe war(,) zur Arbeit bereit(,) auf dem Gefängnishof versammelt.

4. a.   Der Dichterfürst(,) Johann Wolfgang von Goethe(,) wurde in Frankfurt geboren.

VI. Anreden, Ausrufe, Ausdrücke einer Stellungnahme: Auch für (**1.**) Anreden, (**2.**) Ausrufe oder (**3.**) Ausdrücke einer Stellungnahme (z. B. Bejahung oder Verneinung) gilt, dass, wenn sie hervorgehoben werden sollen, sie mit einem Komma angezeigt werden müssen. Handelt es sich um Einschübe, so werden diese in paarige Kommata gesetzt.

Beispiele:

1. a.   Liebe Genossinnen und Genossen, ich möchte euch alle herzlich begrüßen.

    b.   Kinder, nun hört auf zu streiten!

2. a.   Oh Gott, wie sollen wir das nur wieder aufräumen!

    b.   Ach ja, ich wusste das schon zu Beginn!

3. a.   So sehe ich es, wirklich.

    b.   Ja, ich würde dir zustimmen.

Der Doppelpunkt

Der Doppelpunkt wird grundsätzlich dazu verwendet anzuzeigen, dass etwas Weiterführendes folgt. Dies gilt (**1.**), wenn es sich um wiedergegebene Äußerungen handelt und der Begleitsatz vorgestellt ist, (**2.**) wenn Aufzählungen, Angaben, Erklärungen gemacht werden und (**3.**) wenn etwas vorher Gesagtes zusammengefasst werden soll oder Schlussfolgerungen daraus gezogen werden.

Beispiele:

1. a. Sie fragte: „Haben wir denn heute schon Mittwoch?"

   b. Der Pressesprecher des HSV erklärte: „Wir werden keine Neuinvestitionen in dieser Saison stemmen können."

2. a. Im Krieg haben die Familien viel verloren: ihre Brüder, Schwestern, Väter und Kinder, ihre Häuser, ihre Arbeit und den Mut.

   b. Wir haben im vergangenen Jahr eine Asienrundreise gemacht. Dabei waren wir in: Thailand, Vietnam, Japan, Laos, China, Taiwan und Südkorea.

3. a. Nach der eingehenden Lektüre des Buches kann ich nur sagen: Von diesem Auto hätte man mehr erwarten können.

   b. Ein Messer, eine Machete, zwei Schusswaffen, 20 g Kokain und eine ganze Kiste voll gestohlener DVD Mobiltelefone: All das fand die Polizei bei dem Verdächtigen aus Stuttgart.

Das Semikolon

Dieses Satzzeichen, häufig auch Strichpunkt genannt, ist in seiner Funktion eine Mischung aus Komma (Strich) und Punkt. Mit dem Semikolon können gleichrangige Teilsätze oder Wortgruppen getrennt werden, ähnlich wie mit dem Komma. Jedoch ist der Grad der Abgrenzung hier größer als beim Komma und kleiner als beim Punkt. Das Semikolon liegt also zwischen Punkt und Komma. **(1.)** Dieses Zeichen kann verwendet werden, um gleichrangige längere Hauptsätze (mit Nebensatz) zu trennen. Außerdem können **(2.)** gleichrangige Wortgruppen *gleicher Struktur* in einer Aufzählung mit dem Semikolon getrennt werden.

Beispiele:

1. a. Wie immer kam mein Partner zu spät; zur falschen Zeit am falschen Ort zu sein, war eine seiner wenig lobenswerten Fähigkeiten.

   b. Wir müssten bald entscheiden, welchen Flug wir buchen wollen; nehmen wir den späten, dann haben wir zwar einen Tag weniger Zeit, aber es wird auch günstiger werden.

2. a. Im Restaurant wurden verschiedene Speisen angeboten. Es gab Suppen, Salate und Vorspeisenteller; Fisch-, Fleisch- und Sojagerichte; Pasta, Pizza und Pommes; Desserts, Eis und Kuchen.

   b. Am Wahlabend gab es die Möglichkeit für Bündnisse zwischen Liberalen, Christdemokraten und Grünen; Sozialdemokraten, Grünen und Sozialisten; Liberalen, Sozialdemokraten, Grünen und Sozialisten.

Der Gedankenstrich

Der Gedankenstrich wird ähnlich wie der Doppelpunkt verwendet, zudem können in manchen Fällen auch Semikolon und Gedankenstrich ähnlich verwendet werden. So kündigt man **(1.)** mit dem Gedankenstrich an, dass etwas Weiterführendes oder etwas Unerwartetes folgen wird. Zudem kann dieses Zeichen **(2.)** auch zwischen zwei Ganzsätzen verwendet werden, um deutlich zu machen, dass ein Absatz folgt, ein neues Thema beginnt. **(3.)** Zusätze oder Nachträge können ebenfalls mit dem Gedankenstrich gekennzeichnet werden. In diesem Zusammenhang werden Ausrufe-

oder Fragezeichen – wenn es sich bei den Nachträgen oder Zusätzen um Ausrufe oder Fragen handelt – in die paarigen Gedankenstriche gesetzt.

Beispiele:

1. **a.** Die Menge tobte und dann plötzlich – eisige Stille.

   b. Ich öffnete die Tür, aus der Wohnung erklang ein Röcheln. Ich spitzte die Ohren, lauschte und dann – ein Schrei und gleich darauf Stille.

2. **a.** Diese Frage kann letztendlich nicht beantwortet werden! – Kommen wir nun zum nächsten Punkt.

   b. Herr Müller, würden Sie bitte auf die Bühne kommen! – Ja, ich bin schon auf dem Weg.

3. **a.** An diesem Tag – zwischen Halbfinale und Endspiel – war überall eine angenehme Anspannung zu spüren.

   b. Mein Onkel – der alte Umweltfreund – trennt seinen Müll schon seit dreißig Jahren.

Die Klammern

Allgemein werden Klammern (**1.**) verwendet, um Zusätze oder Nachträge anzufügen. In diesem Sinne können (**2.**) neben ganzen Sätzen, auch größere Textstellen auf diese Art eingeschlossen und so als eigenständige Texteinheiten ausgewiesen werden. Verwendet man in diesem Zusammenhang (**3.**) Satzzeichen, beispielsweise um einen Ausruf oder eine Frage zu kennzeichnen, so müssen diese vor der abschließenden Klammer gesetzt werden.

Beispiele:

1. **a.** An diesem Tag (irgendwann im Winter) schien die Sonne wie an einem Tag im Mai.

   b. Dieses Buch (das wohl wichtigste Werk des Autors) wurde in über 70 Sprachen übersetzt.

2. **a.** Die politische Freiheitsbewegung der Iraner forderte in den vergangenen Tagen viele Opfer. Diejenigen, die auf der Straße für Freiheit demonstrieren, haben den Wunsch nach einer besseren Gesellschaft. (Das zeigen zumindest die massenhaften Aufrufe im Internet, die die Weltgesellschaft erinnern, dass die Menschen im Iran heute internationaler Solidarität bedürfen. Und das zeigen auch die wütenden Ausrufe der Demonstranten. Die anschuldigenden Rufe an die „politischen und religiösen Diktatoren".) Aber die politischen Führer, die sich auf die religiöse Demokratie berufen, wollen dieser Forderung nach Freiheit nicht nachkommen.

3. **a.** Du hattest mir ein Buch geliehen (zum Glück!), das ich dir jetzt wiedergeben möchte.

   b. Wenn ich mich an die Schulzeit erinnere (sind seitdem wirklich schon siebenundzwanzig Jahre vergangen?), dann wird mir ganz warm ums Herz!

Die Anführungszeichen

Will man in einem Text aus einem anderen Text zitieren, d. h. das gesprochene/geschriebene Wort einer berühmten Persönlichkeit wiedergeben bzw. eine Textstelle aus einem Zeitungsartikel anführen oder auf das Protokollierte eines Verbrechers verweisen, dann bedient man sich der Anführungszeichen.

Mit den Anführungszeichen wird (**1.**) das wörtlich Wiedergegebene eingeschlossen. Dabei ist (**2.**) zu beachten, dass zum Zitierten gehörige Satzzeichen vor dem abschließenden Anführungszeichen gesetzt werden, wohingegen jene, die zum Begleitsatz gehören, danach folgen. Weiter ist (**3.**) wichtig, dass sowohl Begleit- als auch Zitatsatz Frage- und Ausrufezeichen behalten. Der Schlusspunkt wird beim zitierten Satz weggelassen, wenn der Satz am Anfang oder in der Mitte des Ganzsatzes steht. Wenn (**4.**) nach dem zitierten Satz der Begleitsatz (ganz oder teilweise) folgt, wird nach dem abschließenden Anführungszeichen ein Komma gesetzt; wird in den zitierten Satz ein Begleitsatz eingeschoben, so muss dieser mit paarigen Kommas angezeigt werden. Wenn (**5.**) in einem zitierten Satz ein anderes Zitat auftritt, dann wird dieses durch halbe Anführungszeichen gekennzeichnet. Zudem können (**6.**) mit Anführungszeichen auch einzelne Wörter innerhalb eines Satzes gekennzeichnet werden, um zu zeigen, dass man sich auf einen Text, eine Überzeugung etc. bezieht.

Beispiele:

1. **a.** „Dieser Tag ist ein großer Tag für uns", sagte der Präsident.
   b. „Wissen Sie, wo ich den Bäcker finde?", fragte die alte Dame.
2. **a.** „Komm bitte zum Eingang, Peter!", sagte die Mutter und fluchte.
   b. „Wo finde ich denn den Herrn Oberbürgermeister?", fragte der Mafiosi grinsend den Wachmann.
3. **a.** „Morgen bin ich bei Dir!", versicherte der Freund.
   b. Der Mann fragte: „Haben Sie Ihren Ausweis bei sich?", und blinzelte durch das dünne Glas den Wartenden an.
4. **a.** „Wo sind wir hier?", fragte das Mädchen ihren Vater.
   b. „Wo", fragte das Mädchen ihren Vater, „sind wir hier?"
5. **a.** Wie Hoffmann (2004) feststellt: „Der Autor dieses Textes stellt unmissverständlich richtig: ‚Jesus war auch eine historische Person' und nicht nur die Figur in der Bibel."
   b. Der Radiosprecher sagte: „Die deutsche Post hatte schon im letzten Jahr deutlich gemacht: ‚Wir wollen die Briefbeförderungsbedingungen korrigieren', was sie bis jetzt jedoch nicht wahrmachen konnte."
6. **a.** In der Schule haben wir Brechts „Die Dreigroschenoper" gelesen und es hat mir gut gefallen.
   b. In der „Frankfurter Rundschau" habe ich heute den Artikel „Ohne Moos nix los" gelesen.

Der Apostroph

Der Apostroph wird verwendet, um anzuzeigen, dass in einem Wort einzelne oder mehrere Buchstaben ausgelassen werden. Es gibt Fälle, in denen der Apostroph gesetzt werden muss, und solche, in denen es dem Schreibenden frei steht, einen Apostroph zu setzen. Ein Apostroph **muss** in den folgenden Fällen immer gesetzt werden: (**1.**) Wenn bei Eigennamen, die in der Grundform auf einen S-Laut enden (z. B. Hans oder Ines), kein Artikel, Possessivpronomen und dergleichen beigefügt wird, muss im Genitiv der Apostroph angehängt werden. (**2.**) Wenn Wörter mit Auslassungen geschrieben werden, die andernfalls schwer lesbar sind, wird ein Apostroph angehängt und (**3.**)

wenn Wörter im Wortinnern Auslassungen aufweisen, muss dies ebenfalls durch einen Apostroph gekennzeichnet werden.

Beispiele:

1. **a.** Hans' Mutter stand an der Tür und wartete auf ihren Jungen.

   b. Ines' kleine Schwester heulte, weil sie auf die Nase gefallen war.

2. **a.** In wen'gen Tagen ist schon Weihnachten, 's ist doch einfach schön an Weihnachten, oder?!

3. **a.** Treffen wir uns also am Mittwoch in D'dorf (Düsseldorf)?

   b. Ja, dort können wir uns treffen. Ich komme dann aus M'gladbach (Mönchengladbach) direkt zu Dir nach D'dorf.

Zusatz: Ein Apostroph **kann** gesetzt werden, wenn die gesprochene Sprache andernfalls in geschriebener Form nicht nachvollziehbar wäre. Dies gilt z. B. für: der Käpt'n der Flotte; wir fuhren mit'm Rad nach Holland; Bitte, nehmen S' (= Sie) doch Platz etc.

Der Ergänzungsstrich

Dieses Zeichen zeigt an, dass in einer Aufzählung gleiche Bestandteile ausgelassen werden, die sinngemäß ergänzt werden müssten.

Beispiele:

Textilgroß- und Textileinzelhandel bzw. Textilgroß- und -einzelhandel

Nah- und Fernverkehr

Einkaufstasche und -wagen

Die Auslassungspunkte

Werden einzelne oder mehrere Wörter (es können auch ganze Sätze sein) in einem Text ausgelassen, dann wird dies durch Auslassungspunkte (...) gekennzeichnet.

Beispiele:

Du alter *E...*, geh doch zum *T...*! (Du alter Esel, geh doch zum Teufel!)

In Grimms Märchen Rapunzel heißt es (**ganzer** Text): „Rapunzel hatte lange prächtige Haare, fein wie gesponnenes Gold. Wenn sie nun die Stimme der Zauberin vernahm, so band sie ihre Zöpfe los, wickelte sie oben um einen Fensterhaken, und dann fielen die Haare zwanzig Ellen tief herunter, und die Zauberin stieg daran hinauf."

In Grimms Märchen Rapunzel heißt es (Text **mit Auslassungen**): „Rapunzel hatte lange prächtige Haare *(...)*. Wenn sie nun die Stimme der Zauberin vernahm, so band sie ihre Zöpfe los, wickelte sie oben um einen Fensterhaken, und dann fielen die Haare *(...)* herunter, und die Zauberin stieg daran hinauf."

II. Wenn die Auslassungspunkte am Ende eines Satzes stehen, dann wird der Schlusspunkt weggelassen. Dies trifft zu für z. B.: Häufig beginnen Märchen mir dem Satz: „Es war einmal ..."

Der Schrägstrich

Mit einem Schrägstrich (/) kann verdeutlicht werden, dass die so zusammengefassten Wörter zusammengehören.

Beispiele:

> Die Schülerinnen/Schüler der Klasse 7a.

> Bitte zahlen Sie die Rechnung für die Monate März/April/Mai/Juni im Voraus.

Zusatz: Zudem können mit dem Schrägstrich Adressen etc. gegliedert und Verhältnisangaben gekennzeichnet werden.

Beispiele:

> Leipziger Straße 23/1.OG. links/Müller

> 0175/2345623

> 100 *km/h*

7. Die Worttrennung am Zeilenende

Beim Schreiben eines Textes kommt man häufig an das Ende einer Zeile. In diesem Fall ist es möglich, das folgende Wort in die nächste Zeile zu verschieben. Will man jedoch ökonomisch schreiben und den vorhandenen Platz optimal nutzen, so kann am Zeilenende auch getrennt werden. Trennbar sind jedoch nur, das ist wichtig zu bemerken, die mehrsilbigen Wörter.

I. Mehrsilbige Wörter: Grundsätzlich gilt die Regel, dass mehrsilbige Wörter am Zeilenende getrennt werden können. Trennsilben sind in diesem Zusammenhang meist identisch mit den Silben, die auch beim langsamen Lesen auftreten würden.

Beispiele:

1. a. Po-li-zei
   b. Ver-brecher
   c. Über-fall

1. Zusatz: Einzelne Vokale am Wortanfang oder Wortende werden nicht getrennt: z. B. Abend (aber: Som-mer-abend), Bio (aber: Bio-müll).

2. Zusatz: Es sollen solche Trennungen vermieden werden, die zu Verwirrung oder Unklarheit führen könnten: z. B. An-*a*lphabet statt Ana*l-p*habet; Sprec*h-e*rziehung statt Spreche*r-z*iehung; U*r-i*nstinkt statt Uri*n-s*tinkt.

II. Zusammengesetzte und präfigierte (mit Präfix versehene) Wörter: Diejenigen Wörter, die als Zusammensetzung auftreten oder mit einem Präfix versehen sind, werden zwischen den einzelnen Elementen getrennt.

Beispiele:

1. a. Spiel-feld
   b. Haus-flur

    c.   Schul-bus

    d.   Er-fahrung

    e.   syn-chron

    f.   Ab-schied

III. Mehrsilbige einfache und suffigierte Wörter: Hier gibt es zwei Fälle, für die unterschiedliche Regeln gelten. Entweder stehen an der Grenze zweier Silben Konsonanten(buchstaben) oder nicht. Es ergeben sich für die unterschiedlichen Fälle dann verschiedene Regeln: **(1.)** Stehen zwei Vokal(buchstaben), die unterschiedlichen Silben angehören, nebeneinander, kann getrennt werden. **(2.)** Steht zwischen einfachen oder suffigierten Wörtern ein einzelner Konsonant(enbuchstabe), wandert dieser in die folgende Zeile; stehen **(3.)** an dieser Stelle mehrere Konsonanten(buchstaben), so wandert nur der letzte in die neue Zeile.

Beispiele:

1. a.   Bau-er, Muse-um, Fei-er; re-al, Lai-en etc.

2. a.   Au-ge, Wie-se, Spie-le, vie-le, we-nig etc.

3. a.   Mül-ler, Wet-ter, Vier-tel, kämp-fen etc.

IV. Buchstabenverbindungen für Konsonanten: Wenn Buchstabenverbindungen wie *ch, sch, ph, rh, sh, th* oder *ck* in Wörtern auftreten, dann werden diese Verbindungen nicht getrennt.

Beispiele:

1. ch. la-chen, wa-chen, Rie-chen, etc.

2. sch. wi-schen, mi-schen, auf-ti-schen, Deut-sche etc.

3. ph. Nym-phe, Sa-phir etc.

4. rh. Myr-rhe etc.

5. sh. Fa-shion etc.

6. th. Ma-the-ma-tik, Zi-ther etc.

7. ck. Zu-cker, zu-cken, We-cken etc.

Tabelle: Maße und Einheiten

Einheit	Einheitenzeichen	Umrechnung
Länge		
Kilometer	km	1 km = 1.000 m
Meter	m	1 m = 10 dm = 100 cm
Dezimeter	dm	1 dm = 10 cm = 100 mm
Zentimeter	cm	1 cm = 10 mm
Millimeter	mm	1 mm = 1.000 µm
Mikrometer	µm	
Fläche		
Quadratkilometer	km^2	$1\ km^2 = 100\ ha$
Hektar	ha	$1\ ha = 10.000\ m^2$
Quadratmeter	m^2	$1\ m^2 = 100\ dm^2$
Quadratdezimeter	dm^2	$1\ dm^2 = 100\ cm^2$
Quadratzentimeter	cm^2	$1\ cm^2 = 100\ mm^2$
Quadratmillimeter	mm^2	
Volumen		
Kubikkilometer	km^3	$1\ km^3 = 1.000.000.000\ m^3$
Kubikmeter	m^3	$1\ m^3 = 1.000\ dm^3$
Kubikdezimeter	dm^3	$1\ dm^3 = 1.000\ cm^3$
Kubikzentimeter	cm^3	$1\ cm^3 = 1.000\ mm^3$
Kubikmillimeter	mm^3	
Hektoliter	hl	1 hl = 100 l
Liter	l	1 l = 10 dl
Deziliter	dl	1 dl = 10 cl
Zentiliter	cl	1 cl = 10 ml
Milliliter	ml	1 ml = 1.000 µl
Mikroliter	µl	

Einheit	Einheitenzeichen	Umrechnung
Masse		
Tonne	t	1 t = 20 ztr = 1.000 kg
Zentner	ztr	1 ztr = 50 kg
Kilogramm	kg	1 kg = 1.000 g
Pfund	pf	1 pf = 500 g
Gramm	g	1 g = 1.000 mg
Milligramm	mg	1 mg = 1.000 µg
Mikrogramm	µg	
Zeit		
Jahr	a	1 a = 365 d
Woche	w	1 w = 7 d
Tag	d	1 d = 24 h
Stunde	h	1 h = 60 min
Minute	min	1 min = 60 s
Sekunde	s	1 s = 1.000 ms
Millisekunden	ms	
Geschwindigkeit		
Kilometer pro Stunde	km/h	1 km/h = 0,2778 m/s
Meter pro Sekunde	m/s	1 m/s = 3,6 km/h
Druck		
Bar	bar	1 bar = 100.000 Pa
Pascal	Pa	1 Pa = 0,00001 bar
Temperatur		
Grad Celsius	°C	$T_{Celsius} = T_{Kelvin} - 273,15$
Kelvin	K	$T_{Kelvin} = T_{Celsius} + 273,15$
Kraft		
Newton	N	$1\,N = 1\,kg \times m / s^2$

Ausbildungspark Verlag

Bettinastraße 69 • 63067 Offenbach am Main
Tel. (069) 40 56 49 73 • Fax (069) 43 05 86 02
E-Mail: kontakt@ausbildungspark.com
Internet: www.ausbildungspark.com

Copyright © 2018 Ausbildungspark Verlag – Gültekin & Mery GbR.

Alle Rechte liegen beim Verlag.

Das Werk, einschließlich aller seiner Teile, ist urheberrechtlich geschützt. Jede Verwertung außerhalb der engen Grenzen des Urheberrechtsgesetzes ist ohne Zustimmung des Verlages unzulässig und strafbar. Das gilt insbesondere für Vervielfältigungen, Übersetzungen, Mikroverfilmungen und die Einspeicherung und Verarbeitung in elektronischen Systemen.

Mit Ausbildungspark erfolgreich bewerben

Der Eignungstest / Einstellungstest zur Ausbildung

Sicher durch den Einstellungstest: Originale Prüfungsmappen speziell für Ihren Ausbildungsberuf ermöglichen die optimale Testvorbereitung. Inklusive Musterprüfungen und ausführlich erklärten Lösungswegen.

Polizei und Zoll
ISBN 978-3-95624-040-9
39,90 €

Technischer öffentlicher Dienst
ISBN 978-3-95624-039-3
39,90 €

Öffentlicher Dienst (Verwaltung)
ISBN 978-3-941356-21-4
39,90 €

Kaufmann / Kauffrau für Büromanagement
ISBN 978-3-95624-020-1
39,90 €

Bankkaufmann, Kaufmann für Versicherungen und Finanzen
ISBN 978-3-941356-47-4
39,90 €

Fachinformatiker, Informatikkaufmann, IT-System-Kaufmann
ISBN 978-3-95624-036-2
39,90 €

Kaufmann für Spedition und Logistikdienstleistung, Fachkraft für Lagerlogistik, Fachlagerist
ISBN 978-3-95624-033-1
39,90 €

Industriekaufmann / Industriekauffrau
ISBN 978-3-941356-67-2
39,90 €

Kfz-Mechatroniker, Land- und Baumaschinenmechatroniker, Zweiradmechatroniker, Karosserie- und Fahrzeugbaumechaniker
ISBN 978-3-941356-50-4
39,90 €

Mechatroniker, Industriemechaniker, Zerspanungsmechaniker, Fachkraft für Metalltechnik, Maschinen- und Anlagenführer
ISBN 978-3-941356-68-9
39,90 €

Elektroniker, Elektroniker für Betriebstechnik, IT-System-Elektroniker, Elektroniker für Geräte und Systeme
ISBN 978-3-95624-035-5
39,90 €

Anlagenmechaniker für Sanitär-, Heizungs- und Klimatechnik, Tischler, Zimmerer (Handwerksberufe)
ISBN 978-3-941356-19-1
39,90 €

Gesundheits- und Krankenpfleger, Altenpfleger, Gesundheits- und Kinderkrankenpfleger, Physiotherapeut
ISBN 978-3-95624-001-0
39,90 €

Steuerfachangestellter, Rechtsanwaltsfachange- stellter, Rechtsanwalts- und Notarfachangestellter
ISBN 978-3-95624-003-4
39,90 €

Hotelfachmann, Koch, Res- taurantfachmann, Fachkraft im Gastgewerbe, Fachmann für Systemgastronomie, Konditor, Bäcker
ISBN 978-3-95624-008-9
39,90 €

Automobilkaufmann, Immobilienkaufmann, Tou- rismuskaufmann, Veranstal- tungskaufmann, Sport- und Fitnesskaufmann
ISBN 978-3-95624-011-9
39,90 €

Medizinischer Fachange- stellter, Zahnmedizinischer Fachangestellter, Zahntech- niker, Pharmazeutisch-kauf- männischer Angestellter
ISBN 978-3-95624-006-5
39,90 €

Gärtner, Forstwirt, Landwirt, Florist, Fachkraft Agrarservice
ISBN 978-3-95624-013-3
39,90 €

Mediengestalter, Gestalter für visuelles Marketing, Kaufmann für Marketing- kommunikation, Techni- scher Produktdesigner
ISBN 978-3-95624-015-7
39,90 €

Kaufmann im Einzelhandel, Verkäufer, Fachverkäufer, Kaufmann im Groß- und Außenhandel, Handelsassistent
ISBN 978-3-95624-034-8
39,90 €

So bestehen Sie Ihren Sporttest

Alle Disziplinen und Anforderungen, die besten Übungen zum Kraft- und Ausdauertraining, maßgeschneiderte persönliche Trainingspläne und Test-Countdown.

Der Sporttest zur Ausbildung bei der Polizei
+ Extraheft Trainingspläne
ISBN 978-3-95624-028-7
29,90 €

Der Sporttest zur Ausbildung bei Feuerwehr und Bundeswehr
+ Extraheft Trainingspläne
ISBN 978-3-95624-005-8
29,90 €

Erfolgreich bewerben

Wie überzeugen Sie mit Anschreiben, Lebenslauf & Co.? Worauf kommt es an im Vorstellungsgespräch und im Assessment-Center? Die Ausbildungspark Bewerbungshandbücher verraten es.

**Die Bewerbung zur Ausbildung
bei Polizei und Zoll**
ISBN 978-3-95624-022-5
29,90 €

**Die Bewerbung zur Ausbildung
bei Feuerwehr und
Bundeswehr**
ISBN 978-3-95624-023-2
29,90 €

**Die Bewerbung zur Ausbildung
im öffentlichen Dienst
(Verwaltung)**
ISBN 978-3-95624-043-0
29,90 €

**Die Bewerbung zur Ausbildung
im technischen öffentlichen
Dienst**
ISBN 978-3-941356-15-3
29,90 €

**Die Bewerbung zur Ausbildung
zum Bankkaufmann und
Kaufmann für Versicherungen
und Finanzen**
ISBN 978-3-95624-018-8
29,90 €

Die Bewerbung zum Studium
ISBN 978-3-941356-02-3
24,90 €

Testtrainer Mathematik

Sicher rechnen im Eignungstest und Einstel–
lungstest. Kompakt und verständlich erklärt
der Testtrainer Mathematik die gängigen
mathematischen Testaufgaben – und zeigt, wie
man sie löst.

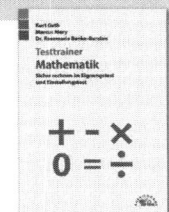

Testtrainer Mathematik
ISBN 978-3-95624-027-0
12,95 €

Testtrainer Deutsch

Rechtschreibung, Grammatik, Sprachverständnis,
Wortschatz, Ausdrucksvermögen: Der Testtrainer
Deutsch liefert zahlreiche Originalaufgaben,
kommentierte Lösungen, verständlich erklärte
Regeln und hilfreiche Tipps.

Testtrainer Deutsch
ISBN 978-3-95624-042-3
12,95 €

Die Bewerbung zur Ausbildung

**Anschreiben, Lebenslauf, Online-Bewerbung –
die besten Bewerbungsmuster für über 40 Berufe**

Der Türöffner zum Ausbildungsplatz: Erfahren Sie, wie Sie aussagekräftige
Bewerbungen verfassen, die Ihre Stärken wirksam transportieren! Maßgeschneiderte Musterbeispiele mit Tipps aus der aktuellen Bewerbungspraxis
zeigen, wie Sie überzeugen – egal ob per Online- oder Post-Bewerbung.

**Schritt für Schritt zur Wunschausbildung –
so schaffen Sie den Berufseinstieg!**

Die Bewerbung zur Ausbildung
ISBN 978-3-95624-017-1
24,95 €

Das Vorstellungsgespräch zur Ausbildung

**Die häufigsten Fragen, die besten Antworten –
sicher zum Ausbildungsplatz**

Die Pflichtlektüre fürs Bewerbungsgespräch: Praxisnah und verständlich
zeigt dieses Handbuch, wie sich Ausbildungsbewerber in ihrem Auswahlin-
terview sicher in Szene setzen. Ohne Standardfloskeln – denn nur individuel-
le Antworten überzeugen den Personaler!

**Über 100 Originalfragen mit Beispiel-Antworten,
Tipps und Kommentaren!**

Das Vorstellungsgespräch zur Ausbildung
ISBN 978-3-95624-000-3
19,95 €

Der Testtrainer

Testerfolg ist keine Glückssache!

Das unverzichtbare Kompendium für Ausbildung, Studium und Beruf mit
mehr als 2.500 Aufgaben aus sämtlichen Themengebieten. Geeignet für alle
Arten von Eignungs- und Einstellungstests, Fähigkeits- und Intelligenztests.

**Bekämpfen Sie Prüfungsstress und Unsicherheit durch gezieltes Training
– für eine Prüfung ohne böse Überraschungen!**

Testtrainer
ISBN 978-3-941356-03-0
19,95 €